中等职业教育课程改革"十四五"规划教材
校企合作财经商贸类专业精品教材

财税代理服务

主　编　○　何　倩
副主编　○　周　雯

立信会计出版社
LIXIN ACCOUNTING PUBLISHING HOUSE

图书在版编目(CIP)数据

财税代理服务 / 何倩主编. --上海：立信会计出版社，2025.2. -- ISBN 978-7-5429-7754-0

Ⅰ. F810.423

中国国家版本馆 CIP 数据核字第 2024QU2467 号

策划编辑　　王斯龙　郑文婧
责任编辑　　王斯龙
助理编辑　　郑文婧
美术编辑　　吴博闻

财税代理服务
CAISHUI DAILI FUWU

出版发行	立信会计出版社
地　　址	上海市中山西路 2230 号　　邮政编码　200235
电　　话	(021)64411389　　　　　　传　　真　(021)64411325
网　　址	www.lixinph.com　　　　　　电子邮箱　lixinaph2019@126.com
网上书店	http://lixin.jd.com　　　　http://lxkjcbs.tmall.com
经　　销	各地新华书店
印　　刷	上海万卷印刷股份有限公司
开　　本	787 毫米×1092 毫米　　1/16
印　　张	16.75
字　　数	332 千字
版　　次	2025 年 2 月第 1 版
印　　次	2025 年 2 月第 1 次
书　　号	ISBN 978-7-5429-7754-0/F
定　　价	49.00 元

如有印订差错，请与本社联系调换

编写委员会

（排名不分先后）

何　倩	贵阳市经济贸易中等专业学校
周　雯	贵阳市经济贸易中等专业学校
但琪琳	贵阳市经济贸易中等专业学校
曾　拥	贵阳市经济贸易中等专业学校
张雯芹	贵阳市经济贸易中等专业学校
杨　捷	贵阳市经济贸易中等专业学校
谭德群	贵阳市经济贸易中等专业学校
张　炜	贵阳市经济贸易中等专业学校
安小敏	贵阳市经济贸易中等专业学校
徐　殊	贵阳市经济贸易中等专业学校
周　波	贵州以学数智科技有限公司
李维威	贵州以学数智科技有限公司

前　言

在职业教育日益受到重视的今天,财税代理服务作为商业活动的核心组成部分,其教学与实践的紧密结合显得尤为重要。本书基于全国职业教育教材审定委员会审定的"十四五"职业教育国家规划教材,深入贯彻教育部最新发布的《职业教育专业简介(2022年修订)》中"财税代理服务"课程的开设要求,紧密围绕最新发布的行业标准、政策与法规,结合贵阳地区实际代理业务的情况,力求为学生提供一个既符合国家标准又具有地方特色的学习平台。

本书的特色如下:

(1) 系统性与实用性相结合:本书内容全面,涵盖了企业从创立到注销的全过程,涉及财税、工商登记、社会保险等多个方面,同时结合贵阳地区最新的业务实践,确保学生能够全面掌握会计事务代理的各个环节,将所学知识与实际工作紧密结合。

(2) 理论与实践相结合:本书不仅注重理论知识的传授,更强调操作能力的培养。本书通过大量的案例分析和模拟实训,让学生在掌握理论知识的同时,也能熟练地进行实际操作。

(3) 本书涉及的知识点适用于2024年12月之前的财经法规、财税政策。

本书主要面向中职会计事务专业的学生,同时也适合会计从业者、事务所工作人员以及对会计事务代理感兴趣的广大读者。

本书由贵阳市经济贸易中等专业学校何倩担任主编,贵阳市经济贸易中等专业学校周雯担任副主编,贵州以学数智科技有限公司李维威也参与了编写工作。具体分工为:何倩编写项目一、项目二并负责教材整理审核工作,周雯编写项目三、项目四,李维威编写项目五。

在本书的编写过程中,我们得到了许多专家、学者、编者学校领导和一线教师的支持与帮助,贵州以学财务咨询有限公司的财务工作人员参与了教材编写讨论并提供企业素材,感谢他们为本书提供的宝贵意见和建议,使得本书更加完善、实用。同时,也感谢立信会计出版社的大力支持和广大师生的积极参与。

编者

2025年2月

目　　录

项目一　财税代理概述 · 001
　任务一　认识财税代理 · 001
　任务二　客户接待与维护 · 004
　任务三　财税咨询服务 · 009

项目二　工商登记代理 · 022
　任务一　设立登记 · 022
　任务二　企业年度报告公示 · 065
　任务三　公司变更登记 · 069
　任务四　注销登记 · 085

项目三　税务代理 · 096
　任务一　税务登记代理 · 096
　任务二　纳税事项税务登记代理 · 112
　任务三　发票的开具 · 117

项目四　社会保险代理 · 127
　任务一　社会保险登记 · 127
　任务二　申领社会保险 · 140

项目五　账务代理 · 148
　任务一　建账的流程 · 148
　任务二　建账的方法 · 151
　任务三　账务代理模拟实训 · 156

项目一 财税代理概述

任务一 认识财税代理

知识目标
1. 了解财税代理的概念
2. 熟悉财税代理公司的服务范围

技能目标
1. 能够熟知财税代理公司的经营范围
2. 能够熟知财税代理公司的服务内容

素质目标
1. 在熟悉财税代理服务业务的基础上树立正确的就业观,能够进行创业和择业的职业规划
2. 牢记财税代理服务行业的规则以及业务操作规范,树立严谨的职业态度

一、财税代理的概念

财税代理通常是指财务方面的专业人士在国家法律规定的代理范围内,接受被代理人的委托,代为办理财税事务各项行为的总称,是通过委托人、代理人、财税事务等要素的组合所形成的一种法律行为,也是一种社会性的中介行为。财税代理运用专门方法对企业、机关、事业单位和其他组织的经济活动进行全面、综合、连续、系统的核算和监督,提供财务信息。

二、财税代理服务的产生和发展

我国财税代理服务产生于20世纪80年代初,最初形式是税务咨询。随着社会经济的发展和改革开放的深入，企业对财税代理服务的需求逐渐增加，财税代理机构的专业化程度也越来越高。在财税代理服务的发展过程中，信息技术的发展起到了重要的推动作用。通过信息化手段，财税代理机构可以提高服务效率和质量，更好地满足客户的需求。

目前，财税代理机构作为专业的服务机构，能够为企业提供全面、高效、规范的财税代理服务，帮助企业降低运营成本，提高经济效益。未来，随着经济的不断发展和社会需求的不断变化，财税代理服务将继续不断创新和发展。

三、财税代理机构的设立条件

《中华人民共和国会计法》规定，对不具备设置会计机构条件的单位可以委托经批准设立从事会计代理记账的中介机构代理记账，从而确立了代理记账业务的法律地位。根据《代理记账管理办法》的规定，除会计师事务所以外的机构从事代理记账业务，设立代理记账机构，应当符合下列条件：

（1）为依法设立的企业。
（2）有 3 名以上专职从业人员。
（3）主管代理记账业务的负责人具有会计师以上专业技术职务资格或者从事会计工作不少于 3 年，且为专职从业人员。
（4）有健全的代理记账业务内部规范。

从事财税代理服务的社会中介机构，如会计咨询公司、会计服务公司、代理记账公司、会计师事务所等接受委托人委托办理财税服务业务。本项目以贵州诚心财务咨询有限公司为例介绍财税代理的相关知识。

四、财税代理公司简介

（一）公司概况

贵州诚心财务咨询有限公司是一家经工商部门注册、实力雄厚的公司。该公司秉承"立足贵阳，服务全省"的经营理念，以及"诚心、诚信、责任、高效"的服务宗旨，创建了一套标准化服务流程，致力于以高效细致的服务、全方位风险防控为目标，向中小企业提供财税代理、税收筹划、工商代理、审计等中介服务。贵州诚心财务咨询有限公司于 2019 年 1 月 5 日申领企业法人营业执照，详细信息如下：

> 公司名称：贵州诚心财务咨询有限公司
> 统一社会信用代码：3252010373664201YX
> 公司法定代表人：周子期
> 公司注册资金：50 万元人民币
> 公司地址：贵阳市云岩区环城南路 110 号
> 开户银行：中国建设银行环城南路淮阴路支行
> 开户银行账号：6217007100006084526

（二）公司经营范围

1. 基础财税服务

贵州诚心财务咨询有限公司将财务共享服务中心引入财务服务行业，创立以呼叫中心、计划中心、市场营销中心和研发中心为创新核心的会计工厂,为企业提供工商代理、税务代理、会计代理、验资审计等基础财税服务。

2. 高端财税咨询

贵州诚心财务咨询有限公司依托长期服务中小型企业财税的经验,组建了一支高端的会计咨询团队,承接服务涉及企业财务架构设计、税收筹划、企业管理咨询、内部控制设计等项目。

3. 财税信息化研发

贵州诚心财务咨询有限公司与专业研发团队合作,结合"会计工厂"的成功模式,成功研发财务服务行业管理软件——"诚心财务"App、诚心财务官微等财税服务产品,全方位提升财税服务的信息化建设,新颖的管理模式极大地提高了客户的满意度。

(三) 公司服务内容

1. 工商服务

(1) 开业、变更、续期、注销。
(2) 改制、转让、重组。
(3) 企业跨区迁移。
(4) 代拟各类文书,提供工商咨询服务。

2. 税务服务

(1) 税务开业、变更、注销登记。
(2) 记账、报税。
(3) 汇算清缴、查证报告。
(4) 协助企业申请一般纳税人资格。
(5) 协助企业申请减免所得税。
(6) 提供财税疑难咨询。

3. 社保服务

(1) 社会保险登记。
(2) 申领社会保险。

4. 配套服务

(1) 协助评估、审计、开具许可证。
(2) 协办代码证、商标注册、变更。

(四) 公司营业执照

公司营业执照,如图表1-1所示。

图表1-1 公司营业执照

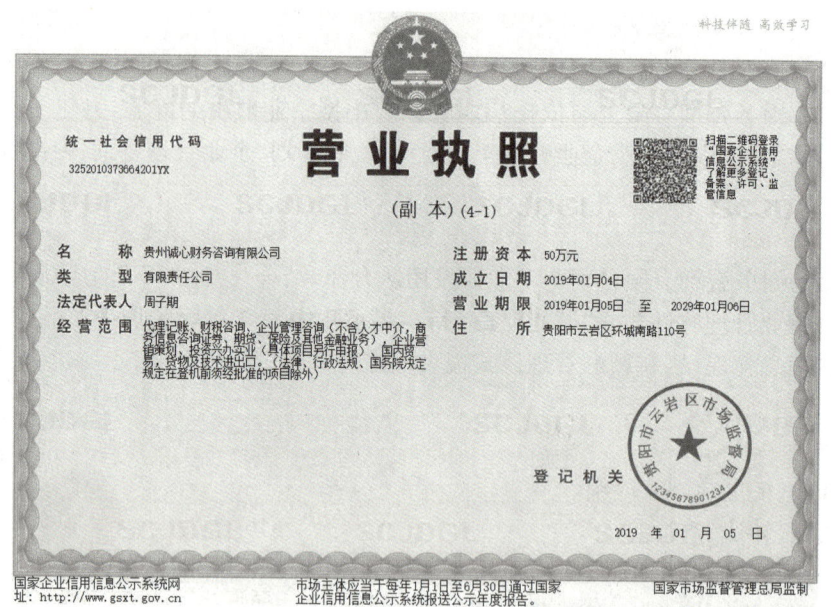

课后拓展

以小组为单位开展一次市场调研：

1. 调研内容：访问一家本地区开展财税代理服务业务的公司，了解其业务经营范围。
2. 调研形式：电话访问、走访、问卷等。

任务二　客户接待与维护

知识目标

1. 了解客户接待的基本礼仪与客户沟通的技巧
2. 掌握客户跟进与维护的步骤与技巧

技能目标

能够自信大方地接待客户，并进行简单的沟通

素质目标

1. 培养良好的服务意识和责任意识
2. 培养良好的沟通能力
3. 培养耐心细致的工作态度

子任务一　客户接待的基本流程与礼仪

客户接待是从事商务活动的一个重要组成部分,是进行商务洽谈、客户沟通的有效载体。一次优秀的客户接待活动能够展示财税代理服务公司业务人员的综合素质和谈判技巧,并体现公司的整体优势。

案例引入

2024年1月,赵丹顾、方允薇与欧阳倩准备出资成立一家公司,从事理发、美容服务及化妆品销售业务。但是她们对成立公司的具体政策和流程都不太熟悉,了解到贵州诚心财务咨询有限公司是一家为中小企业提供财税代理、税收筹划、工商代理、审计等全方位中介服务的公司,于是拨通了贵州诚心财务咨询有限公司的电话。

小李是贵州诚心财务咨询有限公司的业务员,接到赵丹顾的来电后,他耐心详细地介绍了公司的基本情况、营业范围和服务内容。

客户赵丹顾:"您好!请问是贵州诚心财务咨询有限公司吗?"

业务员小李:"您好!是的,我是贵州诚心财务咨询有限公司的业务员小李,请问您是?"

客户赵丹顾:"你好,我姓赵,我和几位朋友准备共同出资成立一家公司,想了解一下成立公司的具体政策和流程,请问贵公司提供相关的咨询服务吗?"

业务员小李:"赵女士,您好!我们是一家专门为中小企业提供财税代理、税收筹划、工商代理、审计等全方位中介服务的财务咨询公司,我们的业务范围非常广泛,占用您几分钟时间,我具体给您介绍一下……"

业务员小李:"赵女士,电话里说不方便,您看您什么时间方便到我们公司实地考察了解一下,我给您具体介绍一下公司的合作案例,或者我亲自拜访您?"

小李通过赵丹顾的来电,基本了解了赵丹顾成立公司的基本情况和需求,并成功邀约客户到公司洽谈。如果你是这家财务咨询公司的业务员,你将怎样接待客户?

案例步骤

步骤一:做好电话拜访或电话接待。

1. 文明应答

对方打来电话,一般会自己主动介绍。如果对方没有介绍或者你没有听清楚应该主动问"请问您是哪位？我能为您做什么？""您找哪位？我能帮您什么忙吗？"

2. 认真倾听

在接电话的过程中，应避免打断对方的讲话，可视情况用"嗯""是的""对""知道了"等作答。如果没有听清、听懂，致歉后再请求对方重复。对重要的内容应记录，并请求对方重复确保无误。在电话交谈结束时，应谦恭地询问对方："请问您还有什么需要帮助的吗？"当确认对方已经讲完之后，方可结束通话。

3. 接听细节

从接听电话到结束通话，整个过程都应有礼仪规范，不可疏漏任何一个细节。接听电话时，应仔细倾听对方的讲话。讲话时，声音不宜过大或过小，吐字清晰，保证对方能听明白。要多用"您好""请""谢谢""对不起""不客气"等文明用语，而不能用失礼的"喂"来称呼对方。当对方要找的人不在时，不应主动打听对方的来意。挂电话时，切忌没有致结束语就挂机或是挂机动作突然、用力过大，使对方产生误解。

4. 声音亲切

接听电话时，一定要面带笑容，你在微笑，电话就会传递你的微笑；亲切、温情的声音，会让对方对你产生良好的印象。客户一直在注意着你的声音，包括语调和心情，你需要把你全部的注意力投入到电话中。

5. 做好记录

接听电话要养成这样一种习惯：左手接听电话，右手随时记录有用信息。

步骤二：做好客户接待前的准备工作。

拜访客户或者客户来访之前，应做好充分的准备工作，保证沟通的顺利进行。

1. 搜集信息

搜集客户资料，了解客户的经营范围、经营规模、岗位设置等基本情况。

2. 了解客户需求

了解客户来访意图，即合作意向；了解客户的态度，根据客户的需求，搜集相关政策法规，整理打印资料，必要时还可以制作PPT进行介绍。

3. 提前安排接待区域

为来访客户提供舒适的等候区域，如沙发、茶水等，确保环境的整洁。

步骤三：接待客户。

接待客户一定要落落大方，做事不扭捏，遇事冷静，不卑不亢，以谦卑的态度去接待每一位客户。

1. 打招呼

接待客户要做的第一件事情就是看到客户后先跟客户热情地打招呼，问候客户。

2. 引入座

简单的寒暄后将客户礼貌地引入客座，把准备的茶水端给客户，与客户进行简单的交流。

3. 切正题

确认客户的来访目的后，向客户展示公司的产品和服务，说服客户接受方案。

步骤四：客户沟通，促成合作。

在与客户沟通的过程中，有一个明确的目标，最终达成共同的协议，这才能形成一次有效的沟通。

（1）充分倾听客户的需求和意见，避免中断或打断客户的发言，重复和概括客户讲话的重点，以确认自己完全理解客户的意思。

（2）关注客户对公司产品和服务的真实评价，贴合客户的实际情况与他们讨论具体需求，保持诚实、透明和真实，不要夸大公司的产品和服务，给予华而不实的承诺，确保客户了解具体的服务或产品条款，并向客户提供充分的信息。

（3）解决问题，处理客户的疑虑，及时处理客户的各类疑惑、疑虑。如遇不能解答的专业问题，可以请公司的资深人员进行解答，切勿慌张或冷场。

模拟实训

乡村振兴战略确定为关系全面建设社会主义现代化国家的全局性、历史性任务的一项重大战略。在此背景影响下，毕业于农业专业的胡涵与潘美娟回到了家乡，依靠科技智慧和农业知识逐梦乡村，致力于为农业现代化注入新活力，为乡村振兴带来新希望。胡涵和潘美娟决定共同出资成立一家公司，他们在朋友圈看到贵州黎明财务咨询有限公司的服务广告，于是抱着试一试的心态拨通了贵州黎明财务咨询有限公司的电话。

实训要求：三人一组，以小组为单位，通过角色扮演财务咨询公司业务员、客户，模拟从电话接待到客户沟通的全过程，做好接待客户的各项准备工作。

课后拓展

假设你是某财务咨询公司的业务员，需要上门拜访客户，请拟定一份电话预约的交流提纲和一份上门拜访的谈话提纲。

子任务二　客户的跟进与维护技巧

客户的跟进与维护是商业活动中的重要环节，也是保持长期客户关系的关键。客户的跟进与维护不仅可以帮助企业更好地了解客户的需求和期望，还能帮助企业及时捕捉客户的满意度变化，并及时采取措施解决问题。

案例引入

赵丹顾、方允薇和欧阳倩到贵州诚心财务咨询有限公司实地参观考察后，对公司工作人员精准清晰的分析和解答十分满意，表现出了合作意向，但是希望贵州诚心财务咨询有限公司能够提供更多的附加服务。业务员小李将客户的需求汇报给公司领导，得到批复后立即联系跟进客户。

业务员小李："赵总您好！前几天来我们公司实地考察后，您对我们公司的服务还满意吗？"

客户赵丹颀："你们公司的咨询人员还比较专业,我们是刚成立的新公司,需要咨询和代理的财税事务很繁杂,你们公司可以提供附加服务项目吗?"

业务员小李:"针对您提出的需求呢,我这边先向公司领导请示,得到答复立即联系您。"

……

业务员小李:"我这边请示了领导,针对新设立的企业,如果与我们公司签订代理记账协议,我们会免费提供如办理刻章、银行账户办理手续、税务登记、申报税控盘等服务,您这边只需要承担成本费即可,我们还可以随时为您提供免费的财税政策咨询服务。您看这样可以吗?"

客户赵丹颀:"嗯,附加服务还比较全面。"

业务员小李:"那您有合作的打算吗"。

客户赵丹颀:"我再考虑一下吧!"

客户迟疑不定,业务员如何持续跟进,保持与客户的联系至关重要。

案例步骤

一、客户跟进

步骤一:保持联系。定期与客户联系,可以通过电话、邮件、社交媒体等方式主动联系客户。

步骤二:掌握自身产品和服务的专业技能。员工必须充分了解公司的产品和服务,向客户提供关于产品的信息和相关的服务,从而为公司赢得顾客的信赖。

步骤三:了解和满足客户个性化要求。企业以标准化和多样化的产品与服务为基础,通过不断沟通了解客户的真实需求并据以完善细节,使产品和服务在最终执行时能够更符合顾客需求。

步骤四:及时解决客户问题。如果客户有任何疑问或问题,员工应尽快回复并解决,还要善于处理顾客的抱怨或异议,才能与客户建立长期的相互信任的伙伴关系。

步骤五:提供优质服务。有目的地整理客户信息和业务反馈,做到及时总结,提出合理性建议,给予客户更多选择,让顾客注意到企业的高标准服务,超越顾客的期望值。

步骤六:建立良好的人际关系。建立良好的人际关系让客户感受到你是可信赖的合作伙伴。

二、客户维护

步骤一:建立客户信息系统:记录客户的基本信息、联系方式、产品偏好等信息,方便后续跟进与维护。

步骤二:制订客户回访计划:根据客户的特点和需求,制订客户回访计划,并定期检查计划的执行情况。

步骤三:开展客户满意度调查:定期开展客户满意度调查,及时了解客户的满意度水平,并根据调查结果调整跟进与维护策略。

步骤四:举办客户活动:举办客户活动,如客户见面会等庆祝活动,增强客户与公司之间的联系。

 **模拟实训**

贵州黎明财务咨询有限公司接待了胡涵和潘美娟的到访,两位客户对工作人员精准清晰的分析和解答十分满意,虽有意合作,但对刚成立不久、在业界还没有知名度的贵州黎明财务咨询有限公司又表现出了迟疑。

实训要求: 针对客户的疑虑,各小组制定应对方案,以角色扮演的形式,演示与客户跟进的过程,力争促成本次合作。

 **课后拓展**

为贵州黎明财务咨询有限公司撰写一份公司简介,包括发展历程、营业范围、特色与优势、企业文化等。

任务三　财税咨询服务

 知识目标

1. 掌握签订代理协议的基本流程及注意事项
2. 了解税收优惠政策的收集途径,并进行归类整理

 **技能目标**

1. 能够拟定简单的代理协议范本
2. 熟悉税收政策,能够解答客户有关税收政策的疑惑
3. 能够为客户制定简单的财税方案

 **素质目标**

1. 培养良好的服务意识和责任意识
2. 培养法律风险、税务风险的防范意识

为了加强对代理记账机构的管理,规范代理记账业务,促进代理记账行业的健康发展,根据《中华人民共和国会计法》及其他法律、法规的规定,2005年1月22日财政部发布了《代理记账管理办法》,对从事代理记账的条件、代理记账的程序、委托双方的责任和义务等作了具体规定,并自2005年3月1日起施行。2016年5月1日修订后的《代理记账管理办法》对

代理记账的条件、程序等又作了调整。2019年3月14日修订后的《代理记账管理办法》对申请材料和审批流程,审批时限,代理记账机构的内部规范,从业人员管理、监管和信息公开等作了调整。2023年财政部发布《代理记账基础工作规范(试行)》和《关于新时代加强和改进代理记账工作的意见》,新规于2024年1月1日起执行,健全了法律规章制度,制定了行业执业规范,并加强了对代理记账工作的监督和管理。

(一) 委托代理记账委托人的义务

根据《代理记账管理办法》的规定,委托人委托代理记账机构代理记账的,应当履行以下义务:

(1) 对本单位发生的经济业务事项,应当填制或者取得符合国家统一的会计制度规定的原始凭证。

(2) 应当配备专人负责日常货币的收支和保管。

(3) 及时向代理记账机构提供真实、完整的原始凭证和其他相关资料。

(4) 对于代理记账机构退回的,要求按照国家统一的会计制度的规定进行更正、补充的原始凭证,应当及时予以更正、补充。

(二) 代理记账机构及其从业人员的义务

根据《代理记账管理办法》的规定,代理记账机构及其从业人员应当履行下列义务:

(1) 遵守会计法律、法规和国家统一的会计制度的规定,按照委托合同办理代理记账业务。

(2) 对在执行业务中知悉的商业秘密予以保密。

(3) 对委托人要求其作出不当的会计处理,提供不实的会计资料,以及其他不符合法律、法规和国家统一的会计制度行为的,予以拒绝。

(4) 对委托人提出的有关会计处理相关问题予以解释。

(三) 代理记账的监督检查

根据《代理记账管理办法》的规定,县级以上人民政府财政部门对代理记账机构及其从事代理记账业务情况实施监督。代理记账机构应于每年4月30日之前,向审批机关报送下列材料:

(1) 代理记账机构基本情况表(附表)。

(2) 专业从业人员变动情况。

代理记账机构采取欺骗、贿赂等不正当手段获得代理记账资格的,由审批机关撤销其资格。代理记账机构在经营期间达不到《代理记账管理办法》规定的资格条件的,审批机关发现后,应当责令其在60日内整改;逾期仍达不到规定条件的,由审批机关撤销其代理记账资格。

(四) 代理记账承担的法律责任

代理记账机构违反《代理记账管理办法》第7条、第8条、第9条、第14条、第16条规定的,由县级以上人民政府财政部门责令其限期改正,拒不改正的,将代理记账机构及其负责人列入重点关注名单,并向社会公示,提醒其履行有关义务;情节严重的,由县级以上人民政府财政部门按照有关法律、法规给予行政处罚,并向社会公示。

代理记账机构从业人员在办理业务中违反会计法律、法规和国家统一的会计制度的规定,造成委托人会计核算混乱、损害国家和委托人利益的,由县级以上人民政府财政部门依据《中华人民共和国会计法》等有关法律、法规的规定处理。代理记账机构有上述行为的,县级以上人民政府财政部门应当责令其限期改正,并给予警告;有违法所得的,可以处违法所得3倍以下罚款,但最高不得超过3万元;没有违法所得的,可以处1万元以下罚款。

委托人向代理记账机构隐瞒真实情况或者委托人会同代理记账机构共同提供虚假会计资料的,应当承担相应法律责任。未经批准从事代理记账业务的单位或者个人,由县级以上人民政府财政部门按照《中华人民共和国行政许可法》及有关规定予以查处。县级以上人民政府财政部门及其工作人员在代理记账资格管理过程中,滥用职权、玩忽职守、徇私舞弊的,依法给予行政处分;涉嫌犯罪的,移送司法机关处理。

子任务一　签订代理协议

《代理记账管理办法》对从事代理记账的条件、代理记账的程序、委托双方的责任和义务等作了具体规定。一般来说,委托双方需签署代理协议以确保双方的权益。

赵丹顷、方允薇与欧阳倩通过实地参观考察,多次与贵州诚心财务咨询有限公司洽谈沟通,最终决定由贵州诚心财务咨询有限公司为新成立的公司提供财税代理服务。

业务员小李:"赵总您好!感谢贵公司选择贵州诚心财务咨询有限公司,我们一定为贵公司提供满意的服务,您看什么时间方便签订代理协议?"

客户赵丹顷:"我们先研究一下代理协议。"

业务员小李:"好的赵总,我先发一份协议样本给您,后续再根据贵公司的具体要求签订代理协议"。

实训要求:根据客户需要,签订代理协议。

步骤一:确定服务内容。
与客户确定服务范围、服务时间、服务费用等相应内容。

步骤二:准备协议范本。
根据与客户确定的服务内容,准备协议范本,提交客户确认。
签订代理协议的注意事项:代理协议是代理记账机构与委托人共同签订的,确定代理记账业务的委托与受托,明确委托目的、委托范围,以及双方责任与义务等事项的书面协议。
协议除应具备法律规定的基本条款外,还应明确以下基本内容:
(1) 签约双方名称。
(2) 委托业务的范围,编制和提供财务会计报告的要求。
(3) 会计资料传递程序和签收手续,终止约定应当办理的会计业务交接事项。
(4) 双方对会计资料真实性、完整性应承担的相应责任,会计档案保管要求的责任。

(5) 委托业务的收费标准。
(6) 协议的有效期间。
(7) 违约责任。
(8) 协议双方认为应该约定的其他事项。
(9) 协议签订时间。

步骤三：与客户约定具体签订协议的时间和地点，完成协议的签订，如图表1-2所示。

图表1-2　代理记账服务协议书

代理记账服务协议书

被代理方(甲方)：
统一社会信用代码/居民身份证号码：
联系地址：　　　　　　　　　　　联系方式：

代理方(乙方)：
统一社会信用代码/居民身份证号码：
联系地址：　　　　　　　　　　　联系方式：

依据《中华人民共和国民法典》《中华人民共和国会计法》及其他相关的法律法规的规定，甲方因经营管理需要，委托乙方代理记账，为了维护当事人的合法权益，双方本着诚信、平等、互利的原则，经双方代表协商达成如下协议。

一、服务范围

1. 代理期限、收费标准和代理事项

(1) 甲方委托乙方进行代理记账业务，选择服务版本为　　，时间为　年，从　年　月　日到　年　月　日止，价格为￥　　，大写：　万　仟　佰　拾　元整，不含缴纳印花税和税局代开发票税点等费用。

(2) 代理记账收费标准如下：

服务	创业版	标准版	增强版	旗舰版
价格	1200元/年	2400元/1年 3600元/2年	3600元/年	6000元/年
类型	0收入0申报	3年以内小微企业	3年以上小微企业	发展型中小企业
记账类别	小规模纳税人	小规模纳税人	小规模纳税人	一般纳税人
会计核算	√	√	√	√
税务申报	√	√	√	√
出具财务报表	√	√	√	√
先行赔付	√	√	√	√
风险提示	√	√	√	√
一对一专人服务	—	√	√	√

(续表)

服务	创业版	标准版	增强版	旗舰版
提供咨询方式	邮件/QQ/微信	邮件/QQ/微信	电话/邮件/QQ/微信	电话/邮件/QQ/微信
税务筹划	—	√	√	√
银行开户	400元	免费	免费	免费
国、地税报到	200元	免费	免费	免费
社保开户	200元	免费	免费	免费
社保增减员	20元/人/次	50元/3人/次	免费	免费
购买发票/核销发票	200元/次	200元/次	免费,不限次数	免费,不限次数
代开发票	税盘代开50元/次 税局代开200元/次	税盘代开50元/次 税局代开200元/次	免费,开票金额50万元/月以内	免费,开票金额100万元/月以内

温馨提示：
2015年后新开企业或从未开票企业需要开票请提前30个工作日申请购买税盘和发票,以免耽误您使用发票。

(3) 代理事项(请在以下事项中选择委托代理事项,并打"√"):
(√) A 整理和审核原始凭证。
(√) B 根据原始凭证编制记账凭证,核算税金。
(√) C 编制会计报表(包括:资产负债表、利润表、税金明细表)。
(√) D 税务申报(包括:增值税、企业所得税、个人所得税、城市维护建设税及教育费附加税)。
(√) E 装订成册(装订会计凭证和账簿,每个年度汇总交接给企业)。
(√) F 服务期内免费办理年检年报。
(√) G 税务指导、开具发票指导、红字发票处理指导以及初创企业经营管理方面的建议。
(　) H 社保办理(增强版可享受免费办理社保人员增减)。
(　) I 申领发票(增强版可享受免费代领发票及核销发票)。
(　) J 代开发票(增强版和旗舰版可享受免费税盘代开发票)。
(　) K 财税管理咨询和税务筹划(申请电商企业认定辅导和高新技术企业认定辅导)。
(　) L 其他：＿＿＿＿＿＿＿＿＿＿＿。

2. 票据交接方式
甲方每月票据凭证交接方式为快递票据,为票据的安全,请选用顺丰速运。
注：
甲方中途需要凭证账本或财务报表,乙方默认发送电子版到甲方指定的电子邮箱,甲方自行打印,若需要乙方打印则按照1元/张的价格收取,快递费由甲方承担。

二、责任与义务
1. 甲方的责任与义务
1) 甲方的责任
(1) 保证提供给乙方的原始凭证真实、合法、准确、完整。
(2) 按照有关规定及时足额缴纳各项税费。
(3) 按本协议规定及时足额地支付乙方代理记账费用。
2) 甲方的义务
(1) 甲方在当月30号前需提供上一月的凭证单据给乙方,最迟不能超过次月5日,节假日顺延。

(续表)

(2) 对本单位发生的经济业务，必须填制或取得符合国家统一会计制度规定的原始凭证。
(3) 配备专人负责现金和银行存款的收付，保管好所有往来单据，并定期与乙方提供的账面数额相核对。
(4) 指定专人做好会计凭证传递过程中的登记和保管工作。
(5) 负责向乙方提供原始凭证授权签字人名单（只限一人）。
(6) 及时向乙方提供会计核算所需要的全部由经手人及授权签字人签批的原始资料和其他有关资料，并对账务处理的真实性和完整性负责。
(7) 甲方对乙方退回的、要求按照国家统一会计制度规定进行更正、补充的原始凭证，应当及时予以更正、补充，并及时通知有关生产经营、财产变动等情况。
(8) 为乙方派出的代理记账人员提供必要的工作条件。
(9) 为乙方提供记账、理账所需要了解的生产、经营等管理资料。
(10) 甲方有权对乙方工作的进度和质量进行检查、监督。

2. 乙方的责任和义务

1）乙方的责任

按照会计准则、会计制度和其他会计法规要求为甲方代理记账，保证账务处理的真实性、合理性和合法性，保护甲方合法权益。

2）乙方的义务

(1) 乙方在每月15号之前报告上一月要交的总税金和申报纳税，节假日顺延。
(2) 根据《中华人民共和国会计法》及国家统一会计制度的规定，开展代理记账业务。
(3) 根据甲方的经营特点，指导甲方设计相应的会计制度。
(4) 协助甲方设计会计凭证传递程序，做好凭证签收工作，指导甲方妥善保管会计档案，并在合同终止时办理会计工作交接手续。
(5) 按照相关规定审核甲方提供的原始凭证、填制记账凭证，登记会计账册，及时编制会计报表。
(6) 办理甲方各项纳税事宜。
(7) 解释说明甲方提出的有关会计处理、会计法规、财税政策等原则问题。
(8) 对在执行业务过程中知悉的商业秘密，负有保密义务。
(9) 为甲方提供加强经济核算，改善经营管理，提高经济效益等方面的建议。

三、会计档案保管

(1) 在合作期限内，凭证、账簿、报表等会计档案由乙方设专人专柜保管。
(2) 在合作期进入下一年度或结束后，上一年度会计档案交由甲方自行保管，交接时双方需在交接清单上签字确认。

四、违约责任

(1) 甲方未能履行其责任，未向乙方提供真实、合法、准确、完整的原始凭证，导致税务方面的责任由甲方承担。
(2) 由于甲方未能及时提供代理记账所需的核算资料和工作条件，致使乙方不能按时履行合同的，乙方不承担任何责任。
(3) 当甲方接到通知，但未按时缴纳税金或甲方税务申报时甲方绑定的银行账号没有足够的资金来扣交税金或不配合税务等部门检查所造成的相关经济责任、法律责任及其他后果由甲方负责处理承担。
(4) 如果甲方提供的资料不及时、不全面造成乙方工作重复，由此产生附加工作量，甲方有义务支付额外费用。
(5) 由于乙方原因，未能按时完成会计核算或会计核算不真实，造成一定后果的，乙方必须及时纠正并承担相应的责任。

(续表)

(6) 因乙方延报、错报、漏报相关税务给甲方造成的罚款损失由乙方承担。

(7) 乙方为甲方提供代理服务，不包括金额价值超过 2 000 元人民币的重要物资和现金保管；原则上，发票由甲方领购保管和填写；但如果甲方委托乙方，乙方可为甲方代购发票，对托管物品或发票由于意外造成的损失，乙方按物品或票据的实际成本赔偿给甲方。

(8) 关于旧公司转交我司代理记账、会计账务出现的问题划分，办理交接手续以前的问题由甲方负责，办理交接手续以后的问题由乙方负责。

(9) 为了维护双方的根本利益，乙方规定所有在乙方工作或以前在乙方工作过的员工不能私下直接以个人名义或间接以其他名义在甲方从事工作，希望甲方理解和支持，以免给双方造成麻烦和经济损失。

(10) 甲方未按时缴纳税金或甲方绑定的银行账号没有足够的资金缴扣税金而导致的需要上门税局申报或解除税务异常的，不属于正常代理记账申报税务服务范围，按照 200 元/次上门服务费，不含由此给税局罚款或缴交滞纳金。

五、收款账号及发票信息

1. 收款方指定收款账号

户　名：＿＿＿＿＿＿＿＿＿＿＿＿

账　号：＿＿＿＿＿＿＿＿＿＿＿＿

开户行：＿＿＿＿＿＿＿＿＿＿＿＿

收款方未授权任何员工、第三方收款；付款方未向指定账号付款导致损失的，收款方不承担任何责任。

2. 发票

本合同中约定的价款或交易金额为含税金额，收款方提供正规足额增值税专用发票。发票信息如下：

名　称：＿＿＿＿＿＿＿＿＿＿＿＿

纳税人识别号：＿＿＿＿＿＿＿＿＿＿＿＿

地址、电话：＿＿＿＿＿＿＿＿＿＿＿＿

开户行及账号：＿＿＿＿＿＿＿＿＿＿＿＿

货物或应税劳务名称：＿＿＿＿＿＿＿＿＿＿＿＿

增值税税率：＿＿＿＿＿＿＿＿＿＿＿＿

六、陈述与保证

1. 本合同各方均向其他方承诺

除本合同明确约定的以外，该方拥有签订和履行本合同全部义务所必需的所有合法权利以及所有内部和外部的批准、授权和许可，包括但不限于法律及公司章程规定的股东会、董事会批准(如有)。

2. 该方提交的文件、资料等均是真实、全面和有效的

甲方承诺：

具备签订和履行本合同的能力与资质。

乙方承诺：

具备签订和履行本合同的能力与资质。

七、保密

合同各方保证对在讨论、签订、履行本合同过程中所获悉的属于其他方的且无法自公开渠道获取的文件及资料(包括但不限于商业秘密、经营计划、运营活动、财务信息、技术信息、经营信息及其他商业秘密)予以保密。未经该资料和文件的原提供方同意，其他方不得向任何第三方泄露该商业秘密的全部或部分内容。

上述保密义务，在本合同终止或解除之后仍须履行。

本合同关于对保密信息的保护不适用于以下情形：

(1) 保密信息在披露给接收方之前，已经公开或能从公开领域获得。

(续表)

(2) 在本合同约定的保密义务未被违反的前提下,保密信息已经公开或能从公开领域获得。

(3) 接收方应法院或其他法律、行政管理部门要求披露保密信息(通过询问、要求资料或文件、传唤、民事或刑事调查或其他程序)。当出现此种情况时,接收方应及时通知提供方并做出必要说明,同时给予提供方合理的机会对披露内容和范围进行审阅,并允许提供方就该程序提出异议或寻求必要的救济。

(4) 由于法定不可抗力因素,导致不能履行或不能完全履行本合同确定的保密义务时,甲乙双方相互不承担违约责任;在不可抗力影响消除后的合理时间内,一方或双方应当继续履行本协议。在上述情况发生时,接收方应在合理时间内向提供方发出通知,同时应当提供有效证据予以说明。

八、其他约定

1. 部分无效处理

如任何法院或有权机关认为本合同的任何部分无效、不合法或不可执行,则该部分不应被认为构成本合同的一部分,但不应影响本合同其余部分的合法有效性及可执行性。

2. 确认签约能力

双方确认具备签订及履行本合同的能力与相应资质,并已经获得各自章程规定的授权及利害关系人的同意以签署本合同;在本合同上签字或盖章的各方代表已经获得相应的授权。

九、合同送达方式

为更好地履行本合同,双方提供如下通知方式:

(1) 甲方接收通知方式:

联系人:_____

地址:_____

手机:_____

(2) 乙方接收通知方式:

联系人:_____

地址:_____

手机:_____

双方应以书面快递方式向对方上述地址发送相关通知。接收通知方拒收、无人接收或未查阅的,不影响通知送达的有效性。

上述地址同时作为有效司法送达地址。

一方变更接收通知方式的,应以书面形式向对方确认变更,否则视为未变更。

十、不可抗力的处理

1. 不可抗力

不可抗力是指在本合同签署后发生的、本合同签署时不能预见的、其发生与后果是无法避免或克服的、妨碍任何一方全部或部分履约的所有事件。上述事件包括地震、台风、水灾、火灾、战争、国际或国内运输中断、流行病、罢工,以及根据中国法律或一般国际商业惯例认作不可抗力的其他事件。一方缺少资金非为不可抗力事件。

2. 不可抗力的后果

(1) 如果发生不可抗力事件,影响一方履行其在本合同项下的义务,则在不可抗力造成的延误期内中止履行,而不视为违约。

(2) 宣称发生不可抗力的一方应迅速书面通知其他各方,并在其后的15天内提供证明不可抗力发生及其持续时间的足够证据。

(3) 如果发生不可抗力事件,各方应立即互相协商,以找到公平的解决办法,并且应尽一切合理努力将不可抗力的影响减少到最低限度。

(4) 金钱债务的迟延责任不得因不可抗力而免除。

(5) 迟延履行期间发生的不可抗力不具有免责效力。

(续表)

3. 部分无效处理

如任何法院或有权机关认为本合同的任何部分无效、不合法或不可执行,则该部分不应被认为构成本合同的一部分,但不应影响本合同其余部分的合法有效性及可执行性。

4. 不放弃权利

除非另有约定,任何一方未能行使或迟延行使其在本合同项下的任何权利,不得被视为其放弃行使该等权利,且任何权利的任何单独或部分行使亦不得妨碍该等权利的进一步行使或其他任何权利的行使。一方在任何时候放弃追究其他各方违反本合同任何条款或规定的违约行为,不得被视为该方放弃追究其他各方今后的违约行为,且不得被视为该方放弃其在该等规定项下的权利或其在本合同项下的其他任何权利。

十一、法律适用

本合同的制定、解释及其在执行过程中出现的、或与本合同有关的纠纷之解决,受中华人民共和国(不含港澳台)现行有效的法律的约束。

十二、争议解决

因本合同以及本合同项下订单、附件、补充协议等(如有)引起或有关的任何争议,由合同各方协商解决,也可由有关部门调解。协商或调解不成的,可以选择以下第_____种方式解决:

（1）提交位于_____（地点）的_____仲裁委员会仲裁。仲裁裁决是终局的,对各方均有约束力。

（2）依法向_____所在地有管辖权的人民法院起诉。

十三、附则

（1）本协议一式两份,协议各方各执一份。各份协议文本具有同等法律效力。

（2）协议的附件与本协议具有同等效力。本协议共有_____个附件,名称如下:

附件一名称:_____

附件二名称:_____

（3）本合同经双方协商后可以增加补充协议,补充协议的内容为本合同的一部分,具有同等的法律效力。

（4）本协议经各方签名或盖章后生效。

（以下无合同正文）

甲方（签字或盖章）：

法定代表人或授权代表（签字）：

签署时间：

乙方（签字或盖章）：

法定代表人或授权代表（签字）：

签署时间：

 模拟实训

胡涵和潘美娟决定共同出资成立一家公司,在考察贵州黎明财务咨询有限公司后,决定与该公司合作,双方约定了签订协议的时间和地点。

签约双方名称：

委托方：贵州贝乐生态农业科技有限公司

受托方:贵州黎明财务咨询有限公司

委托业务范围:纳税申报、社保代办、代理记账、财税咨询等

委托业务的收费标准:3 600 元/年

付款方式:合同生效日起 30 日内一次性付清

协议有效期:一年

协议签订时间:2024 年 1 月 2 日

实训要求:以小组为单位,根据委托双方约定的内容拟定代理记账协议。

课后拓展

搜集有关代理记账的法律法规制度,整理记录重要条款。

子任务二　提供财税咨询

(一) 财税一般咨询

(1) 提供关于税务政策的最新信息和相关的税法文件。

(2) 根据国家政策和地方规定,给出具体的执行指导。

(3) 与财务人员定期或不定期交流税务政策、税项会计处理方法。

(4) 对税务咨询单位的各税项处理提供专业意见。

(二) 税务策划咨询

(1) 对税务咨询单位在经营活动中涉及的税项进行实时解答。

(2) 为税务咨询单位提供涉税事项处理的解决方法,并按税法和会计法规要求解答。对于可能带来的税务风险及时提出建议。

(3) 根据企业经营状况提供税务筹划方案,如参与大型合同的构建、开发经营模式等,协助税务咨询单位处理与税务机关的沟通和交流事务。

(4) 提供税务知识培训和操作专题学习。

(三) 其他财税咨询服务

(1) 高薪人员税费社保咨询服务。

(2) 发票风险点评估和防范、税收优惠政策考察评估等专项服务。

(3) 财务人员的教练服务和培训服务。

(4) 财务报表涉税问题的清理和分析。

(5) 初创公司和新兴公司的财税整体规划和扶持服务等。

案例引入

贵州诚心财务咨询有限公司与赵丹顾等三人成立的新公司贵州橙艺彩妆有限公司签订了代理记账协议,双方在协议内约定贵州诚心财务咨询有限公司要为贵州橙艺彩妆有限公司提供免费的财税咨询服务。

 **案例步骤**

根据客户需要，匹配可享受的税收优惠。

步骤一：关注国家税务总局网站(https://www.chinatax.gov.cn/)，及时了解最新的税收政策。

步骤二：关注贵州省政务服务网站(https://zwfw.guizhou.gov.cn/)，了解贵州省时事政策以及税收相关动态。

步骤三：了解降低企业税收负担的税收政策。

1. 企业购进设备、器具的税收优惠

根据国家税务总局发布的公告规定，企业在2024年1月1日至2027年12月31日新购进的设备、器具，单位价值不超过500万元的，允许一次性计入当期成本费用在计算应纳税所得额时扣除，不再分年度计算折旧，单位价值超500万元的，仍按《中华人民共和国企业所得税法实施条例》。

此项政策是为了引导企业加大设备、器具的投资力度。

2. 小微企业所得税优惠政策

对小微企业减按25%计算应纳税所得额，按20%的税率缴纳企业所得税政策，延续执行至2027年12月31日。

3. 增值税优惠政策

小规模纳税人将继续享受增值税减按1%征收的优惠政策。这意味着小微企业可以在未来的税收筹划中充分利用这一政策，降低税负。

4. 个人所得汇算清缴优惠政策

根据《关于延续实施个人所得税综合所得汇算清缴有关政策的公告》规定，2024年1月1日至2027年12月31日居民个人取得的综合所得，年度综合收入不超过12万元且需要汇算清缴补税的，或者年度汇算清缴补税金额不超过400元的，居民个人可免于办理个人所得税综合所得汇算清缴。

5. 吸纳退役士兵就业税费减免政策

企业招用自主就业退役士兵，与其签订1年以上期限劳动合同并依法缴纳社会保险费的，自签订劳动合同并缴纳社会保险当月起，在3年内按实际招用人数予以定额依次扣减增值税、城市维护建设税、教育费附加、地方教育附加和企业所得税优惠。定额标准为每人每年6 000元，最高可上浮50%，延续执行至2027年12月31日。

6. 经营性文化事业单位转制为企业免征企业所得税

根据相关政策公告，2027年12月31日前，文化体制改革中经营性文化事业单位转制为企业，自转制那天起5年内免征企业所得税，企业在2027年12月31日享受该项优惠不满5年的，可继续享受至5年期满为止。

7. 广告宣传费税前扣除

2025年12月31日前，对化妆品制造或销售、医药制造和饮料制造企业发生的广告费和业务宣传费支出，不超过当年营收30%的部分，准予扣除；超过部分，准予在以后纳税年度结转扣除。

除以上税收优惠政策外，还有扶贫货物捐赠免征增值税、保险保障基金特定收入免征企业所得税、吸纳重点群体就业税费减免等。只有了解国家税收优惠政策,合法降低企业税收负担,才能帮助企业更好地发展。

步骤四:与客户沟通,确定贵州橙艺彩妆有限公司的行业性质属于商贸服务业、一般纳税人。

步骤五:确定贵州橙艺彩妆有限公司经营期间涉及的税种。

贵州橙艺彩妆有限公司经营期间所涉及的税种有以下几项:增值税、企业所得税、附加税(即城市维护建设税、教育费附加、地方教育附加)、印花税、消费税。

步骤六:查询最新税收政策,找到企业能够享受的税收优惠政策及依据。

1. 增值税

增值税一般纳税人(以下简称纳税人)发生增值税应税销售行为或者进口货物,原适用16%税率的,税率调整为13%;原适用10%税率的,税率调整为9%。

【政策依据】

《关于深化增值税改革有关政策的公告》(财政部 税务总局 海关总署公告2019年第39号)

2. 企业所得税

小型微利企业税收优惠:年度应纳税所得额不超过300万元、从业人数不超过300人、资产总额不超过5 000万元等三个条件的小型微利企业,可以享受减按25%计入应纳税所得额,按20%的税率缴纳企业所得税的优惠政策。

小型微利企业必须同时符合以下三个条件:①从事国家非限制和禁止行业;②年度应纳税所得额不超过300万元;③从业人数不超过300人。

【政策依据】

《财政部 税务总局关于进一步实施小微企业所得税优惠政策的公告》(财政部 税务总局公告2022年第13号)

3. 附加税

城市维护建设税、教育费附加、地方教育附加,减半征收。

4. 印花税

印花税(不含证券交易印花税),减半征收。

【政策依据】

《财政部 税务总局关于实施小微企业普惠性税收减免政策的通知》(财税〔2019〕13号)

5. 消费税

取消对普通美容、修饰类化妆品征收消费税,将"化妆品"税目名称更名为"高档化妆品"。征收范围包括高档美容、修饰类化妆品、高档护肤类化妆品和成套化妆品。税率调整为15%。

【政策依据】

《财政部 国家税务总局关于调整化妆品消费税政策的通知》(财税〔2016〕103号)

模拟实训

胡涵、潘美娟共同出资成立的贵州贝乐生态农业科技有限公司基本信息如下：

公司名称：贵州贝乐生态农业科技有限公司
公司类型：有限责任公司
统一社会信用代码：3252010373664203BY
注册资本：50万元人民币
成立日期：2024年1月6日
经营地址：贵阳市贵安新区湖潮乡和岘村
经营范围：花卉、果类、蔬菜、谷物的种植、销售等

实训要求：三人一组，以小组为单位，通过角色扮演财务咨询公司业务员、客户，为贵州贝乐生态农业科技有限公司匹配并普及税收优惠政策。

课后拓展

搜集相关资料，了解旅游行业的税收优惠政策。

思政园地

项目小结

总结概括本项目的知识点，完成以下思维导图。

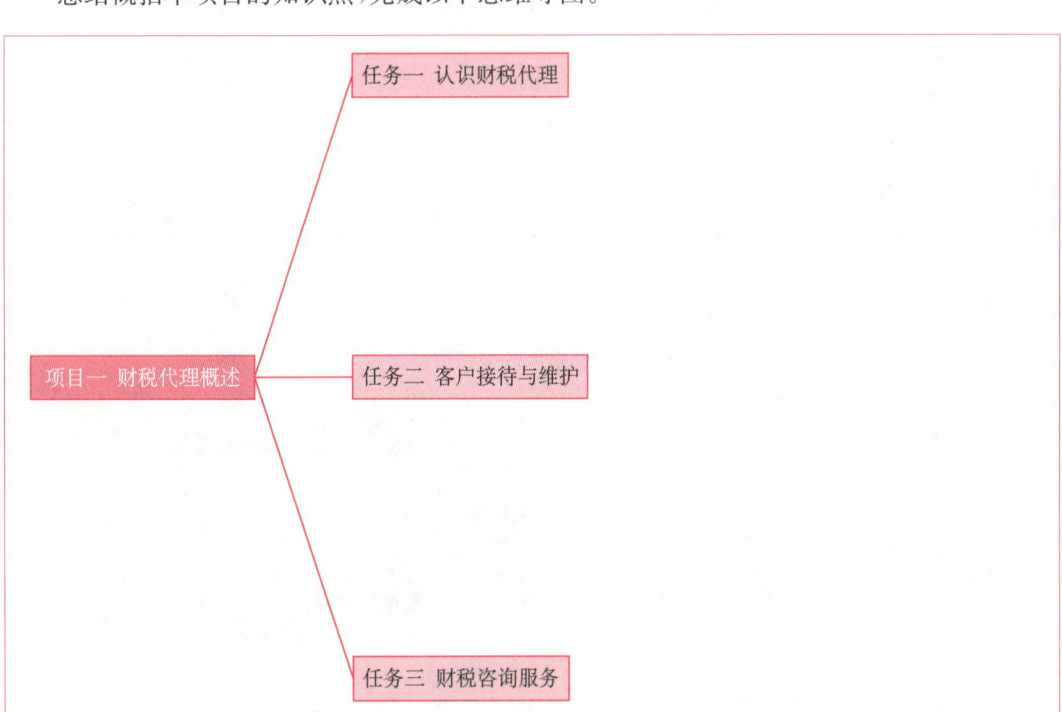

项目二　工商登记代理

任务一　设立登记

知识目标

1. 了解公司的名称登记要求
2. 掌握公司章程的记载事项、办公地点的使用证明文件
3. 熟知办理营业执照所需证明文件

技能目标

1. 能够掌握公司设立流程
2. 能够掌握公司章程必须记载事项的内容
3. 能够熟知公司注册所需的证明文件

素质目标

通过公司设立的学习,明确公司进行工商注册的意义,并感知公司应尽的社会责任

有限责任公司设立流程,如图表2-1所示。

图表2-1　有限责任公司设立流程

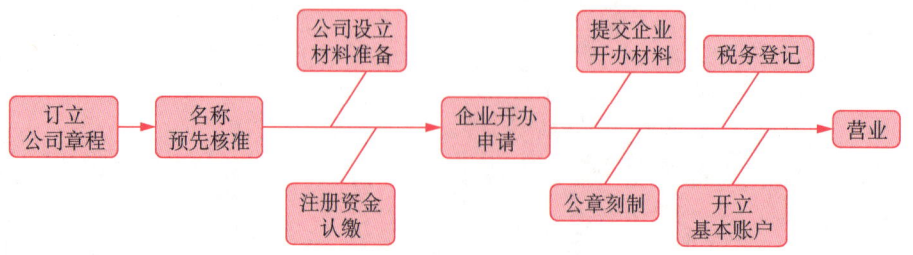

一、订立公司章程

公司章程应包括以下主要内容：
（1）公司的名称和住所、经营范围、注册资本、股东名称和出资等。
（2）公司的机构及其产生办法、职权、议事规则、法定代表人。
（3）股东会会议认为需要规定的其他事项。

二、名称预先核准

公司的名称需要到市场监督管理局进行名称预先核准，只有符合相关规定才会被批准。

三、公司设立材料准备

确定公司地址，提交相关住宅使用证明材料。

四、注册资金认缴

（1）股东会或董事会作出增加注册资本的决议。
（2）修改公司章程。
（3）会计师事务所出具验资报告。
（4）携带相关材料到市场监督管理局办理变更登记手续。

五、企业开办申请

登录贵州政务服务网站（https://zwfw.guizhou.gov.cn/），进行上线申请，通过验证名称后，确认地址信息、执行信息和业务范围，在线提交预申请。网上预审后，按预约时间向市场监督管理局提交申请材料。

六、提交企业开办材料

按照预约时间，将书面材料提交市场监督管理局进行审核。

七、公章刻制

凭公司营业执照，到公安局指定的刻章社篆刻公章、财务章、法定代表人章。

八、税务登记

持公司营业执照、公章、法定代表人身份证明，到公司登记所在地相应的税务局办理相应的税务登记并进行税控申请及发票申请。

九、开立基本账户

带齐相关资料（营业执照、法定代表人身份证、印章等），选择银行开立基本存款账户。

十、营业

公司设立完成，开始营业。

子任务一　订立公司章程

一、公司章程的概念

公司章程是公司设立的基础,肩负着调整公司活动的责任,是公司的灵魂所在。

公司章程规定了公司名称、住所、经营范围、经营管理制度等重要事项,承载了公司股东共同的意思表示,明确公司在经营活动中的权利与义务,载明了公司组织和活动的基本准则。其不仅是公司内部的"宪法",更是规定公司组织、活动基本准则的书面的公开性法律文件。

设立有限责任公司必须由股东共同依法制定公司章程,所有股东应当在公司章程上签名、盖章。公司章程对公司、股东、董事、监事、高级管理人员均具有约束力。

二、公司章程的记载事项

公司章程的记载事项依照是否具有法律强制性规定可以分为:绝对必要记载事项、相对必要事项和任意记载事项,具体如图表2-2所示。

图表2-2　公司章程记载事项

记载事项	概念	记载范围	无效情况
绝对必要记载事项	法律规定必须记载于公司章程的事项	公司名称和住所、公司营业范围、公司注册资本、股东的姓名或名称、公司法定代表人、公司的机构等	记载事项违规整个章程无效
相对必要记载事项	法律所列举的但不强制要求必须记载的事项	实物出资事项、公司设立费用及其支付方法、盈余分配方法、公司解散事由及清算办法等	不予记载或记载不合法则所涉条款无效
任意记载事项	法律并不列举也不强制要求记载的事项	由发起人按照实际需求记入章程	—

案例引入

2024年1月1日,赵丹顾、方允薇与欧阳倩决定共同成立贵州橙艺彩妆有限公司,从事理发、美容服务及化妆品销售业务。三个自然人根据《中华人民共和国公司法》规定设立了公司章程,共同出资200万元人民币,并以赵丹顾的身份完成公司章程的订立。

案例步骤

步骤一:赵丹顾从贵州政务服务网下载普通企业公司章程参考文本,如图表2-3至图表2-5所示。

图表 2-3　登录贵州政务服务网

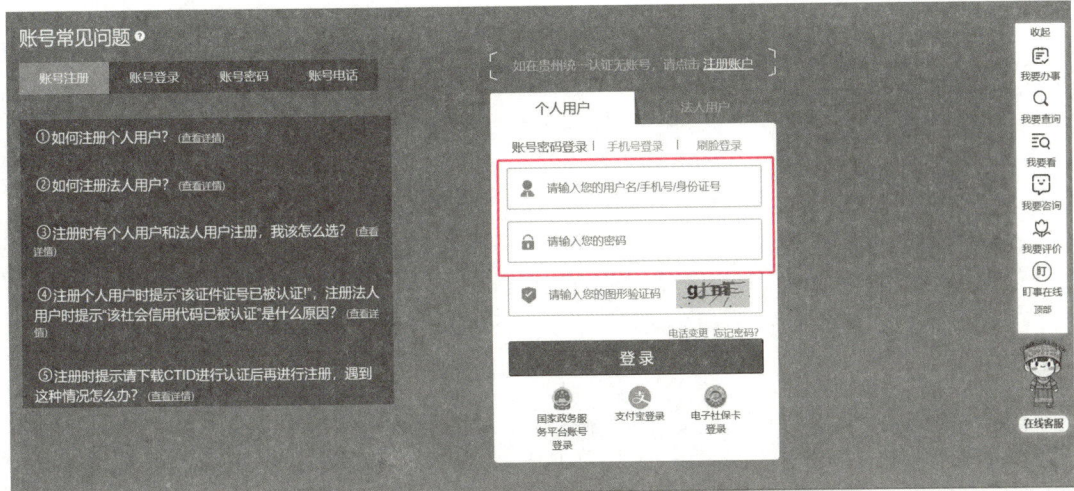

图表 2-4　搜索企业开办

图表 2-5　下载普通企业公司章程

步骤二：赵丹颀根据参考文本拟订贵州橙艺彩妆有限公司章程，经过方允薇和欧阳倩修改后，三方签名确认，如图表 2-6 所示。

图表 2-6　公司章程

贵州橙艺彩妆有限公司
章程

总　则

依据《中华人民共和国公司法》（以下简称《公司法》）及有关法律、法规的规定，由赵丹颀、方允薇、欧阳倩等3人共同出资，设立贵州橙艺彩妆有限公司，并制定本章程。

第一章　公司名称和住所

第一条　公司名称：贵州橙艺彩妆有限公司（以下简称公司）。

第二条　公司住所：贵州省贵阳市花溪区清溪路28号。

第二章　公司的经营范围

第三条　经公司登记机关核准，公司经营范围为：理发及美容服务；化妆品、服装、日用百货、相册、照相器材的销售；人造首饰、饰品零售；钻石饰品、家居饰品、卫生用品的批发；水晶饰品的零售；摄影服务；相册的制作；影视经纪代理服务（注：公司应当按照登记机关公布的经营项目分类标准办理经营范围登记。申请人可通过微信小程序"经营范围规范表述查询"选择需要登记的经营范围，按照所选经营范围的规范表述填写本栏。主营经营范围应与公司名称中的行业表述一致）。

第三章　公司注册资本

第四条　公司注册资本：200万元人民币。

公司增加或减少注册资本，必须召开股东会并由持有2/3以上表决权的股东通过并作出决议。

公司减少注册资本，公司应当自作出减少注册资本决议之日起10日内通知债权人，并于30日内在报

(续表)

纸上公告。债权人自接到通知书之日起30日内,未接到通知书的自公告之日起45日内,有权要求公司清偿债务或者提供相应的担保。公司变更注册资本应依法向登记机关办理变更登记手续。

第四章 股东的姓名、出资额、出资方式

第五条 股东的姓名(名称)、出资额、出资方式及出资时间如下(注:根据国发〔2014〕7号文件,暂不实行注册资本认缴的26个行业,本条应体现实收资本的内容):

股东名称(姓名)	出资情况			
	出资额(万元)	出资比例	出资方式	出资时间
赵丹顶	100	50%	货币	2024年1月1日
方允薇	80	40%	货币	2024年1月1日
欧阳倩	20	10%	货币	2024年1月1日

第六条 公司成立后,应向股东签发出资证明书。

第五章 股东的权利和义务

第七条 股东享有如下权利:
(一)参加或推选代表参加股东会并根据其出资份额享有表决权;
(二)了解公司经营状况和财务状况;
(三)选举和被选举为执行董事、经理或监事;
(四)依照法律、法规和公司章程的规定获取股利并转让;
(五)优先购买其他股东转让的出资;
(六)优先购买公司新增的注册资本;
(七)公司终止后,依法分得公司的剩余财产;
(八)其他权利。

第八条 股东承担以下义务:
(一)遵守公司章程;
(二)按期缴纳所认缴的出资;
(三)依其所认缴的出资额承担公司的债务;
(四)在公司办理登记注册手续后,股东不得抽回投资;
(五)法律、行政法规规定的其他义务。

第六章 股东转让出资的条件

第九条 股东之间可以相互转让其全部或者部分出资。

第十条 股东向股东以外的人转让股权,应当经其他股东过半数同意。股东转让出资应就其股权转让事项书面通知其他股东征求同意,也可以由股东会讨论通过。其他股东自接到书面通知之日起满30日未答复的,视为同意转让。其他股东半数以上不同意转让的,不同意的股东应当购买该转让的股权;不购买的,视为同意转让。

经股东同意转让的股权,在同等条件下,其他股东有优先购买权。2个以上股东主张行使优先购买权的,协商确定各自的购买比例;协商不成的,按照转让时各自的出资比例行使优先购买权。

第十一条 股东依法转让其出资后,由公司将受让人的姓名、住所以及受让的出资额记载于股东名册。

第七章 公司的机构及其产生办法、职权、议事规则

第十二条 股东会由全体股东组成,是公司的最高权力机构,行使下列职权:
(一)决定公司的经营方针和投资计划;

(续表)

（二）选举和更换执行董事、监事，聘任或解聘经理、财务负责人等高级管理人员，决定有关执行董事、监事、经理、财务负责人等高级管理人员的报酬事项；

（三）审议批准执行董事的报告；

（四）审议批准监事的报告；

（五）审议批准公司的年度财务预算方案、决算方案；

（六）审议批准公司的利润分配方案和弥补亏损方案；

（七）对公司增加或者减少注册资本作出决议；

（八）对发行公司债券作出决议；

（九）对公司合并、分立、解散、清算或者变更公司形式作出决议；

（十）决定聘任或者解聘公司经理及其报酬事项，并根据经理的提名决定聘任或者解聘公司副经理、财务负责人及其报酬事项；

（十一）修改公司章程。

第十三条　股东会的首次会议由出资最多的股东召集和主持。

第十四条　股东会会议由股东按照出资比例行使表决权。

第十五条　股东会会议分为定期会议和临时会议，并应当于会议召开15日以前通知全体股东。定期会议应每×月召开一次（注：定期会议召开时间可自行约定）。代表1/10以上表决权的股东或监事提议召开临时会议的，应当召开临时会议。股东出席股东会会议也可书面委托他人参加股东会议，但委托书中应载明被委托人的权限。

第十六条　公司成立后，股东会会议由执行董事召集并主持。执行董事不能履行或者不履行召集股东会会议职责的，由监事召集和主持，监事不召集和主持的，代表1/10以上表决权的股东可以自行召集和主持。

第十七条　股东会会议应对所议事项作出决议，决议应当经代表1/2（注：此处的表决权可自行约定，但建议不低于1/2，以避免出现公司股东内部出现多个有效决议的情况）以上表决权的股东表决通过，但股东会会议作出修改公司章程、增加或者减少注册资本的决议，以及公司合并、分立、解散或者变更公司形式的决议，必须经代表2/3以上表决权的股东通过。

股东会应当对所议事项的决定作出会议决议，出席会议的股东应当在会议决议上签名。

第十八条　公司不设董事会，设执行董事1人，由股东会选举或罢免。

第十九条　执行董事行使下列职权：

（一）召集股东会会议，并向股东会报告工作；

（二）执行股东会的决议；

（三）决定公司的经营计划和投资方案；

（四）制订公司的年度财务预算方案、决算方案；

（五）制订公司的利润分配方案和弥补亏损方案；

（六）制订公司增加或者减少注册资本以及发行公司债券的方案；

（七）制订公司合并、分立、解散或者变更公司形式的方案；

（八）决订公司内部管理机构的设置；

（九）制订公司的基本管理制度；

（十）股东会授予的其他职权。

第二十条　公司设经理1名，由股东会聘任或者解聘，经理对股东会负责，行使下列职权：

（一）主持公司的生产经营管理工作，组织实施股东会决议；

（二）组织实施公司年度经营计划和投资方案；

（三）拟订公司内部管理机构设置方案；

（四）拟订公司的基本管理制度；

(续表)

（五）制定公司的具体规章；
（六）提请聘任或者解聘公司副经理，财务负责人；
（七）聘任或者解除应当由股东会或执行董事聘任或者解聘的人员以外的负责管理人员；
（八）公司章程和股东会授予的其他职权。

第二十一条 公司不设监事会，设监事1人。由股东会选举或罢免。监事任期每届3年，任期届满，可连选连任。

第二十二条 监事行使下列职权：
（一）检查公司财务；
（二）对执行董事、经理执行公司职务时违反法律、法规或者公司章程的行为进行监督；
（三）当执行董事和经理的行为损害公司利益时，要求执行董事和经理予以纠正；
（四）提议召开临时股东会；
（五）公司章程及有关法律、行政法规规定的其他职权。

第八章　公司的法定代表人

第二十三条 执行董事为公司的法定代表人（注：法定代表人也可以由经理担任）。

第九章　财务、会计、利润分配及劳动用工制度

第二十四条 公司应当依照法律、行政法规和国务院财政部门的规定建立本公司的财务、会计制度，并应当在每一会计年度终了时制作财务会计报告，并依法经会计师事务所审计。该财务会计报告应于该会计年度终了后＿＿××＿＿日内送交各股东。

第二十五条 公司利润分配按照下列顺序执行：提取10%的法定公积金，弥补亏损，向股东按出资比例分配利润。

第二十六条 劳动用工制度按国家法律、法规及国务院劳动部门的有关规定执行。

第十章　公司的解散事由与清算办法

第二十七条 公司营业期限为＿＿××＿＿年，从公司成立之日起计算。

第二十八条 公司有下列情形之一的，可以解散：
（一）公司章程规定的营业期限届满或者公司章程规定的其他解散事由出现；
（二）股东会决议解散；
（三）因公司合并或者分立需要解散；
（四）依法被吊销营业执照、责令关闭或者被撤销；
（五）《公司法》等法律法规的规定予以解散。

第二十九条 公司解散时，应依法成立清算组对公司进行清算。清算结束后，清算组应当制作清算报告，报股东会确认，并报送公司登记机关，申请注销公司登记，公司终止。

第十一章　股东认为需要规定的其他事项

第三十条 公司根据需要或涉及公司登记事项变更的，可修改公司章程，修改后的公司章程不得与法律、法规相抵触。修改公司章程由股东会代表2/3以上表决权的股东表决通过。修改后的公司章程应送公司登记机关备案，涉及变更登记事项的，同时应向公司登记机关申请变更登记。

第三十一条 公司章程的解释权属于股东会。

第三十二条 公司登记事项以公司登记机关核定为准。

第三十三条 本章程经全体股东共同订立；自公司设立之日起生效。

第三十四条 公司应根据中国共产党章程的规定，设立中国共产党的组织，开展党的活动。公司应当为党组织的活动提供必要条件。

公司的党组织，应当贯彻党的方针政策，引导和监督企业遵守国家的法律法规，领导工会、共青团等群团组织，教育管理党员，引导服务群众，推动事业发展。

（续表）

第三十五条 本章程应报公司登记机关备案1份。
全体自然人股东签名：

赵丹颀 方欣欢 欧阳晴

注：股东为自然人的由本人签字，股东为法人和其他组织的，由该股东法定代表人、负责人或有权签字人签字，并加盖公章。涉及代签文书的，需提交授权人委托他人签字的授权委托书，授权委托书应为原件，且授权人应亲笔签字。

贵州橙艺彩妆有限公司
2024年1月1日

模拟实训

胡涵和潘美娟根据《中华人民共和国公司法》的规定，共同出资设立贵州贝乐生态农业科技有限公司，并订立公司章程。

公司名称：	贵州贝乐生态农业科技有限公司
公司类型：	有限责任公司
统一社会信用代码：	3252010373664203BY
法定代表人：	胡涵
身份证号码：	522520199701011234
电话：	0851-88546214
注册资本：	50万元人民币
成立日期：	2024年1月6日
经营地址：	贵阳市贵安新区湖潮乡和岘村
经营范围：	花卉、果类、蔬菜、谷物的种植、销售等
出资情况：	胡涵出资30万元，潘美娟出资20万元

实训要求：根据贵州贝乐生态农业科技有限公司的基本情况完成其公司章程的订立，如图表2-7所示。

图表2-7 公司章程

_____公司
章程

总　则

依据《中华人民共和国公司法》（以下简称《公司法》）及有关法律、法规的规定，由_____等_____人共同出资，设立_____公司，并制定本章程。

第一章　公司名称和住所

第一条 公司名称：_____（以下简称公司）。
第二条 公司住所：_____。

(续表)

第二章 公司的经营范围

第三条 经公司登记机关核准,公司经营范围为:＿＿＿＿＿＿＿＿＿＿＿＿＿
＿＿＿＿＿＿＿＿＿＿＿＿＿＿＿＿＿＿＿＿＿＿＿＿＿＿＿＿＿＿＿＿＿＿＿＿＿
(注:公司应当按照登记机关公布的经营项目分类标准办理经营范围登记。申请人可通过微信小程序"经营范围规范表述查询"选择需要登记的经营范围,按照所选经营范围的规范表述填写本栏。主营经营范围应与公司名称中的行业表述一致)。

第三章 公司注册资本

第四条 公司注册资本:＿＿＿＿＿＿＿＿万元人民币。

公司增加或减少注册资本,必须召开股东会并由持有2/3以上表决权的股东通过并作出决议。公司减少注册资本,公司应当自作出减少注册资本决议之日起10日内通知债权人,并于30日内在报纸上公告。债权人自接到通知书之日起30日内,未接到通知书的自公告之日起45日内,有权要求公司清偿债务或者提供相应的担保。公司变更注册资本应依法向登记机关办理变更登记手续。

第四章 股东的姓名、出资额、出资方式

第五条 股东的姓名(名称)、出资额、出资方式及出资时间如下(注:根据国发〔2014〕7号文件,暂不实行注册资本认缴制的26个行业,本条应体现实收资本的内容):

股东名称(姓名)	出资情况			
	出资额(万元)	出资比例	出资方式	出资时间

第六条 公司成立后,应向股东签发出资证明书。

第五章 股东的权利和义务

第七条 股东享有如下权利:
(一)参加或推选代表参加股东会并根据其出资份额享有表决权;
(二)了解公司经营状况和财务状况;
(三)选举和被选举为执行董事、经理或监事;
(四)依照法律、法规和公司章程的规定获取股利并转让;
(五)优先购买其他股东转让的出资;
(六)优先购买公司新增的注册资本;
(七)公司终止后,依法分得公司的剩余财产;
(八)其他权利。

第八条 股东承担以下义务:
(一)遵守公司章程;
(二)按期缴纳所认缴的出资;
(三)依其所认缴的出资额承担公司的债务;
(四)在公司办理登记注册手续后,股东不得抽回投资;
(五)法律、行政法规规定的其他义务。

第六章 股东转让出资的条件

第九条 执行董事为公司的法定代表人。

第十条 股东向股东以外的人转让股权,应当经其他股东过半数同意。股东转让出资应就其股权转让事项书面通知其他股东征求同意,也可以由股东会讨论通过。其他股东自接到书面通知之日

(续表)

起满30日未答复的,视为同意转让。其他股东半数以上不同意转让的,不同意的股东应当购买该转让的股权;不购买的,视为同意转让。

经股东同意转让的股权,在同等条件下,其他股东有优先购买权。2个以上股东主张行使优先购买权的,协商确定各自的购买比例;协商不成的,按照转让时各自的出资比例行使优先购买权。

第十一条 股东依法转让其出资后,由公司将受让人的姓名、住所以及受让的出资额记载于股东名册。

第七章 公司的机构及其产生办法、职权、议事规则

第十二条 股东会由全体股东组成,是公司的权力机构,行使下列职权:

(一)决定公司的经营方针和投资计划;

(二)选举和更换执行董事、监事,聘任或解聘经理、财务负责人等高级管理人员,决定有关执行董事、监事、经理、财务负责人等高级管理人员的报酬事项;

(三)审议批准执行董事的报告;

(四)审议批准监事的报告;

(五)审议批准公司的年度财务预算方案、决算方案;

(六)审议批准公司的利润分配方案和弥补亏损方案;

(七)对公司增加或者减少注册资本作出决议;

(八)对发行公司债券作出决议;

(九)对公司合并、分立、解散、清算或者变更公司形式作出决议;

(十)决定聘任或者解聘公司经理及其报酬事项,并根据经理的提名决定聘任或者解聘公司副经理、财务负责人及其报酬事项;

(十一)修改公司章程。

第十三条 股东会的首次会议由出资最多的股东召集和主持。

第十四条 股东会会议由股东按照出资比例行使表决权。

第十五条 股东会会议分为定期会议和临时会议,并应当于会议召开15日以前通知全体股东。定期会议应每___×___月召开一次(注:定期会议召开时间可自行约定)。代表1/10以上表决权的股东或监事提议召开临时会议的,应当召开临时会议。股东出席股东会议也可书面委托他人参加股东会议,但委托书中应载明被委托人的权限。

第十六条 公司成立后,股东会会议由执行董事召集并主持。执行董事不能履行或者不履行召集股东会会议职责的,由监事召集和主持,监事不召集和主持的,代表1/10以上表决权的股东可以自行召集和主持。

第十七条 股东会会议应对所议事项作出决议,决议应当经代表1/2(注:此处的表决权可自行约定,但建议不低于1/2,以避免出现公司股东内部出现多个有效决议的情况)以上表决权的股东表决通过,但股东会会议作出修改公司章程、增加或者减少注册资本的决议,以及公司合并、分立、解散或者变更公司形式的决议,必须经代表2/3以上表决权的股东通过。

股东会应当对所议事项的决定作出会议决议,出席会议的股东应当在会议决议上签名。

第十八条 公司不设董事会,设执行董事1人,由股东会选举或罢免。

第十九条 执行董事行使下列职权:

(一)召集股东会会议,并向股东会报告工作;

(二)执行股东会的决议;

(三)决定公司的经营计划和投资方案;

(四)制订公司的年度财务预算方案、决算方案;

(五)制订公司的利润分配方案和弥补亏损方案;

(六)制订公司增加或者减少注册资本以及发行公司债券的方案;

(七)制订公司合并、分立、解散或者变更公司形式的方案;

（续表）

（八）决定公司内部管理机构的设置；
（九）制定公司的基本管理制度；
（十）股东会授予的其他职权。

第二十条 公司设经理1名，由股东会聘任或者解聘，经理对股东会负责，行使下列职权：
（一）主持公司的生产经营管理工作，组织实施股东会决议；
（二）组织实施公司年度经营计划和投资方案；
（三）拟订公司内部管理机构设置方案；
（四）拟订公司的基本管理制度；
（五）制定公司的具体规章；
（六）提请聘任或者解聘公司副经理，财务负责人；
（七）聘任或者解除应当由股东会或执行董事聘任或者解聘的人员以外的负责管理人员；
（八）公司章程和股东会授予的其他职权。

第二十一条 公司不设监事会，设监事1人。由股东会选举或罢免。监事任期每届3年，任期届满，可连选连任。

第二十二条 监事行使下列职权：
（一）检查公司财务；
（二）对执行董事、经理执行公司职务时违反法律、法规或者公司章程的行为进行监督；
（三）当执行董事和经理的行为损害公司利益时，要求执行董事和经理予以纠正；
（四）提议召开临时股东会；
（五）公司章程及有关法律、行政法规规定的其他职权。

第八章 公司的法定代表人

第二十三条 执行董事为公司的法定代表人（注：法定代表人也可以由经理担任）。

第九章 财务、会计、利润分配及劳动用工制度

第二十四条 公司应当依照法律、行政法规和国务院财政部门的规定建立本公司的财务、会计制度，并应当在每一会计年度终了时制作财务会计报告，并依法经会计师事务所审计。该财务会计报告应于该会计年度终了后___××___日内送交各股东。

第二十五条 公司利润分配按照下列顺序执行：提取10%的法定公积金，弥补亏损，向股东按出资比例分配利润。

第二十六条 劳动用工制度按国家法律、法规及国务院劳动部门的有关规定执行。

第十章 公司的解散事由与清算办法

第二十七条 公司营业期限为___××___年，从公司成立之日起计算。

第二十八条 公司有下列情形之一的，可以解散：
（一）公司章程规定的营业期限届满或者公司章程规定的其他解散事由出现；
（二）股东会决议解散；
（三）因公司合并或者分立需要解散；
（四）依法被吊销营业执照、责令关闭或者被撤销；
（五）《公司法》等法律法规的规定予以解散。

第二十九条 公司解散时，应依法成立清算组对公司进行清算。清算结束后，清算组应当制作清算报告，报股东会确认，并报送公司登记机关，申请注销公司登记，公司终止。

第十一章 股东认为需要规定的其他事项

第三十条 公司根据需要或涉公司登记事项变更的，可修改公司章程，修改后的公司章程不得与法律、法规相抵触。修改公司章程由股东会代表2/3以上表决权的股东表决通过。修改后的公司

(续表)

> 章程应送公司登记机关备案，涉及变更登记事项的，同时应向公司登记机关申请变更登记。
>   第三十一条 公司章程的解释权属于股东会。
>   第三十二条 公司登记事项以公司登记机关核定为准。
>   第三十三条 本章程经全体股东共同订立；自公司设立之日起生效。
>   第三十四条 公司应根据中国共产党章程的规定，设立中国共产党的组织，开展党的活动。公司应当为党组织的活动提供必要条件。
>   公司的党组织，应当贯彻党的方针政策，引导和监督企业遵守国家的法律法规，领导工会、共青团等群团组织，教育管理党员，引导服务群众，推动事业发展。
>   第三十五条 本章程应报公司登记机关备案1份。
>   全体自然人股东签名：
>   注：股东为自然人的由本人签字，股东为法人和其他组织的，由该股东法定代表人、负责人或有权签字人签字，并加盖公章。涉及代签文书的，需提交授权人委托他人签字的授权委托书，授权委托书应为原件，且授权人应亲笔签字。

子任务二 企业名称预先核准

  法律、行政法规规定设立企业必须报经审批或者企业经营范围中有法律、行政法规规定必须报经审批项目的，应当在报送审批前办理企业名称预先核准，并以工商行政管理机关核准的企业名称报送审批。

  设立其他企业可以申请名称预先核准。

一、企业名称的构成

  根据2020年12月14日国务院第118次常务会议修订通过的《企业名称登记管理规定》，企业只能登记一个企业名称，企业名称受法律保护。

  企业名称由行政区划名称、字号、行业或者经营特点、组织形式组成。跨省、自治区、直辖市经营的企业，其名称可以不含行政区划名称；跨行业综合经营的企业，其名称可以不含行业或者经营特点。

  企业名称一般由四部分组成：

（1）行政区划＋字号＋行业＋组织形式。

（2）字号＋行业＋组织形式。

（3）行政区划＋字号＋组织形式。

（4）字号＋组织形式。

例如，贵州（行政区划）＋××（字号）＋××（行业）＋有限公司（类型）。

二、行政区划

  行政区划名称应当是企业所在地的县级以上地方行政区划名称。市辖区名称在企业名称中使用时应当同时冠以其所属设区的市的行政区划名称。企业名称中使用开发区、垦区等区域名称时，应当与行政区划名称连用，不得单独使用。

三、企业名称申报要求

企业名称由申请人自主申报。

申请人可以通过企业名称申报系统或者在企业登记机关服务窗口提交有关信息和材料，对拟定的公司名称进行查询、比对和筛选，选取符合本规定要求的企业名称。申报要求如下：

（1）申请人提交的信息和材料应当真实、准确、完整，并承诺因其企业名称与他人企业名称近似侵犯他人合法权益的，依法承担法律责任。

（2）企业名称冠以"中国""中华""中央""全国""国家"等字词的，应当按照有关规定从严审核，并报国务院批准。

（3）企业名称中间含有"中国""中华""全国""国家"等字词的，该字词应当是行业限定语。

（4）企业名称中不得含有另一个企业名称。

（5）企业名称不得有下列情形：①损害国家尊严或者利益；②损害社会公共利益或者妨碍社会公共秩序；③使用或者变相使用政党、党政军机关、群团组织名称及其简称、特定称谓和部队番号；④使用外国国家（地区）、国际组织名称及其通用简称、特定称谓；⑤含有淫秽、色情、赌博、迷信、恐怖、暴力的内容；⑥含有民族、种族、宗教、性别歧视的内容；⑦违背公序良俗或者可能有其他不良影响；⑧可能使公众受骗或者产生误解；⑨法律、行政法规以及国家规定禁止的其他情形。

四、字号与行业

（一）字号

企业名称中的字号应当由两个以上汉字组成。

县级以上地方行政区划名称、行业或者经营特点不得作为字号，另有含义的除外。

（二）行业

企业名称中的行业或者经营特点应当根据企业的主营业务和国民经济行业分类标准标明。国民经济行业分类标准中没有规定的，可以参照行业习惯或者专业文献等表述。

案例引入

2024年1月2日，根据公司章程，赵丹颀、方允薇和欧阳倩共同委托贵州诚心财务咨询有限公司张××通过贵州政务服务网（https://zwfw.guizhou.gov.cn/）进行企业名称预先核准，并完成企业的自主申报。

> 公司名称：贵州橙艺彩妆有限公司
> 公司类型：有限责任公司
> 法定代表人：赵丹颀
> 身份证号码：522111198512051224
> 电话：0851-12521371
> 注册资本：200万元人民币
> 成立日期：2024年1月5日
> 经营范围：化妆品、护肤品、美发用品批发与销售等
> 经营地址：贵阳市花溪区清溪路28号

案例步骤

步骤一：登录贵州政务服务网（https://zwfw.guizhou.gov.cn/），如图表2-8所示。

图表2-8 登录贵州政务服务网

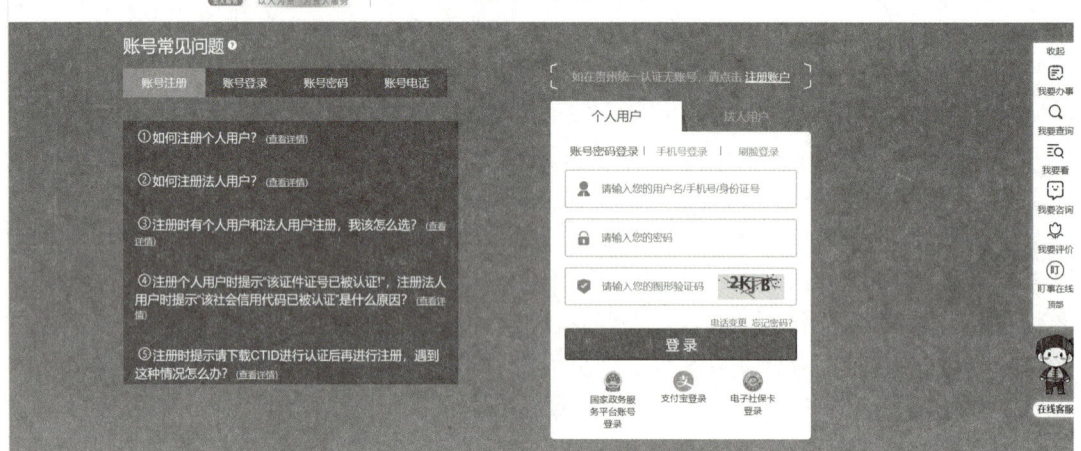

步骤二：打开"申请企业名称"页面。

（1）点击"企业开办"，如图表2-9所示。

图表2-9 企业开办

（2）点击"我要开办企业"，如图表 2-10 所示。

图表 2-10　我要开办企业

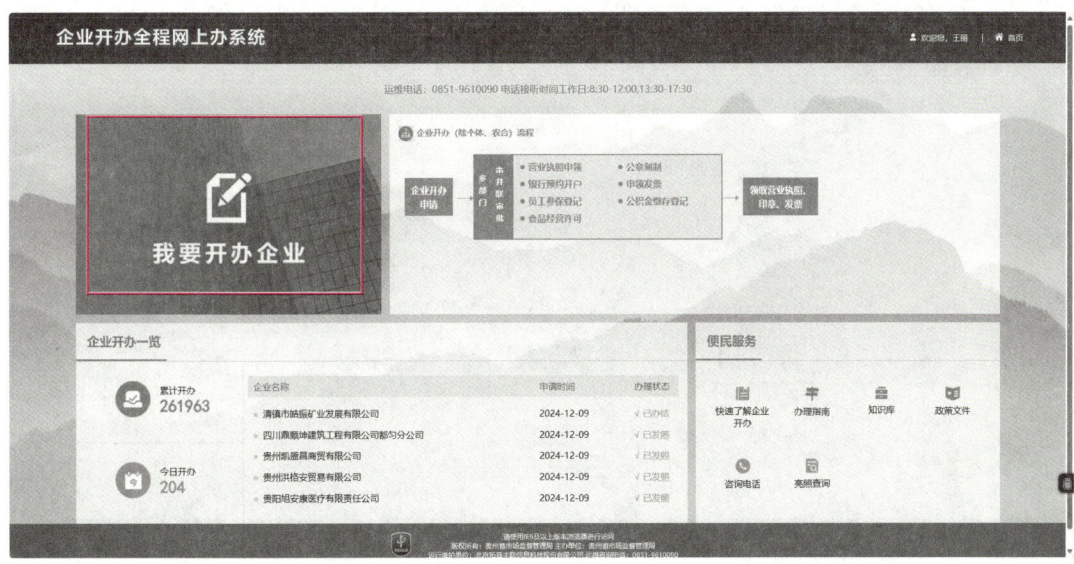

（3）点击"设立登记"—"去办理"，如图表 2-11 所示。

图表 2-11　设立登记

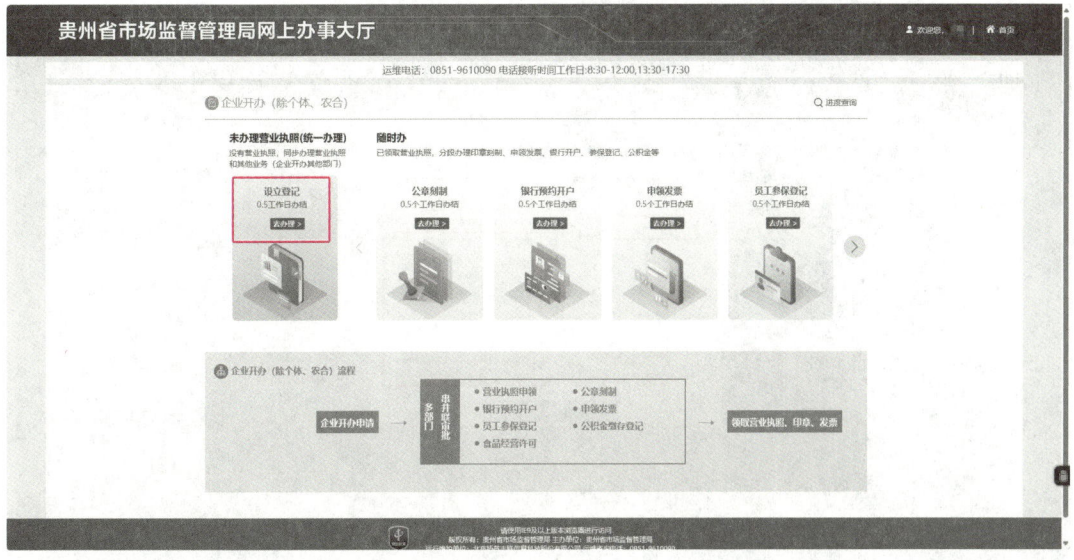

(4)点击"开始办理",如图表 2-12 所示。

图表 2-12 开始办理

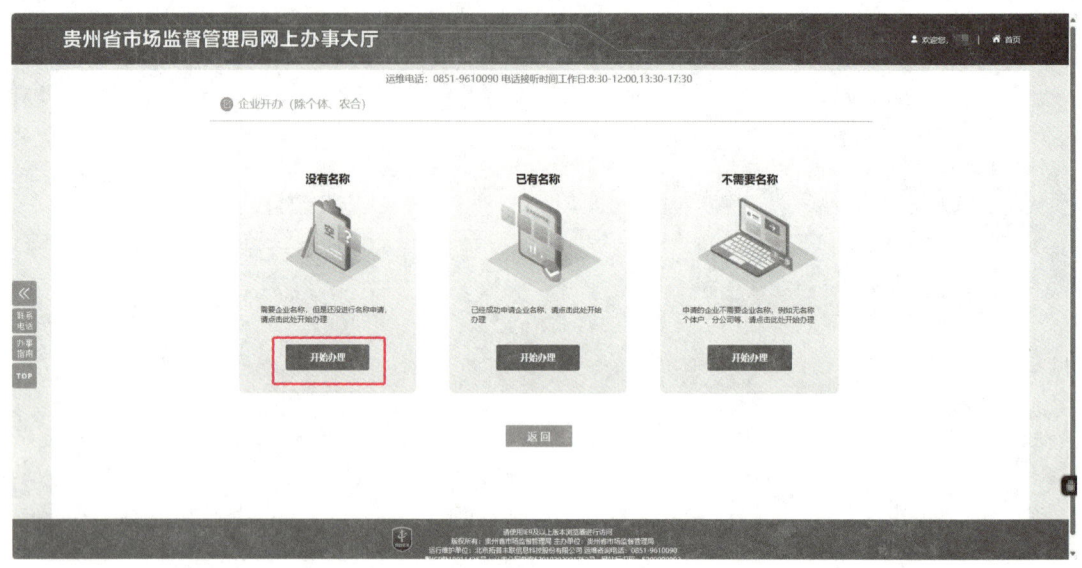

步骤三:申请企业名称,并进行名称核名。
(1)进行企业行政区划名称选择,如图表 2-13 所示。

图表 2-13 企业行政区划名称选择

（2）进行企业字号选择，如图表2-14所示。

图表2-14　企业字号选择

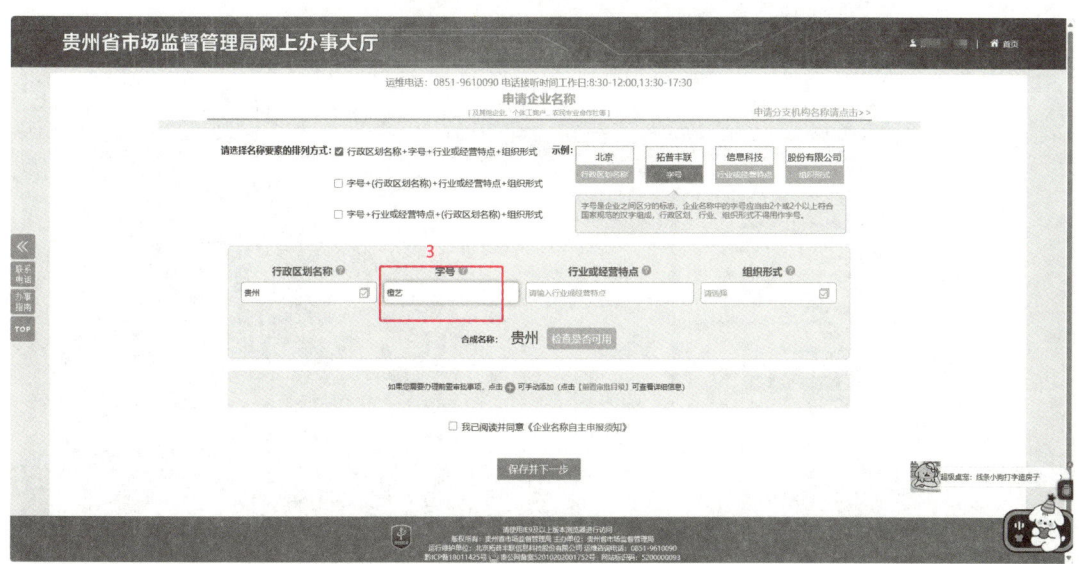

（3）进行企业行业或经营特点选择，如图表2-15所示。

图表2-15　企业行业或经营特点选择

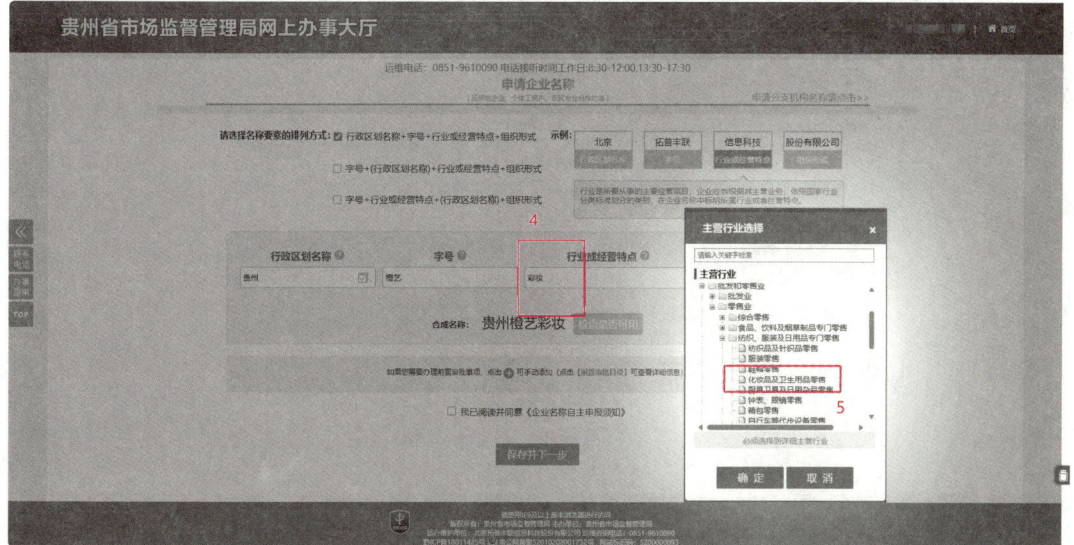

(4)进行企业组织形式选择,如图表2-16所示。

图表2-16 企业组织形式选择

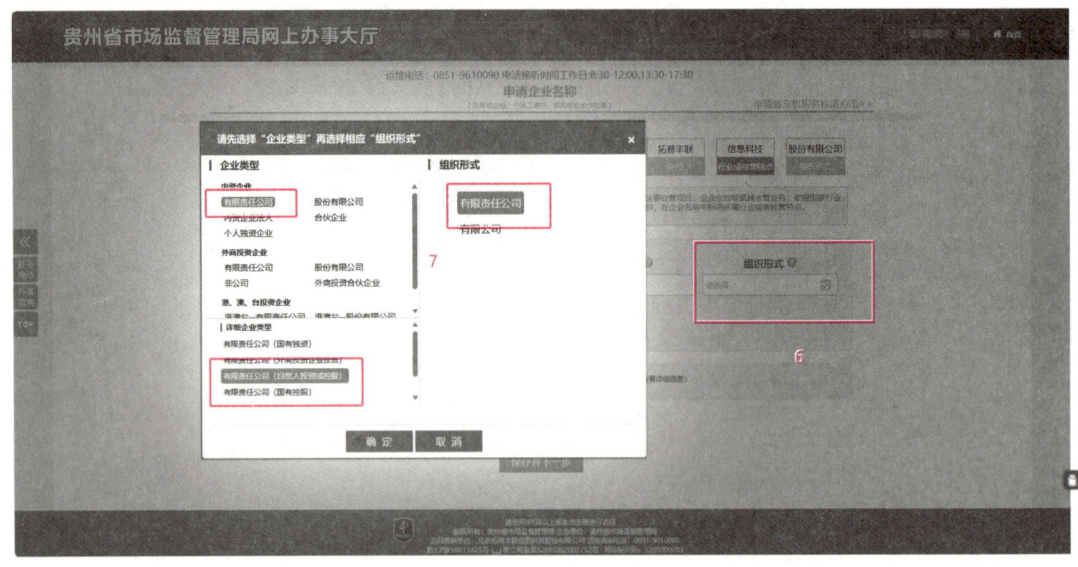

(5)检查企业名称是否可用,如图表2-17所示。

图表2-17 检查企业名称

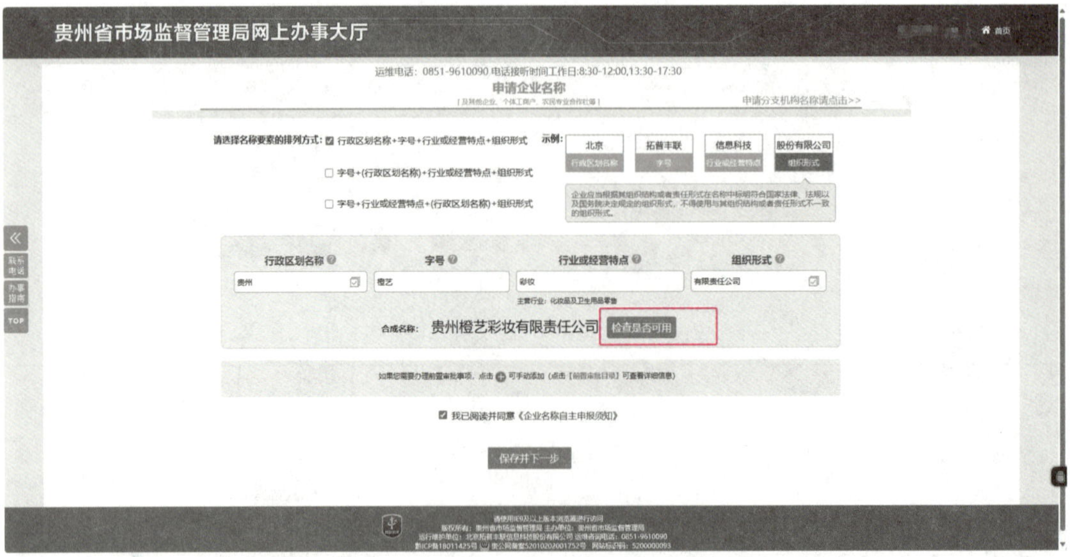

步骤四:完成企业名称核名,点击阅读并同意《企业名称自主申报须知》,点击"保存并下一步",如图表2-18所示。

图表 2-18　阅读并同意《企业名称自主申报须知》

步骤五：完成企业登记机关选择及注册资本的填写，如图表 2-19 所示。

图表 2-19　选择登记机关及填写注册资本

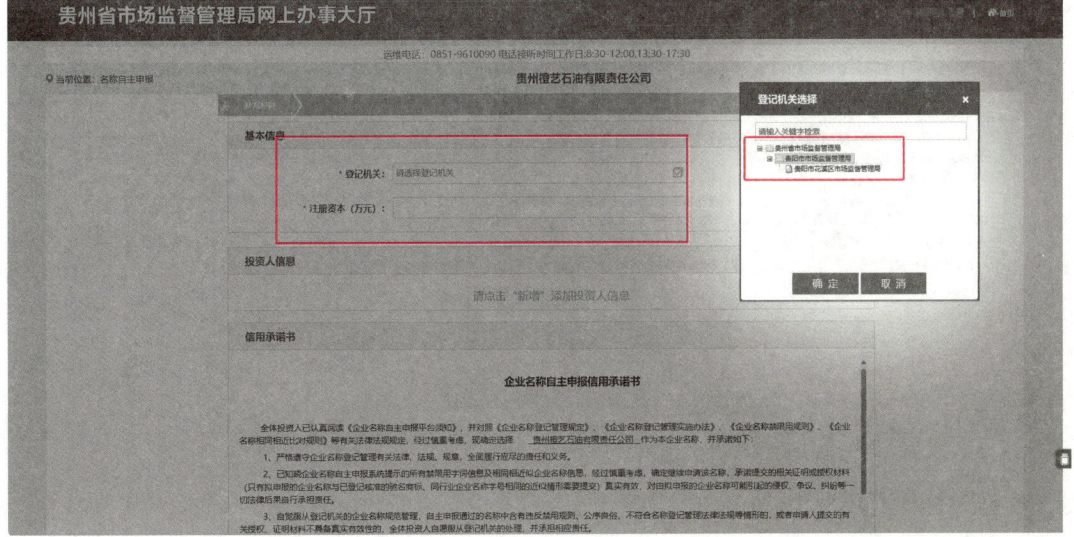

步骤六：添加投资人信息。新增投资人"赵丹颀"的信息，依次新增投资人"方允薇"和"欧阳倩"的信息，并点击"保存"，如图表 2-20 所示。

图表 2-20　添加投资人信息

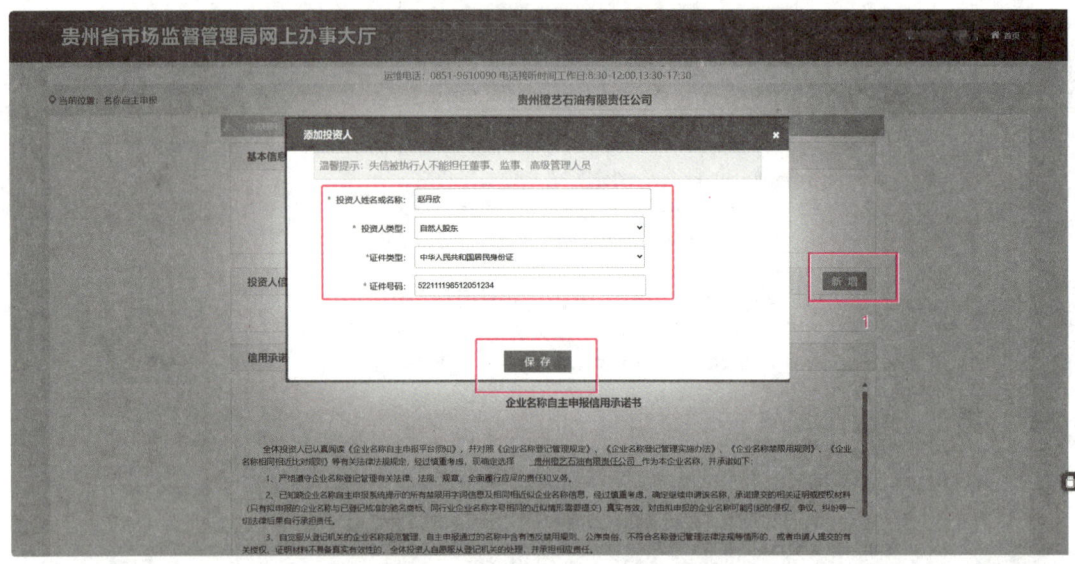

步骤七：完成并提交企业名称自主申报，如图表 2-21 所示。

图表 2-21　完成并提交企业名称自主申报

模拟实训

胡涵委托贵州黎明财务咨询有限公司在贵州政务服务网（https://zwfw.guizhou.gov.cn/）上办理企业名称预先核准申请并完成企业名称申报。

> 公司名称：贵州贝乐生态农业科技有限公司
> 公司类型：有限责任公司
> 统一社会信用代码：3252010373664203BY
> 法定代表人：胡涵
> 身份证号码：522520199701011234
> 电话：0851-88546214
> 注册资本：50万元人民币
> 成立日期：2024年1月6日
> 经营地址：贵阳市贵安新区湖潮乡和岘村
> 经营范围：花卉、果类、蔬菜、谷物的种植、销售等
> 出资情况：胡涵出资30万元，潘美娟出资20万元

实训要求：根据贵州贝乐生态农业科技有限公司的基本信息，了解如何在贵州政务服务网（https://zwfw.guizhou.gov.cn/）上完成企业名称预先核准申请及企业名称的自主申报。

子任务三　办公地点使用证明

一、办理设立登记需要的证明文件

办公场所是公司日常发出指令业务的机构所在地，是公司章程中的绝对必要记载事项，具有公示效力。不同的房屋性质所需提交的证明文件不同，具体如图表2-22所示。

图表2-22　办理设立登记需要的证明文件

办理设立登记需要的证明文件
- 自有房屋 —— 提交证明文件：房屋产权复印件
- 租赁房屋 —— 提交证明文件：房屋租赁协议复印件 / 出租方的房屋产权证复印件
- 未取得房产证 —— 提交证明文件：房地产管理部门的证明或购房合同及房屋销售许可证复印件
- 出租方为宾馆、饭店 —— 提交证明文件：营业执照复印件
- 住宅性质房屋改为经营性用房 —— 提交证明文件：
  - 村（居）委员会出具申请人拥有该房屋使用权的证明
  - 住所（经营场所）登记表
  - 住所（经营场所）所在地居民委员会或业主委员会出具的有利害关系的业主同意将住宅改为经营性用房的证明

（1）办公场所所涉住所性质为自有房屋时，应提交房屋产权复印件作为证明材料。

（2）办公场所所涉住所性质为租赁房屋时，应提交与出租方共同订立的房屋租赁协议复印件、出租方的房屋产权证复印件作为证明材料。

（3）办公场所所涉住所尚未取得房产证明文件的，应出具房地产管理部门的证明或购房合同及房屋销售许可证复印件。

（4）办公场所所涉住所出租方为宾馆、饭店的，应提交宾馆、饭店的营业执照复印件作为证明材料。

（5）将自有房屋作为经营场地开办个体工商户和私营企业，但因为历史原因无法提供合法房屋证明文件的，由村（居）民委员会等机构出具的能够证明申请人拥有该房屋使用权的证明文件作为证明材料。将住宅性质的房屋改为经营性用房的，除了按照上述要求提交住所使用证明，还应当提交以下材料：住所（经营场所）登记表、住所（经营场所）所在地居民委员会或业主委员会出具的有利害关系的业主同意将住宅改为经营性用房的证明文件。

二、出租人具有出租权的有效证明文件

出租人在出具有效文件证明其具有出租权时，需提供的资料具体如图表 2-23 所示（提供复印件时还应提供原件进行核对）。

图表 2-23 出租人具有出租权的有效证明文件

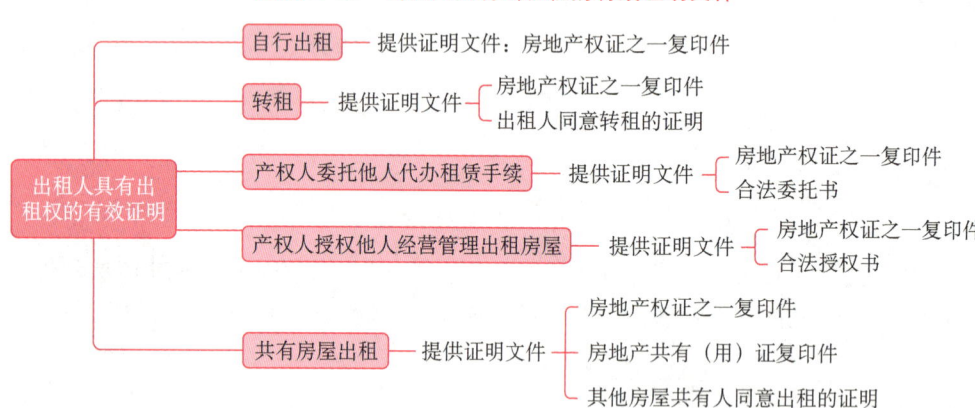

（1）自行出租，提供房地产权证之一复印件。房地产权证包括房地产证、房屋所有权证、国有土地使用权证、房地产权属证明、接管房地产证明书、商品房买卖合同、房地产预售契约、房地产买卖合同、房屋拆迁补偿协议书、临时建筑同意保留使用证明、宅基地证、农村居民住宅建设用地批准书。

（2）转租，除提供房地产权证之一复印件之外，还应提供房屋出租人同意转租的证明。

（3）产权人委托他人代办租赁手续，除提供房地产权证之一复印件之外，还应提供双方达成委托关系的合法委托书。

（4）产权人授权他人经营管理出租房屋，除提供房地产权证之一复印件之外，还应提供合法授权书。

（5）共有房屋出租，除提供房地产权证之一复印件之外，还应提供房地产共有（用）证复印件及其他房屋共有人同意出租的证明。

案例引入

2024 年 1 月 2 日，贵阳扇贝房屋租赁有限公司将其自有房屋一楼及二楼的所有场所及

设施的使用权租赁给贵州橙艺彩妆有限公司作为其办公经营场所,出租房屋的建筑面积总计400平方米,双方已办理相关租赁手续。

公司名称:贵州橙艺彩妆有限公司
公司类型:有限责任公司
法定代表人:赵丹颀
身份证号码:522111198512051224
电话:0851-12521371
注册资本:200万元人民币
成立日期:2024年1月5日
经营范围:化妆品、护肤品、美发用品批发与销售等
经营地址:贵阳市花溪区清溪路28号

公司名称:贵阳扇贝房屋租赁有限公司
法定代表人:肖肖
身份证号码:520111198004042121
电话:0851-87855214
经营地址:贵阳市花溪区安阳路41号
房屋房地产权证号:黔房权证花溪字第20100005号
租赁期限:2024年1月2日至2026年1月2日
租金:每月3万元
其他相关事项由双方自行协商

案例步骤

步骤一:贵州橙艺彩妆有限公司考虑到市场、商圈、物业、交通及价格等因素,选择了客流量大、交通便利、消费群体较多的贵阳市花溪区清溪路28号作为营业办公地点,采取线上购买+线下体验的营销模式。该房产属于贵阳扇贝房屋租赁有限公司的自有房产,由公司自行出租。

步骤二:贵州橙艺彩妆有限公司与贵阳扇贝房屋租赁有限公司签订房屋租赁合同,并到清溪路办事处办理合同备案。

步骤三:办公地点使用证明需提供承诺书,贵州橙艺彩妆有限公司委托贵州诚心财务咨询有限公司进行资料填写并保存资料。

模拟实训

实训要求:根据上述案例引入的基本信息以及案例步骤的要求完成以下文件的填写:《房屋租赁合同》《无偿使用证明》《贵州省市场监管部门证明事项告知承诺书》,如图表2-24至图表2-26所示,并上传至贵州政务服务网企业开办模块。

图表2-24 房屋租赁合同

房屋租赁合同

本合同双方当事人:_____
出租方(以下简称甲方):_____
身份证:_____
联系电话:_____
承租方(以下简称乙方):_____
身份证:_____
联系电话:_____

(续表)

根据《中华人民共和国合同法》《中华人民共和国城市房地产管理法》及其他有关法律、法规规定，在平等、自愿、协商一致的基础上，甲、乙双方就下列房屋的租赁达成如下协议：

第一条　房屋基本情况

甲方房屋（以下简称该房屋）坐落于_____；位于第_____层，共_____〔套〕〔间〕，房屋结构为_____，建筑面积_____平方米（其中实际建筑面积_____平方米，公共部位与公用房屋分摊建筑面积_____平方米）；该房屋的土地使用权以〔出让〕〔划拨〕方式取得；该房屋平面图见本合同附件一，该房屋附着设施见附件二；〔房屋所有权证号、土地使用权证号〕〔房地产权证号〕为：_____。

第二条　房屋用途

该房屋用途为_____。

除双方另有约定外，乙方不得任意改变房屋用途。

第三条　租赁期限

租赁期限自____年____月____日至____年____月____日止。

第四条　租金

该房屋租金为（人民币）____万____仟____佰____拾____元整。

租赁期间，如遇到市场变化，双方可另行协商调整租金标准；除此之外，出租方不得以任何理由任意调整租金。

第五条　付款方式

乙方应于本合同生效之日向甲方支付定金（人民币）____万____仟____佰____拾____元整。租金按〔月〕〔季〕〔年〕结算，由乙方于每〔月〕〔季〕〔年〕的第____个月的____日交付给甲方。

第六条　交付房屋期限

甲方于本合同生效之日起____日内，将该房屋交付给乙方。

第七条　甲方对产权的承诺

甲方保证在出租该房屋没有产权纠纷；除补充协议另有约定外，有关按揭、抵押债务、税项及租金等，甲方均在出租该房屋前办妥。出租后如有上述未清事项，由甲方承担全部责任，由此给乙方造成经济损失的，由甲方负责赔偿。

第八条　维修养护责任

租赁期间，甲方对房屋及其附着设施每隔____〔月〕〔年〕检查、修缮一次，乙方应予积极协助，不得阻挠施工。

正常的房屋大修理费用由甲方承担；日常的房屋维修由_____方承担。

因乙方管理使用不善造成房屋及其相连设备的损失和维修费用，由乙方承担责任并赔偿损失。

租赁期间，防火安全、门前三包、综合治理及安全、保卫等工作，乙方应执行当地有关部门规定并承担全部责任和服从甲方监督检查。

第九条　关于装修和改变房屋结构的约定

乙方不得随意损坏房屋设施，如需改变房屋的内部结构和装修或设置对房屋结构影响的设备，需先征得甲方书面同意，投资由乙方自理。退租时，除另有约定外，甲方有权要求乙方按原状恢复或向甲方交纳恢复工程所需费用。

第十条　关于房屋租赁期间的有关费用

在房屋租赁期间，以下费用由乙方支付，并由乙方承担延期付款的违约责任：

1. 水、电费；

2. 煤气费；

3. 电话费；

4. 物业管理费；

(续表)

5. _____；
6. _____。
在租赁期间,如果发生政府有关部门征收本合同未列出项目但与使用该房屋有关的费用,均由乙方支付。

第十一条　租赁期满
租赁期满后,本合同即终止,届时乙方须将房屋退还甲方。如乙方要求继续租赁,则须提前____个月书面向甲方提出,甲方在合同期满前____个月内向乙方正式书面答复,如同意继续租赁,则续签租赁合同。

第十二条　因乙方责任终止合同的约定
乙方有下列情形之一的,甲方可终止合同并收回房屋,造成甲方损失,由乙方负责赔偿:
1. 擅自将承租的房屋转租的;
2. 擅自将承租的房屋转让、转借他人或擅自调换使用的;
3. 擅自拆改承租房屋结构或改变承租房屋用途的;
4. 拖欠租金累计达_____个月;
5. 利用承租房屋进行违法活动的;
6. 故意损坏承租房屋的;
7. _____。

第十三条　提前终止合同
租赁期间,任何一方提出终止合同,需提前____月书面通知对方,经双方协商后签订终止合同书,在终止合同书签订前,本合同仍有效。
如因国家建设、不可抗力因素或出现本合同第十条规定的情形,甲方必须终止合同时,一般应提前____个月书面通知乙方。乙方的经济损失甲方不予补偿。

第十四条　登记备案的约定
自本合同生效之日起____日内,甲、乙双方持本合同及有关证明文件向____申请登记备案。

第十五条　违约责任
租赁期间双方必须信守合同,任何一方违反本合同的规定,按年度须向对方缴纳年度租金的____%作为违约金。乙方逾期未交付租金的,每逾期一日,甲方有权按月租金的____‰向乙方加收滞纳金。

第十六条　不可抗力
因不可抗力原因导致该房屋毁损和造成损失的,双方互不承担责任。

第十七条　其他
本合同未尽事宜,由甲、乙双方另行议定,并签订补充协议。补充协议与本合同不一致的,以补充协议为准。

第十八条　合同效力
本合同附件均为本合同不可分割之一部分。本合同及其附件内空格部分填写的文字与印刷文字具有同等效力。
本合同及其附件和补充协议中未规定的事项,均遵照中华人民共和国有关法律、法规执行。

第十九条　争议的解决
本合同在履行中发生争议,由甲、乙双方协商解决。协商不成时,甲、乙双方同意提交中国国际经济贸易仲裁委员会深圳分会仲裁,仲裁裁决是终局的,对双方均有约束力。

第二十条　合同份数
本合同连同附件共____页,一式____份,甲、乙双方各执一份,均具有同等效力。

甲方(签章):_____　　　　　　　乙方(签章):_____
授权代表(签字):_____　　　　　授权代表(签字):_____
____年____月____日　　　　　　　　　____年____月____日

图表 2-25　无偿使用证明

无偿使用证明

　　本人_____，在___市___区___路___号拥有办公用房一套，面积_____平方米，现将此房无偿提供给_____作为办公场所使用。

　　特此证明。

房屋所有人签名：
年　月　日

注：如该办公场所是扇贝房屋租赁有限公司无偿提供给贵州橙艺彩妆有限公司使用，则需提供《无偿使用证明》。

图表 2-26　贵州省市场监管部门证明事项告知承诺书

□基本信息	
市场主体名称 （含拟设立）	
统一社会信用代码 （设立登记不填写）	
主要住所（经营场所）信息（仅设立登记、变更住所/经营场所填写）	贵州省_____市（地区/盟/自治州）_____县（自治县/旗/自治旗/市/区）_____乡（民族乡/镇/街道）_____村（路/社区）_____号
□市场监管部门告知	
实施告知承诺 证明事项名称 （勾选）	□投资人身份证明 □法定代表人更改姓名的，提交公安部门出具的证明 □载明合并（分立）情况的解散公司注销证明、新设或存续公司的设立或变更证明 □住所（经营场所）证明 □税务部门出具的企业清税文书
证明用途 （勾选）	□投资人身份证明适用于个人独资企业设立登记 □法定代表人更改姓名的，提交公安部门出具的证明适用于公司变更登记 □载明合并（分立）情况的解散公司注销证明、新设或存续公司的设立或变更证明适用于因合并（分立）公司申请其持有股权所在公司的变更登记 □住所（经营场所）证明适用于公司、非公司企业法人、外商投资企业、外商投资合伙企业、合伙企业、个人独资企业、外国（地区）企业常驻代表机构、分公司、合伙企业分支机构、外商投资企业分支机构、外商投资合伙企业分支机构办理设立、变更登记 □税务部门出具的企业清税文书适用于合伙企业注销登记、合伙企业分支机构注销登记
设定依据	《个人独资企业法》《公司法》《合伙企业法》《市场主体登记管理条例》《外国企业常驻代表机构登记管理条例》《市场监管总局关于印发〈市场主体登记文书规范〉〈市场主体登记提交材料规范〉的通知》（国市监注发〔2022〕24号）
告知内容 及相关要求	1. 申请人可自主选择是否采用告知承诺替代证明，申请人不愿承诺或无法承诺的，应当提交规定的证明材料； 2. 证明事项采用书面承诺方式，申请人愿意作出承诺的，应提本人签字的告知承诺书原件；

(续表)

告知内容
及相关要求
	3. 申请人书面承诺已经符合告知的条件、要求，并愿意承担不实承诺的法律责任后，不再索要有关证明而依据书面承诺办理相关事项；
	4. 申请人应配合对承诺内容的调查、核查、核验，自觉接受登记机关及相关部门的监督管理；
	5. 证明事项必须由申请人作出承诺，不可代为承诺；
	6. 承诺书不对社会公开；
	7. 申请人不实承诺将依法承担相应民事、行政、刑事责任；
	8. 证明事项告知承诺失信行为信息纳入贵州省公共信用信息目录；
	9. 企业申请设立登记时，本承诺书由拟任法定代表人（个人独资企业投资人、合伙企业执行事务合伙人或代表、外国（地区）企业常驻代表机构首席代表）签署；企业申请变更登记时，由法定代表人（个人独资企业投资人、合伙企业执行事务合伙人或代表、外国（地区）企业常驻代表机构首席代表）签署，并加盖企业公章；
	10. 市场主体为分支机构的，由隶属企业法定代表人（个人独资企业投资人、合伙企业执行事务合伙人或代表）签署，并加盖企业公章；
	11. 对所申报住所（经营场所）已依法取得使用权。通过租赁或转租方式获得使用权的，承诺已签订房屋租赁合同，并经房屋所有权人同意在本住所（经营场所）从事生产经营活动；
	12. 所申报住所（经营场所）不属于非法建筑、危险建筑、被征收房屋等依法不能用作住所（经营场所）的房屋；
	13. 在住所（经营场所）不从事危及国家安全、存在严重安全隐患、影响人民身体健康、对环境造成污染以及国家法律法规、国务院决定和各级地方政府明确规定不得开展的生产经营活动；
	14. 法律、法规规定应当经有关部门批准方可在本住所（经营场所）从事相关生产经营活动的，取得许可证或批准文件后再开展相关生产经营活动；
	15. 已知悉《中华人民共和国民法典》等涉及住宅改变为经营性用房（以下简称住改商）的有关规定，并承诺，如本住所（经营场所）是住改商的，已按照法律法规履行相关程序，经有利害关系的业主一致同意；
	16. 已知悉登记住所（经营场所）不视为改变房屋使用性质的凭证，不作为抗诉自然资源和规划、住建、生态环境、综合行政执法、市场监管等部门依法监管的条件，所申报住所（经营场所）及营业执照不作为房屋拆迁补偿的依据；
	17. 一个市场主体有多个经营场所的，每个经营场所应分别填写承诺书。
	注：1. 1～10项适用于投资人身份证明，法定代表人更改姓名提交公安部门出具的证明，载明合并（分立）情况的解散公司注销证明、新设或存续公司的设立或变更证明，税务部门出具的企业清税文书；
	    2. 1～17项适用于住所（经营场所）证明事项告知；
	    3. 本告知承诺书一式两份，由市场监管部门和申请人各保存一份。

□申请人承诺	
申请人作出如下承诺： 1. 已经知晓市场监管部门告知的全部内容； 2. 已符合市场监管部门告知的条件、要求； 3. 无不良信用记录或曾作出虚假承诺； 4. 所填写的基本信息真实、准确，所提供的申请材料均真实、合法、有效； 5. 自愿配合对承诺内容的调查、核查、核验，自觉接受登记机关及相关部门的监督管理； 6. 愿意承担不实承诺的法律责任； 7. 上述承诺是申请人的真实意思表示。 申请人签字/盖章 年 月 日	

子任务四　办理营业执照

一、营业执照

营业执照是工商行政管理机关依法颁发给各类市场主体从事某项经营活动的重要凭证，是市场主体登记工作的直接体现。没有营业执照的工商企业或个体经营者一律不许开业，不得刻制公章、签订合同、注册商标、刊登广告，银行不予开立账户。

（一）营业执照的使用与记载事项

（1）营业执照分正本和副本，两者具有相同的法律效力。正本应当置于公司住所或营业场所的醒目位置，营业执照不得伪造、涂改、出租、出借、转让。

（2）营业执照的登记事项包括：名称、地址、负责人、资金数额、经济成分、经营范围、经营方式、从业人数、经营期限等。

（二）办理营业执照所需资料

以贵州省内开办企业为例，在企业申领营业执照时，应提交如图表2-27所示证明文件。

图表2-27　办理营业执照所需资料

序号	材料名称	材料来源
1	公司登记（备案）申请书	市场监管部门
2	公司章程	申请人自备
3	企业名称预先核准通知书	贵州政务服务网
4	住所使用相关文件	申请人自备
5	贵州省市场监管部门证明事项告知承诺书	市场监管部门
6	法定代表人、董事、监事、高级管理人员任职文件	申请人自备
7	法定代表人、董事、监事、高级管理人员身份证明	公安部门
8	法律、行政法规规定应当提交的其他文件	证明文件所涉相关部门

二、登记手续办理

企业在申领营业执照后，根据国家有关规定，还需要到相关职能部门办理登记（备案）手续，所需材料如图表2-28所示。

图表2-28　取得营业执照后办理证件资料

序号	材料名称	材料来源
1	刻制印章	地县级以上人民政府公安部门委托的公章刻制经营单位刻制
2	社保开户	社会保险经办机构

(续表)

序号	材料名称	材料来源
3	银行开立基本户	银行办理开户并备案
4	申请一般纳税人或小规模纳税人	当地税务局
5	公积金缴存登记	社会保险经办机构
6	发票开具	当地税务局

案例引入

2024年1月5日,贵州橙艺彩妆有限公司委托贵州诚心财务咨询有限公司张××前往贵阳市云岩区政务服务中心办理工商设立登记,领取营业执照(线上办理方法:通过贵州政务服务网进行企业设立登记并领取营业执照)。

案例步骤

步骤一:贵州橙艺彩妆有限公司投资人共同委托贵州诚心财务咨询有限公司办理工商设立的登记。

步骤二:贵州诚心财务咨询有限公司张××通过贵州政务服务网了解办理流程,流程如图表2-29所示。

图表2-29 企业设立登记网上办理流程

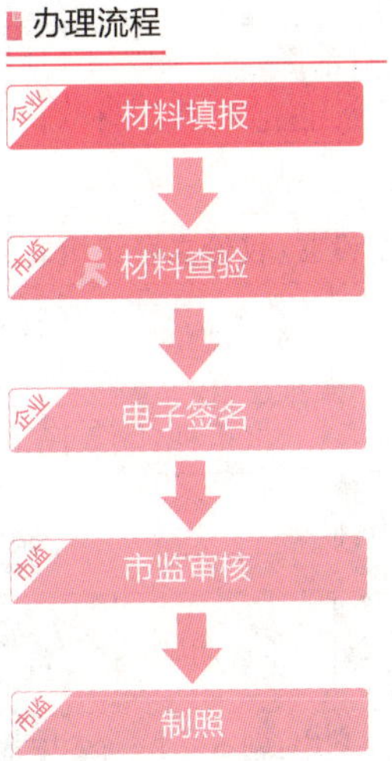

办理流程

企业 → 材料填报
市监 → 材料查验
企业 → 电子签名
市监 → 市监审核
市监 → 制照

(1)通过贵州政务服务网填写企业相关基本材料。
(2)提交材料进行审核查验。
(3)法人或委托代理人进行电子签名。
(4)贵州市场监督管理局管理人员进行审核。

(5) 领取营业执照。

步骤三:张××登录贵州政务服务网下载《公司登记(备案)申请书》及附表并进行填写,如图表 2-30 至图表 2-35 所示。

图表 2-30　下载公司登记(备案)申请书

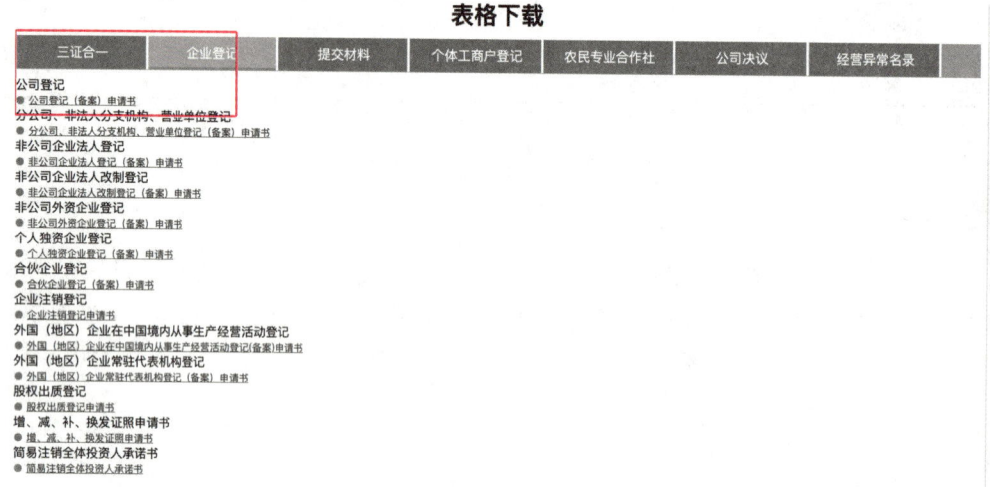

图表 2-31　公司登记(备案)申请书

☑基本信息(必填项)	
名　称	＿＿＿＿＿＿＿＿＿＿＿＿贵州橙艺彩妆有限公司＿＿＿＿＿＿＿＿＿＿＿＿ (集团母公司需填写:集团名称:　　　　　集团简称:　　　　　)
统一社会信用代码 (设立登记不填写)	
住　所	＿贵州＿省(市/自治区)＿贵阳＿市(地区/盟/自治州)＿花溪＿县(自治县/旗/自治旗/市/区)＿＿＿＿乡(民族乡/镇/街道)＿清溪＿村(路/社区)28 号
联系电话	0851-12521371　　邮政编码　　　　　550001
☑设立(仅设立登记填写)	
法定代表人 姓　名	赵丹颀　　公司类型　☑有限责任公司　　□股份有限公司 　　　　　　　　　　　　□外资有限责任公司　□外资股份有限公司
注册资本	＿＿＿200＿＿＿万元　　(币种:☑人民币　□其他＿＿＿＿＿)
投资总额 (外资公司填写)	＿＿＿＿＿万元(币种:＿＿＿＿)　　折美元:＿＿＿＿万元
设立方式 (股份公司填写)	□发起设立 □募集设立　　经营期限　□长期　　□＿＿＿＿年
申领执照	☑申领纸质执照　其中:副本＿1＿个(电子执照系统自动生成,纸质执照自行勾选)
经营范围 (根据登记机关公布的经营项目分类标准办理经营范围登记)	理发及美容服务;化妆品、服装、日用百货、相册、照相器材的销售;人造首饰、饰品零售;钻石饰品、家居饰品、卫生用品的批发;水晶饰品的零售;摄影服务;相册的制作;影视经纪代理服务

注:本申请书适用于内资、外资公司申请设立、变更、备案。

图表 2-32　法定代表人信息

本表适用于设立及变更法定代表人填写。

姓　　名	赵丹颀	国别(地区)	中国
职　　务	☑董事长　□执行董事　□经理	产生方式	股东会会议
身份证件类型	身份证	身份证件号码	522111198512051224
固定电话	0851-11111111	移动电话	13602345678
住　　所	贵州省清镇市南环东路3号	电子邮箱	19630@163.com

拟任法定代表人签字：

赵丹颀

2024 年 1 月 5 日

图表 2-33　董事、监事、高级管理人员信息

（担任法定代表人的董事长、执行董事、经理不重复填写）

姓名　__方允薇__　　国别(地区)　__中国__　　职务　__监事会主席__　　产生方式　__股东会会议委派__

身份证件类型　__身份证__　　身份证件号码　__52311119850210422X__　　移动电话　__19656788765__

注：1."职务"指董事长（执行董事）、董事、经理、监事会主席、监事、副经理、财务负责人、董事会秘书等。上市股份有限公司设置独立董事的应在"职务"栏内注明。

　　2."产生方式"按照章程规定填写，董事、监事一般应为"选举"或"委派"；经理一般应为"聘任"。中外合资（合作）企业应当明确上述人员的委派方。

　　3.高级管理人员包括"经理、副经理、财务负责人，上市公司董事会秘书和公司章程规定的其他人员"。

姓名　__欧阳倩__　　国别(地区)　__中国__　　职务　__经理__　　产生方式　__股东会会议委派__

身份证件类型　__身份证__　　身份证件号码　__520111198312241526__　　移动电话　__17798766789__

图表 2-34 股东（发起人）、外国投资者出资情况

单位：万元（币种：☑人民币 □其他_____）

股东（发起人）、外国投资者名称或姓名	国别（地区）	证件类型	证件号码	认缴出资额	实缴出资额	出资（认缴）时间	出资方式
赵丹颀	中国	身份证	522111198512051224	100	100	2024.01.01	货币
方允薇	中国	身份证	523111198502104 22X	80	80	2024.01.01	货币
欧阳倩	中国	身份证	520111198312241526	20	20	2024.01.01	货币

图表 2-35　联络员信息

姓　　名	陈飞	固定电话	—
移动电话	19656788765	电子邮箱	1122331313@163.com
身份证件类型	身份证	身份证件号码	523111198502104220

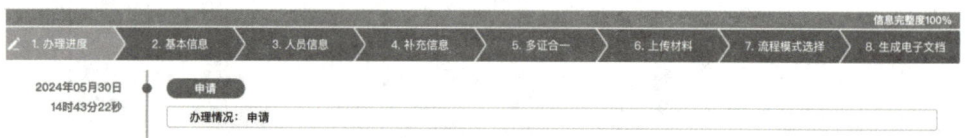

注：1. 联络员主要负责本企业与企业登记机关的联系沟通，以本人个人信息登录国家企业信用信息公示系统依法向社会公示本企业有关信息等。联络员应了解企业登记相关法规和企业信息公示有关规定。

　　2.《联络员信息》未变更的不需重填。

步骤四：点击企业设立申请，如图表 2-36 所示。

图表 2-36　点击企业设立申请

步骤五：填写企业基本信息，如图表 2-37 所示。

图表 2-37　填写企业基本信息

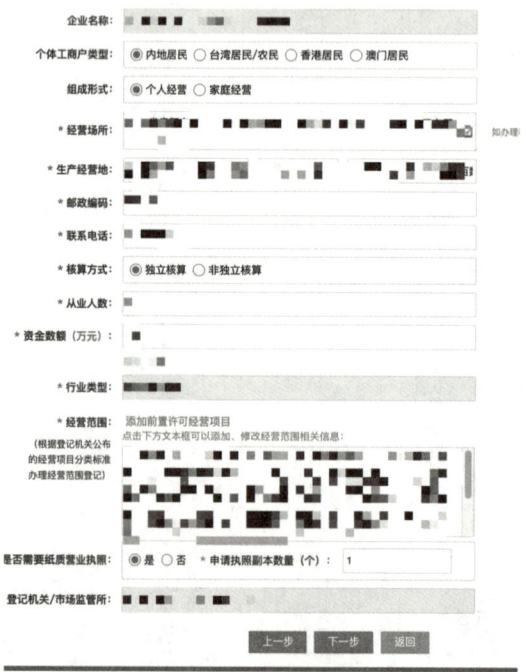

步骤六：添加企业经营者、联络员及委托代理人等相关负责人的基本信息，如图表2-38所示。

图表2-38　添加人员信息

步骤七：完成相关信息补充填写，如图表2-39所示。

图表2-39　完善补充信息

步骤八：在系统中上传填写好的设立相关证明文件、经营场所使用证明、法人（经营者）身份证及委托代理人身份证，如图表2-40所示。

图表2-40　上传材料

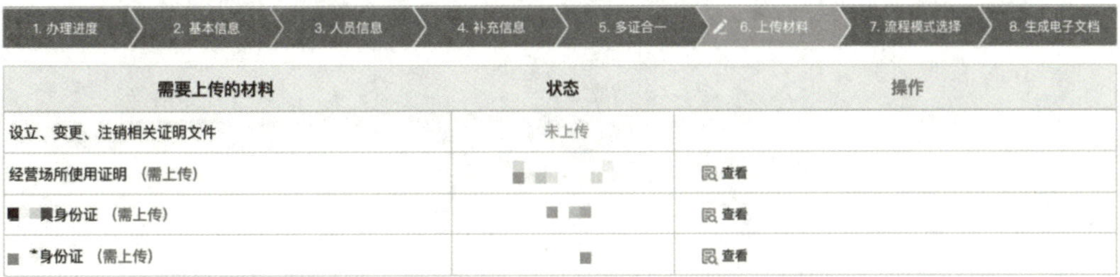

步骤九：选择"全程电子化流程"，如图表2-41所示。

图表2-41　选择全程电子化流程

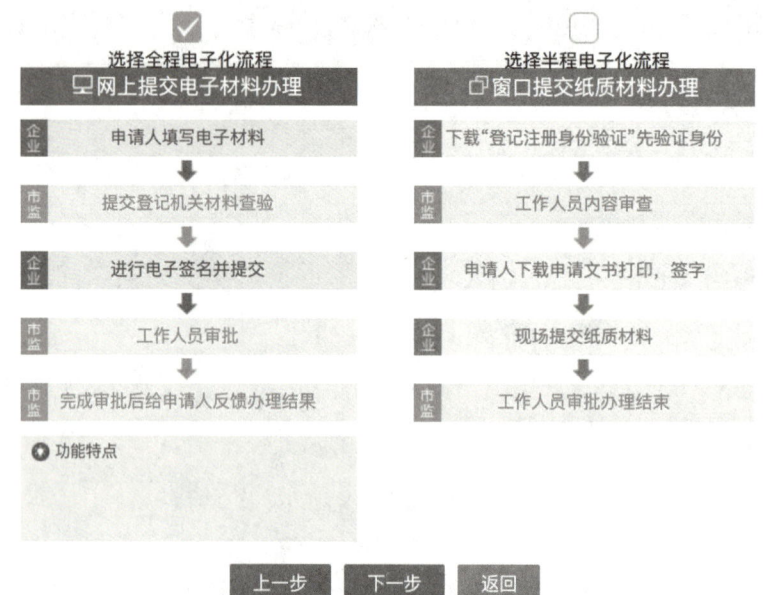

步骤十：系统提交材料上传，等待市场监督管理局审核通过。

步骤十一：审核通过后领取营业执照，如图表2-42所示。

图表2-42　领取营业执照

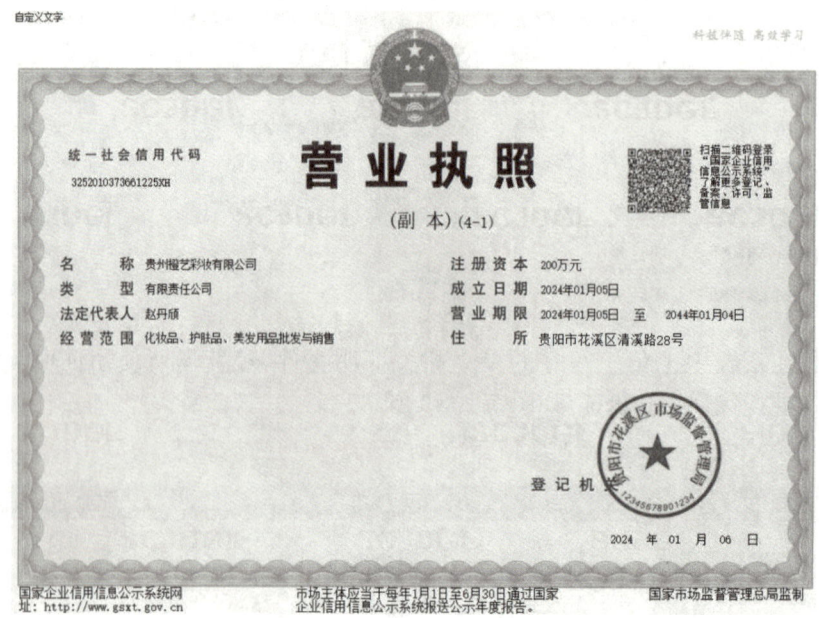

模拟实训

2024年1月3日,贵州贝乐生态农业科技有限公司委托贵州黎明财务咨询有限公司娄××前往政务服务中心办理工商设立登记,并领取营业执照(线上办理方法:通过贵州政务服务网网上提交相关材料,审核通过后领取营业执照正副本)。

公司信息一览

公司名称:贵州贝乐生态农业科技有限公司
公司类型:有限责任公司
统一社会信用代码:3252010373664203BY
注册资本:50万元人民币
成立日期:2024年1月6日
经营地址:贵阳市贵安新区湖潮乡和岘村
经营范围:花卉、果类、蔬菜、谷物的种植、销售等

人员信息一览

法定代表人:胡涵
身份证号码:522520199701011234
电话:13612345678
出资方式:货币
公司执行董事:潘美娟
身份证号码:522520199809176522
电话:13912345678
出资方式:货币

实训要求:根据贵州贝乐生态农业科技有限公司以及法人的基本信息,参照案例步骤中相关表格的模板和填写要求填写以下文件:《公司登记(备案)申请书》《法定代表人信息》《董事、监事、高级管理人员信息》《股东(发起人)、外国投资者出资情况》《联络员信息》,如图表2-43至图表2-47所示。

图表 2-43　公司登记(备案)申请书

□基本信息(必填项)	
名　称	_____ (集团母公司需填写:集团名称:　　　　　集团简称:　　　　)
统一社会信用代码 (设立登记不填写)	
住　所	_____省(市/自治区)_____市(地区/盟/自治州)_____县(自治县/旗/自治旗/市/区)_____乡(民族乡/镇/街道)_____村(路/社区)_____号
联系电话	邮政编码
□设立(仅设立登记填写)			
---	---	---	---
法定代表人 姓　名		公司类型	□有限责任公司　　□股份有限公司 □外资有限责任公司　□外资股份有限公司
注册资本	_____万元　(币种:□人民币　□其他_____)		
投资总额 (外资公司填写)	_____万元(币种:_____)　折美元:_____万元		
设立方式 (股份公司填写)	□发起设立 □募集设立	经营期限	□长期　　□_____年
申领执照	□申领纸质执照　其中:副本_____个(电子执照系统自动生成,纸质执照自行勾选)		
经营范围 (根据登记机关公布的经营项目分类标准办理经营范围登记)			

注:本申请书适用于内资、外资公司申请设立、变更、备案。

图表 2-44　法定代表人信息

本表适用于设立及变更法定代表人填写。

姓　　名		国别(地区)	
职　　务	□董事长　□执行董事　□经理	产生方式	
身份证件类型		身份证件号码	
固定电话		移动电话	
住　　所		电子邮箱	
（身份证件复件、影印件粘贴处）			
拟任法定代表人签字： 年　月　日			

图表 2-45　董事、监事、高级管理人员信息
（担任法定代表人的董事长、执行董事、经理不重复填写）

姓名_____　国别(地区)_____　职务_____　产生方式_____
身份证件类型_____　身份证件号码_____　移动电话_____

（身份证件复件、影印件粘贴处）

注：1. "职务"指董事长(执行董事)、董事、经理、监事会主席、监事、副经理、财务负责人、董事会秘书等。上市股份有限公司设置独立董事的应在"职务"栏内注明。
　　2. "产生方式"按照章程规定填写，董事、监事一般应为"选举"或"委派"；经理一般应为"聘任"。中外合资(合作)企业应当明确上述人员的委派方。
　　3. 高级管理人员包括"经理、副经理、财务负责人，上市公司董事会秘书和公司章程规定的其他人员"。

姓名_____　国别(地区)_____　职务_____　产生方式_____
身份证件类型_____　身份证件号码_____　移动电话_____

（身份证件复件、影印件粘贴处）
备注事项同上

图表 2-46 股东（发起人）、外国投资者出资情况

单位：万元（币种：□人民币 □其他_____）

股东（发起人）、外国投资者名称或姓名	国别（地区）	证件类型	证件号码	认缴出资额	实缴出资额	出资（认缴）时间	出资方式

图表 2-47 联络员信息

姓　名		固定电话	
移动电话		电子邮箱	
身份证件类型		身份证件号码	
（身份证件复件、影印件粘贴处）			

注：1. 联络员主要负责本企业与企业登记机关的联系沟通，以本人个人信息登录国家企业信用信息公示系统依法向社会公示本企业有关信息等。联络员应了解企业登记相关法规和企业信息公示有关规定。

2.《联络员信息》未变更的不需重填。

贵州贝乐生态农业科技有限公司的营业执照，如图表 2-48 所示。

图表 2-48　贵州贝乐生态农业科技有限公司营业执照

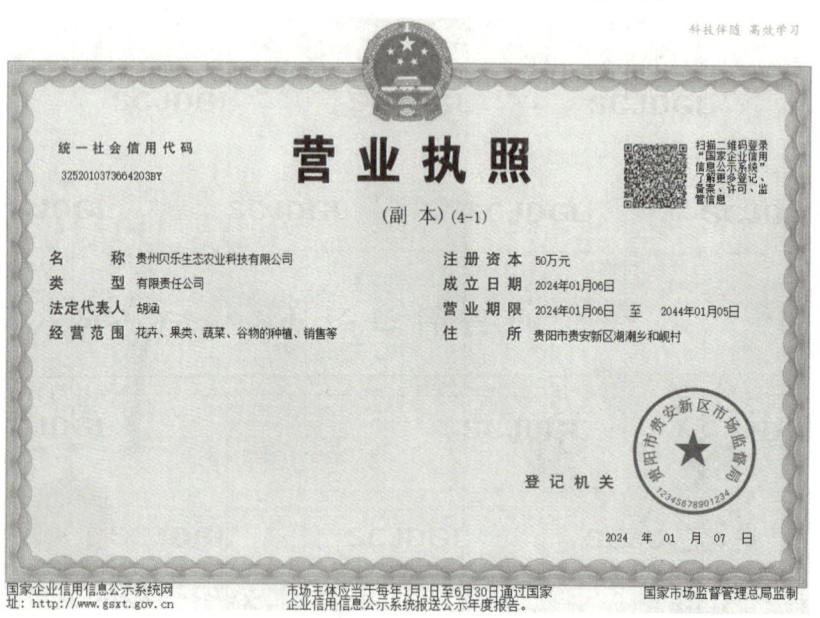

任务二　企业年度报告公示

知识目标

1. 掌握企业年度报告公示制度的定义、背景和目的
2. 了解企业年度报告需要公示的各类信息
3. 熟悉企业年度报告公示的流程和步骤

技能目标

1. 能够根据要求准备法人身份证、股东信息、财务报表等材料
2. 能够掌握登录企业信用信息公示系统、填写年度报告信息、提交审核等技能
3. 能够具备阅读和理解企业年度报告的能力,并能从中获取关键信息

素质目标

1. 通过企业年度报告公示制度的学习,增强诚信经营和信息公开的意识
2. 了解相关法律法规对企业年度报告公示的要求,遵守法律法规
3. 认识到企业年度报告公示对投资者权益保护的重要性,增强企业社会责任感

一、企业年度报告公示制度

企业年度报告公示制度是指登记注册企业应在规定时间内,通过企业信用信息公示系统报送上一年度企业注册、存续、投资、经营等方面的情况,并向社会公示,以履行法定义务、积累社会信用的制度安排。

企业年报申请时间:每年1月1日至6月30日。

公示企业范围:在市场监督管理局注册登记的所有企业及个体工商户。

企业工商营业执照年报网上申报入口:http://www.gsxt.gov.cn/。

二、企业年度报告重点内容

根据《企业信息公示暂行条例》(国务院令第654号)第9条,企业年度报告内容包括:

(1) 企业基本信息:通信地址、邮政编码、联系电话、电子邮箱等。
(2) 企业存续状态:开业、歇业、清算等。
(3) 企业投资信息:投资设立企业、购买股权等。
(4) 股东出资信息:股东或发起人认缴和实缴的出资额、出资时间、出资方式等。

(5) 股权变更信息：股东股权转让等。
(6) 网站及网店信息：企业网站及从事网络经营的网店的名称、网址等。
(7) 财务信息：从业人数、资产总额、负债总额、对外提供保证担保、所有者权益合计、营业总收入、主营业务收入、利润总额、净利润、纳税总额等。

此外，从2017年1月1日起，企业年报中又增加了两项报告内容：
(1) 社保事项：参保险种类型、单位参保人数、单位缴费基数、本期实际缴费金额、单位累计欠缴金额。
(2) 统计事项：主营业务活动、女性从业人员、企业控股情况等。

三、企业年度报告公示基本程序

企业年度报告公示的基本程序如下：
(1) 登录系统：登录企业信用信息公示系统。
(2) 阅读提示：阅读《在线填写通知》和"重要提示"。
(3) 选择年份：选择报告年份，如前几年未完成，需先补办。
(4) 进入应用页面：根据实际情况选择"是否有网站或网店""有限责任公司当年是否有股权转让""企业是否有投资信息或购买其他公司股权"。
(5) 填写信息：①填写"网站或店铺信息"；②填写"股东及出资信息"；③填写"外商投资信息"（如适用）；④填写资产条件信息（可选公开）；⑤填写"股权变更信息"；⑥填写"对外提供保修信息"（可选公开）。
(6) 提交审核：填写完毕后，提交审核。
(7) 公示：审核通过后，企业年度报告将在企业信用信息公示系统公示。

四、企业年度报告公示应提交的材料

企业年度报告公示需要准备的材料主要包括：
(1) 法人身份证复印件。
(2) 股东身份证和出资比例复印件。
(3) 企业法人营业执照。
(4) 三份企业财务报表（资产负债表、利润表、现金流量表）。
(5) 法定代表人的联系电话。
(6) 公司章程。
(7) 联系人姓名、电话、身份证号码。
(8) 股东发生变更的，应当提供变更前后的新、老股东身份证复印件和公司章程、股份转让情况。

五、企业年度报告公示流程

(1) 企业登录国家企业信用信息公示系统（http://www.gsxt.gov.cn/），如图表2-49所示。

图表 2-49　企业年度报告登录界面

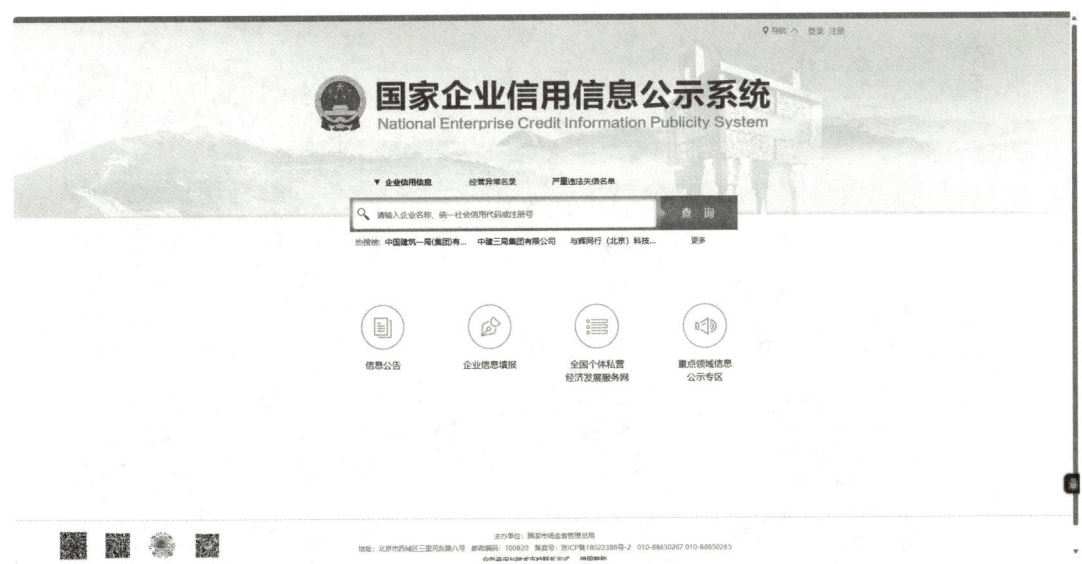

（2）点击"企业信息填报"，输入营业执照统一社会信用代码，若未显示联络员信息，先点击网页下方红色字体"企业联络员注册"，若注册信息发生变化点击"企业联络员变更"。注册或者变更联络员信息后获取手机验证码登录。联络员登录界面，如图表 2-50 所示。

图表 2-50　联络员登录界面

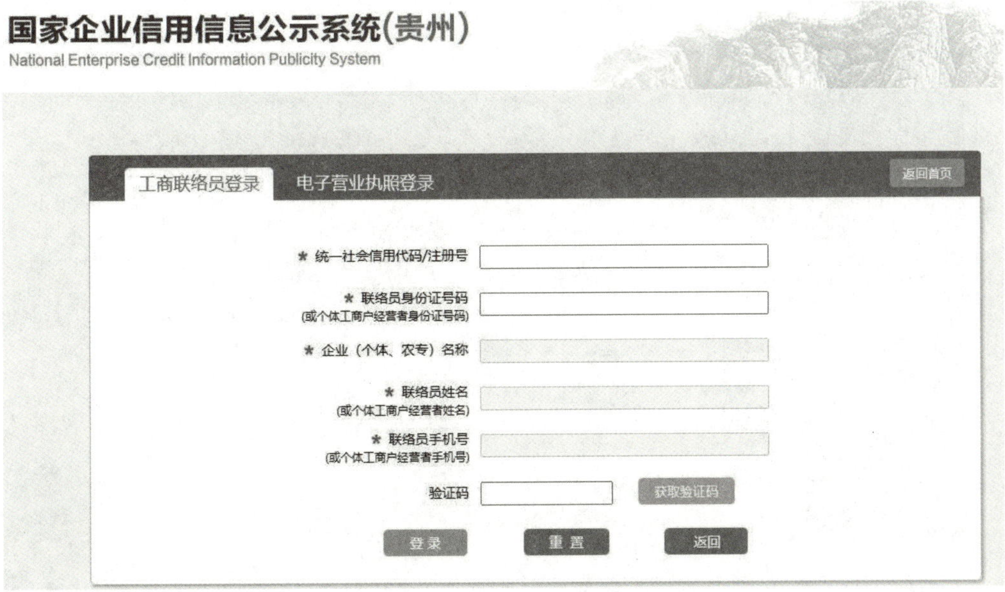

（3）登录后，勾选确认填录须知。
（4）进入填录界面，选择所需填报年度，如 2024 年。
（5）选择填报年份，如 2024 年度以来未进行企业信息填报的，需从 2024 年度开始逐年填报，如图表 2-51 所示。

图表 2-51 填录界面

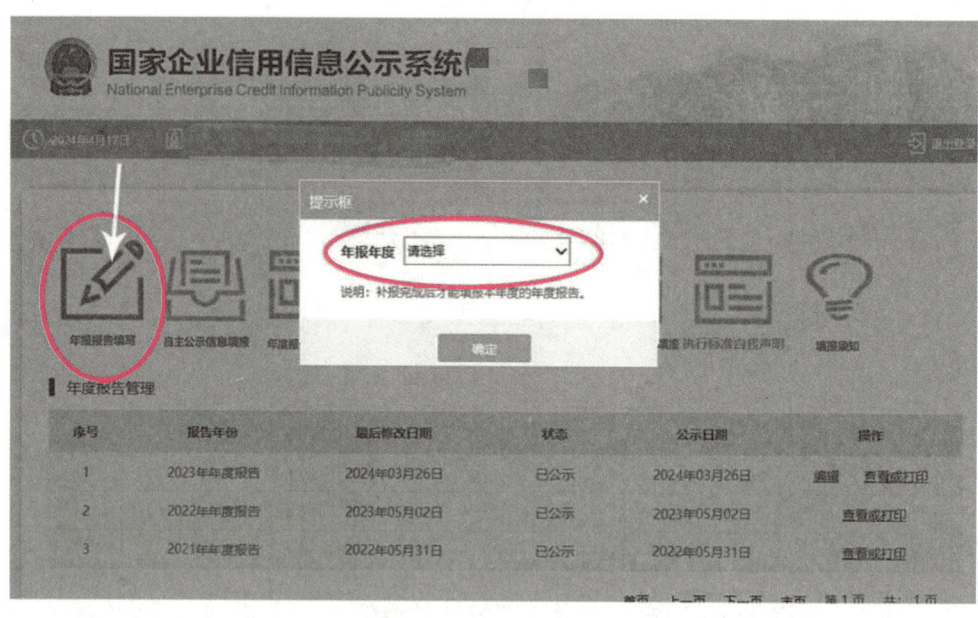

(6) 根据企业经营情况填报有关信息并保存,点击"下一步",如图表 2-52 所示。

图表 2-52 填报有关信息

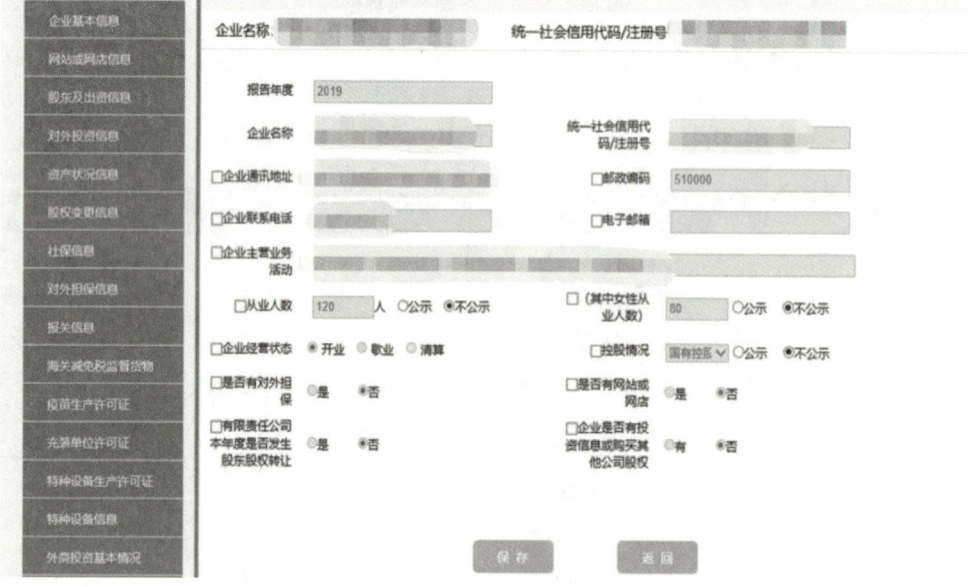

(7) 最后预览提交并公示,完成企业年度报告。提交后,在 6 月 30 日之前,在主界面点击"编辑",仍可以编辑更正,已提交成功的工商年报在主界面会显示已公示状态。并且提交后,填好的信息还可以在主界面点击"查看和打印",浏览查看,如图表 2-53 所示。

图表 2-53　提交界面

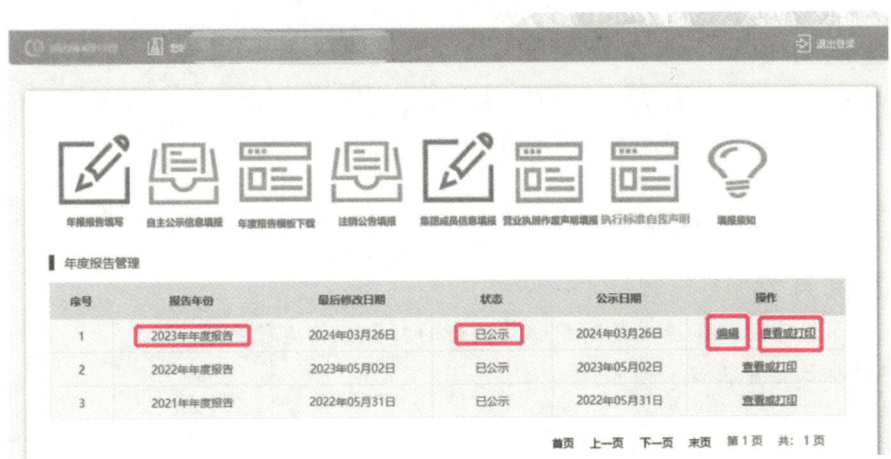

贵州橙艺彩妆有限公司委托贵州诚心财务咨询有限公司张××进行 2024 年企业年度报告。

步骤一：张××登录全国企业信用信息公示系统。

步骤二：登录后点击"企业信息填报"，区域选择"贵州"，进行企业注册（注册信息以营业执照为准）。

步骤三：注册成功后登录，并按照要求填写企业年度报告，确认无误后，点击"提交并公示"。

实训要求：了解和掌握企业年度报告公示的基本步骤。

任务三　公司变更登记

1. 了解公司变更登记的概念
2. 熟知公司变更的流程及所需材料

技能目标
1. 能够掌握公司进行变更所需提交的材料
2. 能够正确填写公司变更所需资料

素质目标
1. 培养遵守职业道德规范的意识及良好的社会公共道德素质
2. 培养社会责任心

一、公司变更登记的概念

公司变更登记是指公司改变名称、住所、法定代表人、经营范围、企业类型、注册资本、营业期限、有限责任公司股东或者股份有限公司发起人的登记。公司变更登记事项应当向原公司机关申请变更登记。未经核准变更登记,公司不得擅自变更登记事项,否则应当承担相应的法律责任。

二、公司变更登记的程序

(1) 受理审查。
(2) 核准。
(3) 领取执照办理其他证件变更。

三、公司变更需提交的资料

(1) 公司法定代表人签署的《公司变更登记申请书》。原法定代表人不能或者不签署变更登记申请书的,由拟任公司法定代表人根据股东会或者董事会关于变更公司法定代表人的决议签署变更登记申请书。

(2) 依照《中华人民共和国公司法》作出的变更决议或者决定。

(3) 变更登记事项涉及修改公司章程的,应当提交修改后的公司章程或章程修正案。

(4) 变更经营范围涉及法律、行政法规规定必须报经审批的,应提交有关部门的批准文件。

(5) 变更住所的,应提交新住所使用证明。

(6) 变更法定代表人的,应提交原法定代表人的免职和新法定代表人任职文件、新任法定代表人的身份证明及法定代表人签字备案书。

(7) 变更注册资本的,应提交具有法定资格的验资机构出具的对公司注册资本增加部分或者减少后的注册资本的验资证明。

(8) 变更股东或发起人的,应提交新股东或发起人的法人资格证明或自然人身份证明、股权转让的有关文件。

(9) 变更公司名称的,应提交公司登记部门出具新的名称核准通知书。

（10）公司登记机关要求提交的其他文件。

2024年1月15日，贵州橙艺彩妆有限公司经营场所从原来的贵阳市花溪区清溪路28号变更到新途路739号，现委托贵州诚心财务咨询有限公司代理办理住所变更登记。

步骤一：贵州橙艺彩妆有限公司投资人共同委托贵州诚心财务咨询有限公司办理住所变更登记。

步骤二：贵州诚心财务咨询有限公司张××通过贵州政务服务网了解办理流程，流程如图表2-54所示。

（1）通过贵州政务服务网提交变更备案申请，并填写相关资料。

（2）提交材料进行变更审核查验。

（3）贵州市场监督管理局管理人员进行变更备案材料查验及核准。

（4）重新领取更换后的营业执照。

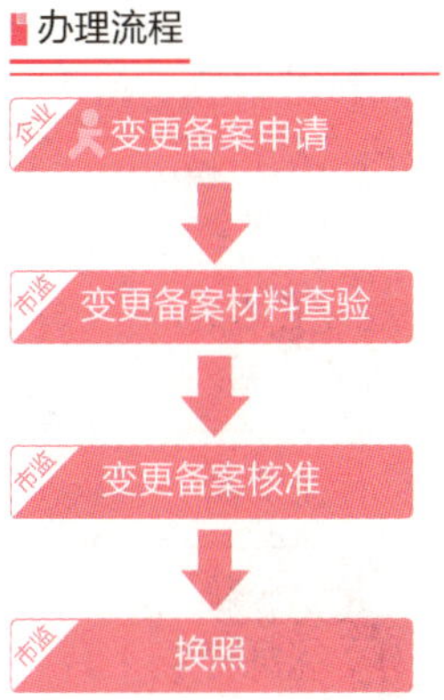

步骤三：张××通过贵州政务服务网系统下载《公司登记（备案）申请书》（变更登记），并填写《修改公司章程的决议、决定》《修改后的公司章程或者公司章程修正案》《无偿使用证明》《贵州省市场监管部门证明事项告知承诺书》等相关文件，如图表2-55至图表2-61所示。

图表 2-54　网上办理企业变更流程

图表 2-55　下载申请书

图表 2-56　公司登记(备案)申请书

☑ 基本信息(必填项)			
名　称	<div>　　　　　　　贵州橙艺彩妆有限公司　　　　　　　</div><div>(集团母公司需填写:集团名称:　　　　集团简称:　　　　)</div>		
统一社会信用代码 (设立登记不填写)	3252010373661225XH		
住　所	贵州　省(市/自治区)　贵阳　市(地区/盟/自治州)　花溪　县(自治县/旗/自治旗/市/区)　　　　乡(民族乡/镇/街道)　新途　村(路/社区)　739　号		
联系电话	0851-12521371	邮政编码	550001
□ 设立(仅设立登记填写)			
法定代表人 姓　名		公司类型	□有限责任公司　　□股份有限公司 □外资有限责任公司　□外资股份有限公司
注册资本	万元　(币种:□人民币　□其他　　　　)		
投资总额 (外资公司填写)	万元(币种:　　　)　　折美元:　　　　万元		
设立方式 (股份公司填写)	□发起设立 □募集设立	经营期限	□长期　　□　　　　年
申领执照	□申领纸质执照　其中:副本　　　　个(电子执照系统自动生成,纸质执照自行勾选)		
经营范围 (根据登记机关公布的经营项目分类标准办理经营范围登记)			

注:本申请书适用于内资、外资公司申请设立、变更、备案。

(续表)

	☑变更(仅变更登记填写,只填写与本次申请有关的事项)		
变更事项	原登记内容	更后登记内容
住所	贵阳市花溪区清溪路 28 号	贵阳市花溪区新途路 739 号
……	……	……

注:变更事项包括名称、住所、法定代表人(姓名)、注册资本、公司类型、经营范围、有责任公司股东(股东姓名或者名称)、股份有限公司发起人的姓名或者名称。申请公司名称变更,在名称中增加"集团或(集团)"字样的,应当填写集团名称、集团简称(无集团简称的可不填)。

	☑备案(仅备案填写)(变更同时备案的也需要勾选)	
事　项	□公司董事、监事、高级管理人员 □经营期限 ☑章程(含修正案) □认缴出资数额 □联络员 □外商投资企业法律文件送达接受人

注:高级管理人员包括"经理、副经理、财务负责人,上市公司董事会秘书和公司章程规定的其他人员。"

	☑指定代表/委托代理人(必填项)				
委托权限		1.☑同意　□不同意　□核对登记材料中的复印件并签署核对意见; 2.☑同意　□不同意　□修改企业自备文件的错误; 3.☑同意　□不同意　□修改有关表格的填写错误; 4.☑同意　□不同意　□领取营业执照和有关文书。 (根据实际授权情况勾选)			
固定电话	0851-87864332	移动电话	13333333333	指定代表/委托代理人签字	张XX

（身份证复印件：姓名张XX，性别男，民族汉，出生1997年2月25日，住址北京市海淀区高粱桥斜街中坤大厦707，公民身份号码52242419970225 0214，有效期限2018.10.13-2028.10.13）

此复印件与原件一致　张XX

☑申请人签署(必填项)

本申请人和签字人承诺如下,并承担相应的法律责任:
(一)填报的信息及提交的材料真实、准确、有效、完整。
(二)使用的名称符合《企业名称登记管理规定》有关要求,不含有损国家、社会公共利益或违背公序良俗及有其他不良影响的内容;名称与他人使用的名称近似侵犯他人合法权益的,依法承担法律责任;如使用的名称被登记机关认定为不适宜名称,将主动配合登记机关进行纠正。

（三）已依法取得住所(经营场所)使用权，申请登记的住所(经营场所)信息与实际一致。 （四）经营范围涉及法律、行政法规、国务院决定规定、地方行政法规和地方规章规定，需要办理许可的，在取得相关部门批准前，不从事相关经营活动。	
全体股东签字或盖章(仅限有限责任公司设立登记，可另附签字页)： 董事会成员签字(仅限股份有限公司设立登记，可另附签字页)： 法定代表人签字：*赵丹颀* (公司更换法定代表人的，此处由新任法定代表人签字)	公司盖章 2024 年 1 月 15 日 (填写设立申请当天的日期)

图表 2-57　贵州橙艺彩妆有限公司股东会决议

贵州橙艺彩妆有限公司股东会决议

依照《中华人民共和国公司法》及公司章程的相关规定，本公司于 2024 年 1 月 10 日召开了股东会，会议表决通过以下决议：
1. 同意变更公司地址。
2. 同意制定章程修正案。

股东签字或盖章：*方宛薇　赵丹颀　欧阳情*

图表 2-58　贵州橙艺彩妆有限公司章程修正案

贵州橙艺彩妆有限公司章程修正案

根据《中华人民共和国公司法》和公司章程的规定，本公司全体股东于 2024 年 1 月 10 日在公司会议室召开了股东会会议。经股东会会议决定变更公司地址，并对公司章程作如下修改：

一、公司章程第　2　条原为：

公司住所：<u>贵州省贵阳市花溪区清溪路 28 号</u>

现修改为：

公司住所：<u>贵州省贵阳市花溪区新途路 739 号</u>

二、公司章程其余条款不变。

法定代表人签字：*赵丹颀*

(注：章程修正案由法定代表人签字，本次法定代表人变更的，由新法定代表人签字)

贵州橙艺彩妆有限公司
2024 年 1 月 10 日

图表 2-59　房屋租赁合同

房屋租赁合同

本合同双方当事人：　贵州橙艺彩妆有限公司、贵阳花海房地产有限公司　
出租方（以下简称甲方）：　贵阳花海房地产有限公司　
身份证：　3258922054954125DS　
联系电话：　0581-85859631　
承租方（以下简称乙方）　贵州橙艺彩妆有限公司　
身份证：　3252010373661225XH　
联系电话：　0851-12521371　

根据《中华人民共和国合同法》《中华人民共和国城市房地产管理法》及其他有关法律、法规规定，在平等、自愿、协商一致的基础上，甲、乙双方就下列房屋的租赁达成如下协议：

第一条　房屋基本情况

甲方房屋（以下简称该房屋）坐落于　新途路739号　；位于第　20　层，共　1　〔套〕〔间〕，房屋结构为　钢筋混凝土　，建筑面积　200　平方米（其中实际建筑面积　157　平方米，公共部位与公用房屋分摊建筑面积　43　平方米）；该房屋的土地使用权以〔出让〕〔划拨〕方式取得；该房屋平面图见本合同附件一，该房屋附属设施见附件二；〔房屋所有权证号、土地使用权证号〕〔房地产权证号〕为：黔(2022)贵阳市不动产权第0084545。

第二条　房屋用途

该房屋用途为　办公　。

除双方另有约定外，乙方不得改变房屋用途。

第三条　租赁期限

租赁期限自 2024 年 1 月 5 日至 2044 年 1 月 4 日止。

第四条　租金

该房屋租金为（人民币）壹万伍仟零佰零拾元整。

租赁期间，如遇到市场变化，双方可另行协商调整租金标准；除此之外，出租方不得以任何理由任意调整租金。

第五条　付款方式

乙方应于本合同生效之日向甲方支付定金（人民币）零万柒仟伍佰零拾元整。租金按〔月〕〔季〕〔年〕结算，由乙方于每〔月〕〔季〕〔年〕的第 1 个月的 10 日交付给甲方。

第六条　交付房屋期限

甲方于本合同生效之日起 3 日内，将该房屋交付给乙方。

第七条　甲方对产权的承诺

甲方保证在出租该房屋没有产权纠纷；除补充协议另有约定外，有关按揭、抵押债务、税项及租金等，甲方均在出租该房屋前办妥。出租后如有上述未清事项，由甲方承担全部责任，由此给乙方造成经济损失的，由甲方负责赔偿。

第八条　维修养护责任

租赁期间，甲方对房屋及其附着设施每隔 6〔月〕〔年〕检查、修缮一次，乙方应予积极协助，不得阻挠施工。

正常的房屋大修理费用由甲方承担；日常的房屋维修由乙方承担。

因乙方管理使用不善造成房屋及其相连设备的损失和维修费用，由乙方承担责任并赔偿损失。

租赁期间，防火安全、门前三包、综合治理及安全、保卫等工作，乙方应执行当地有关部门规定并承担全部责任和服从甲方监督检查。

第九条　关于装修和改变房屋结构的约定

(续表)

乙方不得随意改变房屋设施,如需改变房屋的内部结构和装修或设置对房屋结构影响的设备,需事先征得甲方书面同意,所需费用由乙方自理。退租时,除另有约定外,甲方有权要求乙方恢复原状或向甲方缴纳恢复工程所需费用。

第十条　关于房屋租赁期间的有关费用

在房屋租赁期间,以下费用由乙方支付,并由乙方承担延期付款的违约责任:

1. 水、电费;
2. 煤气费;
3. 电话费;
4. 物业管理费;
5. _____;
6. _____。

在租赁期,如果发生政府有关部门征收本合同未列出项目但与使用该房屋有关的费用,均由乙方支付。

第十一条　租赁期满

租赁期满后,本合同即终止,届时乙方须将房屋退还甲方。如乙方要求继续租赁,则须提前 <u>1</u> 个月书面向甲方提出,甲方在合同期满前 <u>1</u> 个月内向乙方正式书面答复,如同意继续租赁,则续签租赁合同。

第十二条　因乙方责任终止合同的约定

乙方有下列情形之一的,甲方可终止合同并收回房屋,造成甲方损失,由乙方负责赔偿:

1. 擅自将承租的房屋转租的;
2. 擅自将承租的房屋转让、转借他人或擅自调换使用的;
3. 擅自拆改承租房屋结构或改变承租房屋用途的;
4. 拖欠租金累计达 <u>3</u> 个月;
5. 利用承租房屋进行违法活动的;
6. 故意损坏承租房屋的;
7. _____。

第十三条　提前终止合同

租赁期间,任何一方提出终止合同,需提前 <u>1</u> 个月书面通知对方,经双方协商后签订终止合同书,在终止合同书签订前,本合同仍有效。

如因国家建设、不可抗力因素或出现本合同第十条规定的情形,甲方必须终止合同时,一般应提前 <u>1</u> 个月书面通知乙方。乙方的经济损失甲方不予补偿。

第十四条　登记备案的约定

自本合同生效之日起 <u>3</u> 日内,甲、乙双方持本合同及有关证明文件向<u>政府建设(房地产)</u>部门申请登记备案。

第十五条　违约责任

租赁期间双方必须信守合同,任何一方违反本合同的规定,按年度须向对方交纳年度租金的 <u>30%</u> 作为违约金。乙方逾期未交付租金的,每逾期一日,甲方有权按月租金的 <u>1%</u> 向乙方加收滞纳金。

第十六条　不可抗力

因不可抗力原因导致该房屋毁损和造成损失的,双方均不承担责任。

第十七条　其他

本合同未尽事宜,由甲、乙双方另行商定,并签订补充协议。补充协议与本合同不一致的,以补充协议为准。

第十八条　合同效力

本合同之附件均为本合同不可分割之一部分。本合同及其附件内空格部分填写的文字与印刷文字具有同等效力。

(续表)

本合同及其附件和补充协议中未规定的事项,均遵照中华人民共和国有关法律、法规执行。

第十九条　争议的解决

本合同在履行中发生争议,由甲、乙双方协商解决。协商不成时,甲、乙双方同意提交中国国际经济贸易仲裁委员会深圳分会仲裁,仲裁裁决是终局的,对双方均有约束力。

第二十条　合同份数

本合同连同附件共 4 页,一式 2 份,甲、乙双方各执一份,均具有同等效力。

甲方(签章):
授权代表(签字):　贵州橙艺彩妆有限公司
2024 年 1 月 5 日

乙方(签章):
授权代表(签字):　贵阳花海房地产有限公司
2024 年 1 月 5 日

图表 2-60　无偿使用证明

无偿使用说明

本人_____,在___市区___路___号拥有办公用房一套,面积___平方米,现将此房无偿提供给_____作为办公场所使用。

特此证明。

房屋所有人签名:

年　月　日

图表 2-61　贵州省市场监管部门证明事项告知承诺书

☑基本信息	
市场主体名称 (含拟设立)	贵州橙艺彩妆有限公司
统一社会信用代码 (设立登记不填写)	3252010373661225XH
主要住所(经营场所)信息(仅设立登记、变更住所/经营场所填写)	贵阳花溪区新途路 739 号
☑市场监管部门告知	
实施告知承诺证明事项名称(勾选)	□投资人身份证明 □法定代表人更改姓名的,提交公安部门出具的证明 □载明合并(分立)情况的解散公司注销证明、新设或存续公司的设立或变更证明 ☑住所(经营场所)证明 □税务部门出具的企业清税文书
证明用途 (勾选)	□投资人身份证明适用于个人独资企业设立登记 □法定代表人更改姓名的,提交公安部门出具的证明适用于公司变更登记 □载明合并(分立)情况的解散公司注销证明、新设或存续公司的设立或变更证明适用于因合并(分立)公司申请其持有股权所在公司的变更登记 ☑住所(经营场所)证明适用于公司、非公司企业法人、外商投资企业、外商投资合伙企业、合伙企业、个人独资企业、外国(地区)企业常驻代表机构、分公司、合伙企业分支机构、外商投资企业分支机构、外商投资合伙企业分支机构办理设立、变更登记

(续表)

证明用途 （勾选）	□税务部门出具的企业清税文书适用于合伙企业注销登记、合伙企业分支机构注销登记
设定依据	《个人独资企业法》《公司法》《合伙企业法》《市场主体登记管理条例》《外国企业常驻代表机构登记管理条例》《市场监管总局关于印发〈市场主体登记文书规范〉〈市场主体登记提交材料规范〉的通知》（国市监注发〔2022〕24号）

告知内容
及相关要求
	1. 申请人可自主选择是否采用告知承诺替代证明，申请人不愿承诺或无法承诺的，应当提交规定的证明材料；
	2. 证明事项采用书面承诺方式，申请人愿意作出承诺的，应提交本人签字的告知承诺书原件；
	3. 申请人书面承诺已经符合告知的条件、要求，并愿意承担不实承诺的法律责任后，不再索要有关证明而依据书面承诺办理相关事项；
	4. 申请人应配合对承诺内容的调查、核查、核验，自觉接受登记机关及相关部门的监督管理；
	5. 证明事项必须由申请人作出承诺，不可代为承诺；
	6. 承诺书不对社会公开；
	7. 申请人不实承诺将依法承担相应民事、行政、刑事责任；
	8. 证明事项告知承诺失信行为信息纳入贵州省公共信用信息目录；
	9. 企业申请设立登记时，本承诺书由拟任法定代表人（个人独资企业投资人、合伙企业执行事务合伙人或代表、外国（地区）企业常驻代表机构首席代表）签署；企业申请变更登记时，由法定代表人（个人独资企业投资人、合伙企业执行事务合伙人或代表、外国（地区）企业常驻代表机构首席代表）签署，并加盖企业公章；
	10. 市场主体为分支机构的，由隶属企业法定代表人（个人独资企业投资人、合伙企业执行事务合伙人或代表）签署，并加盖企业公章；
	11. 对所申报住所（经营场所）已依法取得使用权。通过租赁或转租方式获得使用权的，承诺已签订房屋租赁合同，并经房屋所有权人同意在本住所（经营场所）从事生产经营活动；
	12. 所申报住所（经营场所）不属于非法建筑、危险建筑、被征收房屋等依法不能用作住所（经营场所）的房屋；
	13. 在住所（经营场所）不从事危及国家安全、存在严重安全隐患、影响人民身体健康、对环境造成污染以及国家法律法规、国务院决定和各级地方政府明确规定不得开展的生产经营活动；
	14. 法律、法规规定应当经有关部门批准方可在本住所（经营场所）从事相关生产经营活动的，取得许可证或批准文件后再开展相关生产经营活动；
	15. 已知悉《中华人民共和国民法典》等涉及住宅改变为经营性用房（以下简称住改商）的有关规定，并承诺，如本住所（经营场所）是住改商的，已按照法律法规履行相关程序，经有利害关系的业主一致同意；
	16. 已知悉登记住所（经营场所）不视为改变房屋使用性质的凭证，不作为抗诉自然资源和规划、住建、生态环境、综合行政执法、市场监管等部门依法监管的条件，所申报住所（经营场所）及营业执照不作为房屋拆迁补偿的依据；
	17. 一个市场主体有多个经营场所的，每个经营场所应分别填写承诺书。
	注：1. 1～10项适用于投资人身份证明，法定代表人更改姓名的提交公安部门出具的证明，载明合并（分立）情况的解散公司注销证明、新设或存续公司的设立或变更证明，税务部门出具的企业清税文书；
	    2. 1～17项适用于住所（经营场所）证明事项告知；
	    3. 本告知承诺书一式两份，由市场监管部门和申请人各保存一份。

(续表)

☑ 申请人承诺
申请人作出如下承诺： 1. 已经知晓市场监管部门告知的全部内容； 2. 已符合市场监管部门告知的条件、要求； 3. 无不良信用记录或曾作出虚假承诺； 4. 所填写的基本信息真实、准确，所提供的申请材料均真实、合法、有效； 5. 自愿配合对承诺内容的调查、核查、核验，自觉接受登记机关及相关部门的监督管理； 6. 愿意承担不实承诺的法律责任； 7. 上述承诺是申请人的真实意思表示。 　　　　　　　　　　　　　　　　　　　　　　　　申请人签字/盖章　赵丹倾 　　　　　　　　　　　　　　　　　　　　　　　　2024 年 1 月 6 日

步骤四：选择需要变更的事项以及提交的备案事项，如图表 2-62 所示。

图表 2-62　变更备案

变更事项	
企业名称	住所
法定代表人（含委派代表）	注册资本
详细企业类型	经营范围
前置许可信息	股东名录

备案事项	
营业期限止备案	联络员备案
管理人员(合伙企业投资人)备案	章程备案
章程修正案备案	多证合一备案
证照分离备案	一照多址备案
认缴出资数额	

步骤五：进行人员信息补充，选择领取变更后的营业执照的方式，如图表 2-63 至图表 2-64 所示。

图表 2-63　人员信息补充

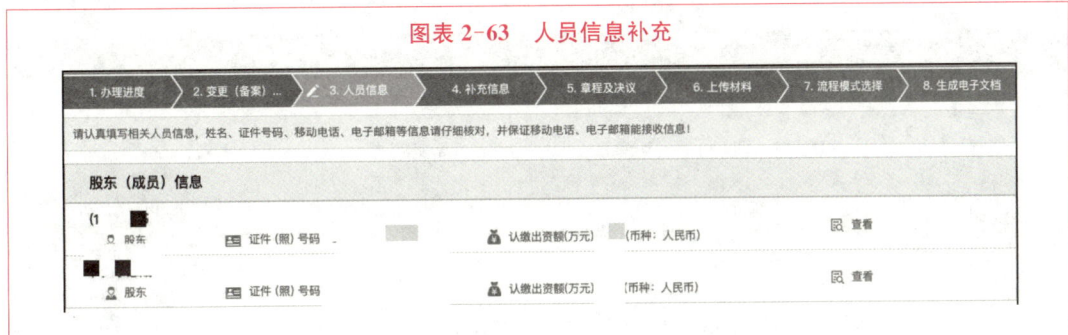

图表 2-64　营业执照领取方式

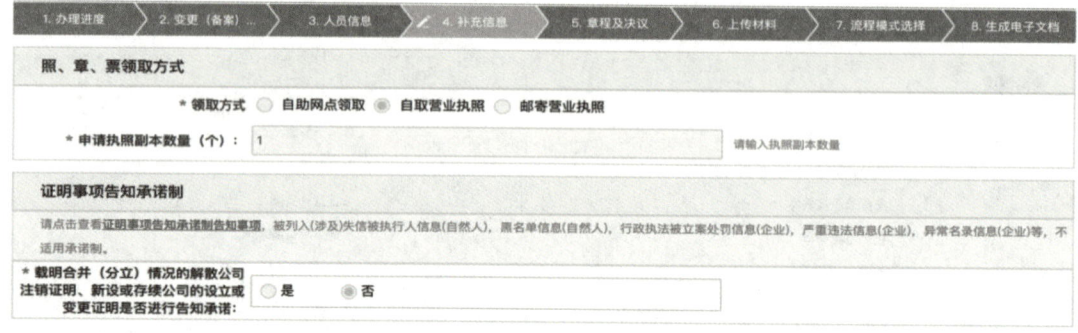

步骤六：手动上传章程修正案及相关变更股东决议文件，如图表 2-65 所示。

图表 2-65　上传章程备案和决议

步骤七：在系统中上传填写好的设立相关企业变更证明文件、法人（经营者）身份证及委托代理人身份证，如图表 2-66 所示。

图表 2-66　上传材料

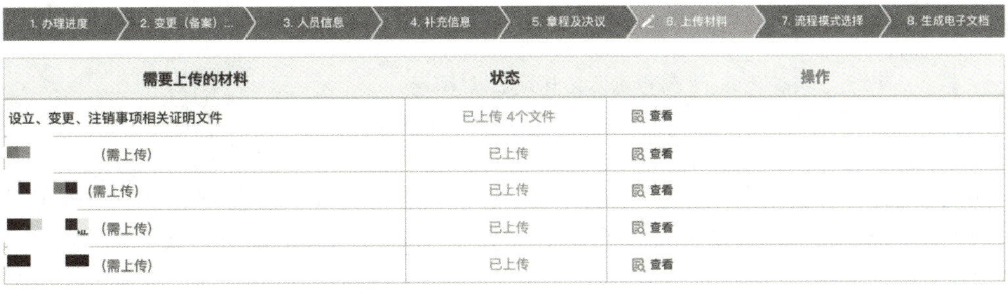

步骤八：选择"全程电子化流程"，如图表 2-67 所示。

图表 2-67　选择全程电子化流程

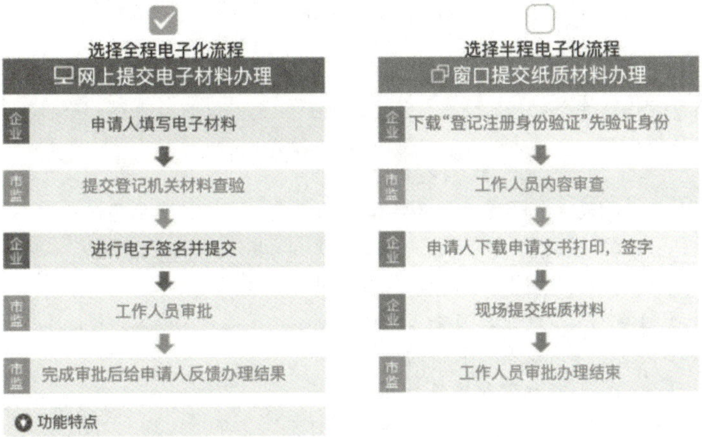

步骤九：等待市场监督管理局审核通过，领取变更后的营业执照。

模拟实训

贵州贝乐生态农业科技有限公司经营场所从原来的贵阳市贵安新区湖潮乡和岷村变更为贵阳市贵安新区湖潮乡月泉村，现委托贵州黎明财务咨询有限公司于 2024 年 6 月 30 日代理办理住所变更登记。贵州贝乐生态农业科技有限公司的基本资料请参考任务四办理营业执照模拟实训。

公司名称：贵州黎明财务咨询有限公司
公司类型：有限责任公司
统一社会信用代码：3252010200664203LM
法定代表人：邓佩佩
身份证号码：522520199101250029
电话：18998765432
办税人员：娄××

身份证号码：522520198112210055
电话：13059780000
固定电话：0851-44485424
注册资本：500万元人民币
成立日期：2015年4月3日
经营地址：贵阳市花溪区环城北路70号
委托时间：自2024年1月2日至2026年1月1日

实训要求： 了解线上办理企业变更流程。根据上述案例基本信息完成以下文件的填写：《指定代表或者共同委托代理人授权委托书》《公司登记（备案）申请书》《股东会决议》等，如图表2-68至图表2-71所示。

图表2-68　指定代表或者共同委托代理人授权委托书

指定代表或者共同委托代理人授权委托书

申请人：_____
指定代表或者委托代理人：_____
委托事项及权限：
　1. 办理_____（企业名称）的
　□名称预先核准　□设立　□变更　□注销　□备案　□撤销变更登记
　□股权出质（□设立　□变更　□注销　□撤销）　□其他_____手续。
　2. 同意□　不同意□　核对登记材料中的复印件并签署核对意见。
　3. 同意□　不同意□　修改企业自备文件的错误。
　4. 同意□　不同意□　修改有关表格的填写错误。
　5. 同意□　不同意□　领取营业执照和有关文书。
指定或者委托的有效期限：自　　年　　月　　日至　　年　　月　　日

指定代表或委托代理人或者经办人信息	签　　字：
	固定电话：
	移动电话：

（指定代表或委托代理人、具体经办人身份证明复印件粘贴处）
（申请人签字或盖章）
　　　　　　　　　　　　　　　　　　　　　　　　　年　　月　　日

填写说明

注：以下"说明"供填写申请书参照使用，不需向登记机关提供。

1. 本委托书适用于办理企业名称预先核准、公司及其分公司、非公司企业法人及其分支机构、营业单位、非公司企业等办理登记（备案）、股权出质等业务。

2. 名称预先核准，新申请名称申请人为全体投资人或隶属企业，已设立企业变更名称申请人为本企业，由企业法定代表人签署。

3. 设立登记，有限责任公司申请人为全体股东，国有独资公司申请人为国务院或地方人民政府国有资产监督管理机构，股份有限公司申请人为董事会，非公司企业法人申请人为主管部门（出资人），分公司申请人为公司，营业单位、非法人分支机构申请人为隶属单位（企业）。自然人申请人由本人签字，非自然人申请人加盖公章。

(续表)

4. 公司、非公司企业法人变更、注销、备案,申请人为本企业,加盖本企业公章(其中公司清算组备案的,同时由清算组负责人签字;公司破产程序终结后办理注销登记的,同时由破产管理人签字);分公司变更、注销、备案,申请人为公司,加盖公司公章;营业单位、非法人分支机构申请人为隶属单位(企业),加盖隶属单位(企业)公章。

5. 股权出质设立、变更、注销登记申请人为出质人和质权人,股权出质撤销登记申请人为出质人或者质权人。

6. 委托事项及权限:第1项应当选择相应的项目并在□中打√,或者注明其他具体内容;第2、第3、第4、第5项选择"同意"或"不同意"并在□中打√。

7. 指定代表或者委托代理人可以是自然人,也可以是其他组织;指定代表或者委托代理人是其他组织的,应当另行提交其他组织证照复印件及其指派具体经办人的文件、具体经办人的身份证件。

8. 申请人提交的申请书应当使用A4型纸。依本表打印生成的,使用黑色钢笔或签字笔签署;手工填写的,使用黑色钢笔或签字笔工整填写、签署。

图表 2-69　公司登记(备案)申请书

□基本信息(必填项)	
名　　称	_____ (集团母公司需填写:集团名称:　　　集团简称:　　　)
统一社会信用代码 (设立登记不填写)	
住　　所	_____省(市/自治区)_____市(地区/盟/自治州)____县(自治县/旗/自治旗/市/区)_____乡(民族乡/镇/街道)____村(路/社区)____号
联系电话	邮政编码
□设立(仅设立登记填写)	
法定代表人 姓　　名	公司类型　□有限责任公司　　□股份有限公司 　　　　　　　　　□外资有限责任公司　□外资股份有限公司
注册资本	_____万元　(币种:□人民币　□其他_____)
投资总额 (外资公司填写)	_____万元(币种:_____)　折美元:_____万元
设立方式 (股份公司填写)	□发起设立 □募集设立　经营期限　□长期　□_____年
申领执照	□申领纸质执照　其中:副本____个(电子执照系统自动生成,纸质执照自行勾选)
经营范围 (根据登记机关公布的经营项目分类标准办理经营范围登记)	

注:本申请书适用于内资、外资公司申请设立、变更、备案。

(续表)

	□变更(仅变更登记填写,只填写与本次申请有关的事项)		
变更事项	原登记内容	更后登记内容
……	……	……

注:变更事项包括名称、住所、法定代表人(姓名)、注册资本、公司类型、经营范围、有责任公司股东(股东姓名或者名称)、股份有限公司发起人的姓名或者名称。申请公司名称变更,在名称中增加"集团或(集团)"字样的,应当填写集团名称、集团简称(无集团简称的可不填)。

	□备案(仅备案填写)(变更同时备案的也需要勾选)	
事　项	□公司董事、监事、高级管理人员 □经营期限 □章程(含修正案) □认缴出资数额 □联络员 □外商投资企业法律文件送达接受人

注:高级管理人员包括"经理、副经理、财务负责人,上市公司董事会秘书和公司章程规定的其他人员。"

	□指定代表/委托代理人(必填项)	
委托权限	1. □同意　□不同意　□核对登记材料中的复印件并签署核对意见; 2. □同意　□不同意　□修改企业自备文件的错误; 3. □同意　□不同意　□修改有关表格的填写错误; 4. □同意　□不同意　□领取营业执照和有关文书。 (根据实际授权情况勾选)
固定电话		移动电话		指定代表/委托代理人签字	

	□申请人签署(必填项)	
	本申请人和签字人承诺如下,并承担相应的法律责任: (一)填报的信息及提交的材料真实、准确、有效、完整。 (二)使用的名称符合《企业名称登记管理规定》有关要求,不含有损国家、社会公共利益或违背公序良俗及有其他不良影响的内容;名称与他人使用的名称近似侵犯他人合法权益的,依法承担法律责任;如使用的名称被登记机关认定为不适宜名称,将主动配合登记机关进行纠正。 (三)已依法取得住所(经营场所)使用权,申请登记的住所(经营场所)信息与实际一致。 (四)经营范围涉及法律、行政法规、国务院决定规定、地方行政法规和地方规章规定,需要办理许可的,在取得相关部门批准前,不从事相关经营活动。	
全体股东签字或盖章(仅限有限责任公司设立登记,可另附签字页): 董事会成员签字(仅限股份有限公司设立登记,可另附签字页): 法定代表人签字: (公司更换法定代表人的,此处由新任法定代表人签字)	公司盖章 　年　月　日 (填写设立申请当天的日期)

图表 2-70　企业股东会决议

<u>　　　　　　　　</u>**股东会决议**

　　依照《中华人民共和国公司法》及公司章程的相关规定,本公司于 2024 年 6 月 20 日召开了股东会,会议表决通过以下决议:
　　1. 同意变更公司地址。
　　2. 同意制定章程修正案。

股东签字或盖章:

注:法人股东盖章、自然人股东签字。

图表 2-71　公司章程修正案

<u>　　　　　</u>**章程修正案**

　　根据《中华人民共和国公司法》和公司章程的规定,本公司全体股东于<u>　　　　</u>在公司会议室召开了股东会会议。经股东会会议决定变更公司<u>　　　　</u>,并对公司章程作如下修改:
　　1. 公司章程第　条原为:
　　<u>　　　　　　　　　　　　　　　</u>
　　现修改为:
　　<u>　　　　　　　　　　　　　　　　　　</u>。
　　2. 公司章程其余条款不变。

法定代表人签字:

注:章程修正案由法定代表人签字,本次法定代表人变更的,由新法定代表人签字。

任务四　注销登记

知识目标

1. 了解公司注销的情形
2. 熟悉公司注销的程序

技能目标

1. 能够理解公司注销时清算组成员的构成
2. 能够掌握公司注销时应提交的材料

素质目标

1. 培养分析问题、解决问题的能力
2. 培养风险意识

一、公司注销的概念

公司注销登记是指登记机关依法对因解散、歇业、被撤销、宣告破产、被责令关闭或者其他原因终止营业的企业，收缴营业执照、公章等，撤销其注册号，取消其法人资格的行政行为。

企业办理注销手续需要按照《中华人民共和国公司法》规定由股东会作出决议，决议通过后领取《公司注销登记申请书》等文件材料，详细填写后将材料递交到工商行政部门，审批通过后将工商营业执照交回领取《准予注销登记通知书》完成注销。

二、公司注销登记需提交的材料

（1）公司清算组负责人签署的《公司注销登记申请书》（须加盖公司公章）。

（2）公司签署的《指定代表或者共同委托代理人授权委托书》（须加盖公司公章）、指定代表或委托代理人的身份证复印件（本人签字），应标明具体委托事项、被委托人的权限、委托期限。

（3）依照《中华人民共和国公司法》作出的决议或决定。

（4）经确认的清算报告。

（5）法律、行政法规规定应当提交的其他文件。

三、成立清算组

1. 清算组成立条件

公司出现下述解散事由时，应在解散事由出现之日起15日内成立清算组，开始清算：

（1）公司章程规定的营业期限届满或者公司章程规定的其他解散事由出现。

（2）股东会决议解散。

（3）因公司合并或者分立需要解散。

（4）依法被吊销营业执照、责令关闭或者被撤销。

（5）公司经营管理发生严重困难，继续存续会使股东利益受到重大损失，通过其他途径不能解决的，持有公司全部股东表决权10%以上的股东，可以请求人民法院解散公司。

2. 清算组成员构成

（1）有限责任公司的清算组由股东组成。

（2）股份有限公司的清算组由董事或者股东大会确定的人员组成。

（3）逾期不成立清算组进行清算或者成立清算组后不清算的，利害关系人可以申请人民法院指定有关人员组成清算组进行清算。人民法院应当受理该申请，并及时组织清算组进行清算。

公司章程规定的营业期限届满或者公司章程规定的其他解散事由出现,有限责任公司须经持有2/3以上表决权的股东通过,股份有限公司须经出席股东会会议的股东所持表决权的2/3以上通过时,公司可以通过修改公司章程而存续。

2024年12月10日,贵州橙艺彩妆有限公司不能支付到期债务,经与债权人协商,股东会决议解散,并成立清算组,清算组负责人为欧阳倩。

案例步骤

步骤一:贵州橙艺彩妆有限公司委托贵州诚心财务咨询有限公司代理办理注销登记。

步骤二:贵州诚心财务咨询有限公司张××通过贵州政务服务网系统下载并填写《公司注销登记申请书》及相关文件,如图表2-72至2-75所示。

图表2-72 表格下载

表格下载

三证合一	企业登记	提交材料	个体工商户登记	农民专业合作社	公司决议	经营异常名录

公司登记
● 公司登记(备案)申请书
分公司、非法人分支机构、营业单位登记
● 分公司、非法人分支机构、营业单位登记(备案)申请书
非公司企业法人登记
● 非公司企业法人登记(备案)申请书
非公司企业法人改制登记
● 非公司企业法人改制登记(备案)申请书
非公司外资企业登记
● 非公司外资企业登记(备案)申请书
个人独资企业登记
● 个人独资企业登记(备案)申请书
合伙企业登记
● 合伙企业登记(备案)申请书
企业注销登记
● 企业注销登记申请书
外国(地区)企业在中国境内从事生产经营活动登记
● 外国(地区)企业在中国境内从事生产经营活动登记(备案)申请书
外国(地区)企业常驻代表机构登记
● 外国(地区)企业常驻代表机构登记(备案)申请书
股权出质登记
● 股权出质登记申请书
增、减、补、换发证照申请书
● 增、减、补、换发证照申请书
简易注销全体投资人承诺书
● 简易注销全体投资人承诺书

图表2-73 企业注销登记申请书

☑基本信息(必填项)			
名　　称	贵州橙艺彩妆有限公司	统一社会信用代码	3252010373661225XH
☑普通注销原因(仅普通注销登记填写,根据企业类型勾选)			
☑有限责任公司及股份有限公司	□公司章程规定的营业期限届满或其他解散事由出现。 ☑股东决定、股东会、股东大会、外商投资企业(最高权力机构为董事会)董事会决议解散。 □因公司合并或者分立需要解散。 □依法被吊销营业执照、责令关闭或者被撤销。 □人民法院依法予以解散。 □被人民法院依法宣告破产。 □法律、行政法规规定的其他情形＿＿＿＿＿＿＿＿＿＿＿＿。		

(续表)

☐非公司企业法人	☐依法被吊销营业执照、责令关闭或者被撤销。 ☐被人民法院依法宣告破产。 ☐因合并而终止。 ☐法律、行政法规规定的其他情形＿＿＿＿＿＿＿＿＿。
☐合伙企业	☐合伙期限届满,合伙人决定不再经营。 ☐合伙协议约定的解散事由出现。 ☐全体合伙人决定解散。 ☐合伙人已不具备法定人数满30天。 ☐合伙协议约定的合伙目的已经实现或者无法实现。 ☐依法被吊销营业执照、责令关闭或者被撤销。 ☐法律、行政法规规定的其他原因＿＿＿＿＿＿＿＿＿。
☐个人独资企业	☐投资人决定解散。 ☐投资人死亡或者被宣告死亡,无继承人或者继承人决定放弃继承。 ☐被依法吊销营业执照。 ☐法律、行政法规规定的其他情形＿＿＿＿＿＿＿＿＿。
☑普通注销(仅普通注销登记填写)	
公告情况(内资非公司企业法人、个人独资企业无须填写)	☑通过国家企业信用信息公示系统公告　公告日期:2024年12月13日 ☐通过报纸公告 报纸名称:＿＿＿＿＿＿＿ 公告日期:
注:本申请书适用于公司、非公司企业法人、合伙企业(以上类型包含内资和外资)、个人独资企业办理注销登记。	
分支机构注销登记情况	☐已注销完毕　　　　　☑无分支机构
债权债务清理情况	☑已清理完毕　　　　　☐无债权债务
清税情况	☑已清理完毕　　　　　☐未涉及纳税义务
对外投资清理情况	☑已清理完毕　　　　　☐无对外投资
海关手续清缴情况	☐已清理完毕　　　　　☑未涉及海关事务
批准证书缴销情况 (外资企业填写)	☐批准证书已缴销完毕　☐不涉及批准证书
批准(决定)机关 (批准的外商投资合伙企业填写)	
批准(决定)文号 (批准的外商投资合伙企业填写)	
经济性质 (非公司企业法人填写)	☐全民所有制　　☐集体所有制　　☐联营　　☐其他
主管部门(出资人) (非公司企业法人填写)	

（续表）

\square 简易注销（仅简易注销登记填写）	
企业类型	□有限责任公司　□非上市股份公司　□非公司企业法人　□个人独资企业　□合伙企业
国家企业信用信息公示系统公告日期	____年____月____日
适用情形	□未开业　　　　　□未发生债权债务　□债权债务已清算完结 □无债权债务　　　□未发生债权债务　□债权债务已清算完结
☑指定代表/委托代理人（必填项）	
委托权限	1. 同意☑　不同意□　核对登记材料中的复印件并签署核对意见。 2. 同意☑　不同意□　修改企业自备文件的错误。 3. 同意☑　不同意□　修改有关表格的填写错误。 4. 同意☑　不同意□　领取有关文书。
固定电话	0851-87864332
移动电话	13333333333

（指定代表或者委托代理人身份证件复件、影印件粘贴处）

身份证信息：
姓名 张XX
性别 男　民族 汉
出生 1997年2月25日
住址 北京市海淀区高粱桥斜街中坤大厦707
公民身份号码 522424199702250214
签发机关 不能用于非法用途公安局
有效期限 2018.10.13-2028.10.13
（复印件上注：此复印件与原件一致）

指定代表/委托代理人签字：张XX
2024年12月10日

☑申请人签署（必填项）

本申请人和签字人承诺提交的材料文件和填报的信息真实有效，并承担相应的法律责任。

申请人签字：欧阳倩

企业盖章（贵州橙艺彩妆有限公司）
2024年12月10日

注：1. 申请普通注销的已清算的公司、非公司外资企业、合伙企业由清算组负责人（清算人）签字；个人独资企业由投资人或清算人签字。
2. 申请普通注销的已清算的非公司企业法人和因合并或分立未清算的公司、非公司外资企业由法定代表人签字。
3. 申请简易注销的公司、非公司企业法人、非公司外资企业由法定代表人签字，合伙企业由执行事务合伙人（或委派代表）签字，个人独资企业由投资人签字。
4. 人民法院裁定清算（破产）的由其指定的清算组负责人（破产管理人）签字。

图表 2-74　贵州橙艺彩妆有限公司股东会决议

贵州橙艺彩妆有限公司股东会决议

会议时间：2024年12月1日

会议地点：公司会议室

参加会议人员：股东赵丹颀、方允薇、欧阳倩，全体股东均已到会。

会议议题：表决本公司解散相关事宜。

根据《中华人民共和国公司法》及本公司章程的有关规定，本次股东会会议由执行董事/董事长赵丹颀主持，一致通过并决议如下：

一、因到期无法偿还债务原因，同意公司解散。

二、同意成立公司清算组，成员为：赵丹颀、方允薇、欧阳倩，其中欧阳倩为负责人。

全体股东签字：欧阳倩　方允薇　赵丹颀

图表 2-75　清税证明

清 税 证 明

根据《中华人民共和国税收征收管理法》，我局对企业（名称）：贵州橙艺彩妆有限公司（统一社会信用代码：3252010373661225XH）所有税务事项均已结清。

特此证明。

贵阳市云岩区税务局

2024年12月11日

步骤三：张××在系统中填写基本注销信息，选择注销原因，并勾选"已清理完毕"，如图表2-76所示。

图表 2-76　填写注销信息

步骤四：张××在系统中上传项目三中注销税务的清税证明、《公司登记（备案）申请书》、股东决定注销的决议以及委托代理人身份证等文件，如图表2-77所示。

步骤五：选择"全程电子化流程"，如图表2-78所示。

图表 2-77 上传相关文件

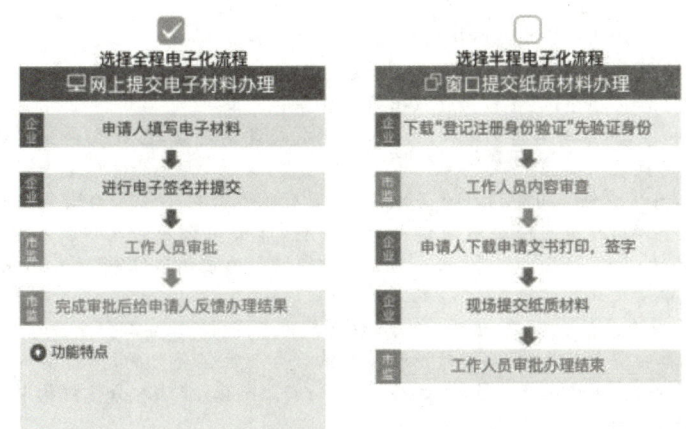

图表 2-78 选择全程电子化流程

步骤六：等待市场监督管理局审核通过后即完成企业的注销。

模拟实训

2024年11月1日，贵州贝乐生态农业科技有限公司不能支付到期债务，经与债权人协商，股东会决议解散，并成立清算组，清算组负责人为潘美娟。委托贵州黎明财务咨询有限公司代理办理注销登记。

实训要求：根据案例步骤的要求及样本文件完成《指定代表或者共同委托代理人授权委托书》《企业注销登记申请书》等文件的填写，如图表2-79至图表2-82所示。

图表 2-79 指定代表或者共同委托代理人授权委托书

申请人：＿＿＿＿＿＿＿
指定代表或者委托代理人：＿＿＿＿＿＿＿
委托事项及权限：
　　1. 办理＿＿＿＿＿＿＿＿＿＿＿＿＿＿＿（企业名称）的
　　　□名称预先核准　□设立　□变更　□注销　□备案　□撤销变更登记
　　　□股权出质(□设立　□变更　□注销　□撤销)　□其他＿＿＿＿＿＿＿手续。
　　2. 同意□　不同意□　核对登记材料中的复印件并签署核对意见。
　　3. 同意□　不同意□　修改企业自备文件的错误。
　　4. 同意□　不同意□　修改有关表格的填写错误。
　　5. 同意□　不同意□　领取营业执照和有关文书。
指定或者委托的有效期限：自　　年　　月　　日至　　年　　月　　日

(续表)

指定代表或委托代理人或者经办人信息	签　字：
	固定电话：
	移动电话：
（指定代表或委托代理人、具体经办人身份证明复印件粘贴处）	
（申请人签字或盖章）	年　月　日

填写说明

注：以下"说明"供填写申请书参照使用，不需向登记机关提供。

1. 本委托书适用于办理企业名称预先核准，公司及其分公司、非公司企业法人及其分支机构、营业单位、非公司企业等办理登记(备案)、股权出质等业务。

2. 名称预先核准，新申请名称申请人为全体投资人或隶属企业，已设立企业变更名称申请人为本企业，由企业法定代表人签署。

3. 设立登记，有限责任公司申请人为全体股东，国有独资公司申请人为国务院或地方人民政府国有资产监督管理机构，股份有限公司申请人为董事会，非公司企业法人申请人为主管部门(出资人)，分公司申请人为公司，营业单位、非法人分支机构申请人为隶属单位(企业)。自然人申请人由本人签字，非自然人申请人加盖公章。

4. 公司、非公司企业法人变更、注销、备案，申请人为本企业，加盖本企业公章(其中公司清算组备案的，同时由清算组负责人签字；公司破产程序终结后办理注销登记的，同时由破产管理人签字)；分公司变更、注销、备案，申请人为公司，加盖公司公章；营业单位、非法人分支机构申请人为隶属单位(企业)，加盖隶属单位(企业)公章。

5. 股权出质设立、变更、注销登记申请人为出质人和质权人，股权出质撤销登记申请人为出质人或者质权人。

6. 委托事项及权限：第1项应当选择相应的项目并在□中打√，或者注明其他具体内容；第2、第3、第4、第5项选择"同意"或"不同意"并在□中打√。

7. 指定代表或者委托代理人可以是自然人，也可以是其他组织；指定代表或者委托代理人是其他组织的，应当另行提交其他组织证照复印件及其指派具体经办人的文件、具体经办人的身份证件。

8. 申请人提交的申请书应当使用A4型纸。依本表打印生成的，使用黑色钢笔或签字笔签署；手工填写的，使用黑色钢笔或签字笔工整填写、签署。

图表2-80　企业注销登记申请书

□基本信息(必填项)		
名　称		统一社会信用代码
□普通注销原因(仅普通注销登记填写，根据企业类型勾选)		
□有限责任公司及股份有限公司	□公司章程规定的营业期限届满或其他解散事由出现。 □股东决定、股东会、股东大会、外商投资企业(最高权力机构为董事会)董事会决议解散。 □因公司合并或者分立需要解散。 □依法被吊销营业执照、责令关闭或者被撤销。 □人民法院依法予以解散。 □被人民法院依法宣告破产。 □法律、行政法规规定的其他情形_____。	
□非公司企业法人	□依法被吊销营业执照、责令关闭或者被撤销。 □被人民法院依法宣告破产。	

(续表)

□非公司企业法人	□因合并而终止。 □法律、行政法规规定的其他情形_____。
□合伙企业	□合伙期限届满,合伙人决定不再经营。 □合伙协议约定的解散事由出现。 □全体合伙人决定解散。 □合伙人已不具备法定人数满30天。 □合伙协议约定的合伙目的已经实现或者无法实现。 □依法被吊销营业执照、责令关闭或者被撤销。 □法律、行政法规规定的其他原因_____。
□个人独资企业	□投资人决定解散。 □投资人死亡或者被宣告死亡,无继承人或者继承人决定放弃继承。 □被依法吊销营业执照。 □法律、行政法规规定的其他情形_____。
□普通注销(仅普通注销登记填写)	
公告情况(内资非公司企业法人、个人独资企业无须填写)	□通过国家企业信用信息公示系统公告　公告日期: □通过报纸公告　报纸名称:_____　公告日期:

注:本申请书适用于公司、非公司企业法人、合伙企业(以上类型包含内资和外资)、个人独资企业办理注销登记。

分支机构注销登记情况	□已注销完毕	□无分支机构
债权债务清理情况	□已清理完毕	□无债权债务
清税情况	□已清理完毕	□未涉及纳税义务
对外投资清理情况	□已清理完毕	□无对外投资
海关手续清缴情况	□已清理完毕	□未涉及海关事务
批准证书缴销情况 (外资企业填写)	□批准证书已缴销完毕	□不涉及批准证书
批准(决定)机关 (批准的外商投资合伙企业填写)		
批准(决定)文号 (批准的外商投资合伙企业填写)		
经济性质 (非公司企业法人填写)	□全民所有制　□集体所有制　□联营 □其他_____	
主管部门(出资人) (非公司企业法人填写)		

(续表)

□简易注销(仅简易注销登记填写)			
企业类型	□有限责任公司　□非上市股份公司　□非公司企业法人　□个人独资企业 □合伙企业		
国家企业信用信息 公示系统公告日期	___年___月___日		
适用情形	□未开业	□未发生债权债务	□债权债务已清算完结
	□无债权债务	□未发生债权债务	□债权债务已清算完结
□指定代表/委托代理人(必填项)			
委托权限	1. 同意□　不同意□　核对登记材料中的复印件并签署核对意见。 2. 同意□　不同意□　修改企业自备文件的错误。 3. 同意□　不同意□　修改有关表格的填写错误。 4. 同意□　不同意□　领取有关文书。		
固定电话		移动电话	
(指定代表或者委托代理人身份证件复、影印件粘贴处)			
指定代表/委托代理人签字：　　　　　　　　　　　　　　　　　　年　　月　　日			
□申请人签署(必填项)			
本申请人和签字人承诺提交的材料文件和填报的信息真实有效,并承担相应的法律责任。 　申请人签字： 　　　　　　　　　　　　　　　　　　　　　　　　　　　　　　　企业盖章 　　　　　　　　　　　　　　　　　　　　　　　　　　　　　年　　月　　日			

注：1. 申请普通注销的已清算的公司、非公司外资企业、合伙企业由清算组负责人(清算人)签字；个人独资企业由投资人或清算人签字。
　　2. 申请普通注销的已清算的非公司企业法人和因合并或分立未清算的公司、非公司外资企业由法定代表人签字。
　　3. 申请简易注销的公司、非公司企业法人、非公司外资企业由法定代表人签字,合伙企业由执行事务合伙人(或委派代表)签字,个人独资企业由投资人签字。
　　4. 人民法院裁定清算(破产)的由其指定的清算组负责人(破产管理人)签字。

图表 2-81　公司股东会决议

　　　　　　　　　　　_____公司股东会决议

会议时间：　　　年　　月　　日
会议地点：
参加会议人员：
会议议题：
会议内容：

全体股东签字：

图表 2-82　清税证明

　　　　　　　　　　　　清 税 证 明

根据《中华人民共和国税收征收管理法》，我局对企业（名称）：
（统一社会信用代码：　　　　　　　　）所有税务事项均已结清。

特此证明。

　　　　　　　　　　　　　　　　　　　　　贵阳市　　税务局

项目小结

总结概括本项目的知识点，完成以下思维导图。

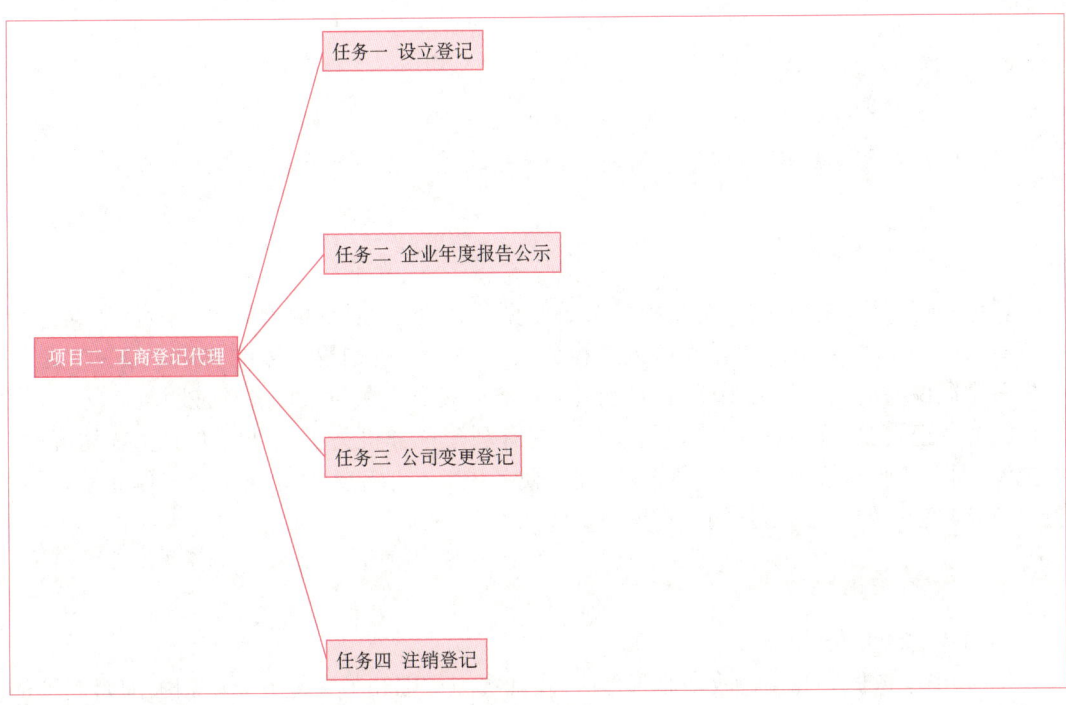

思政园地

项目三 税务代理

任务一 税务登记代理

 **知识目标**
1. 了解税务代理的种类
2. 熟悉开业税务登记、变更税务登记、注销税务登记的线上办理流程及所需材料

 **技能目标**
1. 能够完成税务登记表、变更税务登记表、注销税务登记表的填写
2. 能够掌握开业税务登记、变更税务登记、注销税务登记的办理程序

 **素质目标**
1. 培养在工作中遵守会计准则、法律法规及企业规章的良好习惯
2. 培养熟悉最新财税法规,严格进行会计核算并实施会计监督的工作作风

一、税务登记的概念

税务登记,又称纳税登记,是指税务机关根据税法规定,对纳税人的生产经营活动进行登记管理的一项基本制度,也是纳税人向税务机关办理履行纳税义务的法律手续。它是税务机关掌握税源的一个重要手段,也是纳税人已纳入税务机关管理的一项证明。

税务登记是整个税收征收管理的起点。它有利于税务机关了解纳税人的基本情况,掌握税源,加强征收与管理,防止漏管漏征,建立税务机关与纳税人之间正常的工作联系,强化税收政策和法规的宣传,增强纳税意识等。

二、税务登记的原则

(一)依法办理原则

按照《中华人民共和国税收征收管理法》及其实施细则和国家税务总局相关配套制度的

规定推进联合办理税务登记工作,严格遵照税收法律、行政法规,以及国务院有关税收征管范围的规定。

(二) 属地管理原则

按照纳税人实际从事生产、经营所在地的行政区划办理税务登记。

(三) 普遍登记原则

税务登记是税收征管的首要环节,是税务机关加强税源管理、堵塞税收漏洞、防止偷逃税的重要手段。除国家机关、个人和无固定生产、经营场所的流动性农村小商贩外,其他所有纳税人都应按规定办理税务登记,实行源头管控。

(四) 及时准确原则

纳税人必须严格按照法定的期限,向当地主管税务机关及时申报办理税务登记手续,要按照税收法律、行政法规、规章的规定实事求是地填报各项登记事项,并如实回答税务机关提出的问题。

(五) 简便实效原则

办理税务登记工作要力求方便纳税人,提高办理税务登记的效率,降低登记成本。

(六) 特定主管原则

税务机关是税务登记的主管机关,依法独立行使税务登记管理权,不得违反规定擅自委托其他单位和个人行使税务登记管理权。

三、税务代理的特征

(1) 税务代理行为是以纳税人(含扣缴义务人)的名义进行的。
(2) 税务代理行为必须是具有法律意义的行为。
(3) 税务代理人在其权限范围内有独立意思表示的权利。
(4) 税务代理的法律后果直接归属于纳税人(含扣缴义务人)。

四、税务代理的内容

税务代理是指代理人接受纳税主体的委托,在法定的代理范围内依法代其办理相关税务事宜的行为。税务代理人在其权限内,以纳税人(含扣缴义务人)的名义代为办理纳税申报,申办、变更、注销税务登记证,申请减免税,设置保管账簿凭证,进行税务行政复议和诉讼等纳税事项的服务活动。税务代理的基本内容如下:

(1) 办理税务登记、变更税务登记和注销税务登记。
(2) 办理发票准购手续。
(3) 办理纳税申报或扣缴税款报告。
(4) 申请减税、免税、退税、补税和延期缴税。
(5) 制作涉税文书。
(6) 进行税务检查。
(7) 建账建制,办理账务。
(8) 开展税务咨询、税务业务培训。
(9) 受聘税务顾问。
(10) 申请税务行政复议或进行税务行政诉讼等。

五、税务代理的种类

（一）根据税务代理关系产生的环节划分

1. 直接税务代理

（1）定义：税务代理人直接接受被代理人委托而发生的代理，代理权直接来自被代理人的授予。

（2）特点：直接、明确，代理关系建立在税务代理人与被代理人之间。

2. 复税务代理

（1）定义：被代理人直接委托的代理人由于某些原因而转托他人的代理，又称再税务代理或转委托税务代理。

（2）特点：需要事先征得被代理人的同意，或于事后及时告知被代理人以获得追认，委托代理人对自己转托他人的行为应负法律责任。

（二）根据税务代理事项的性质划分

1. 一般税务代理

（1）定义：税务代理人接受委托，为纳税人、扣缴义务人代办日常税务工作的代理。

（2）范围：包括税务登记、纳税申报、减免税申请等一般性涉税事项。

2. 会计业务代理

（1）定义：税务代理人接受委托，为纳税人、扣缴义务人办理会计事务的代理。

（2）范围：包括会计账簿的设计、会计制度的建立、代理记账等。

3. 税务诉讼代理

（1）定义：税务代理人接受委托，为纳税人、扣缴义务人进行税务诉讼的活动。

（2）范围：涉及税务争议、税务诉讼等法律事务。

4. 税务咨询

（1）定义：税务代理人接受委托，为纳税人、扣缴义务人提供的税收、财会等方面的法规、政策咨询和税收筹划等服务活动。

（2）范围：提供税务筹划方案、解答税务问题等。

（三）根据税务代理范围大小划分

1. 单项税务代理

（1）定义：纳税人、扣缴义务人只将某一项涉税事宜委托税务代理人代办的代理。

（2）特点：代理人只对该项事务行使代理权，不得扩大代理范围。

2. 多项税务代理

（1）定义：被代理人将多项税务事项或全部税务事项委托给税务代理人代办的代理。

（2）特点：税务代理人应对被代理人委托的全部事项全权负责，其代理活动产生的法律后果由被代理人承担。

（四）根据税务代理关系持续的时间划分

1. 临时税务代理

（1）定义：代理人和被代理人之间没有建立稳定、长期的代理关系，而是被代理人根据自己的临时需要而委托代理人进行某一项或几项税务事宜的代理。

（2）特点：代理关系随着某一项或几项税务事项的完成而解除。

2. 常年税务代理(固定税务代理)

(1) 定义:代理人与被代理人之间就某一项或几项税务事项有长期而固定的代理关系。

(2) 特点:代理关系随着委托合同规定期限的到期才自然解除。

子任务一　开业税务登记

开业税务登记是税务登记的一种,凡在我国境内经工商行政管理部门核准开业,从事生产、经营的纳税人,包括企业,企业在外地设立的分支机构和从事生产、经营的场所,个体工商户和从事生产、经营的事业单位,均应当在领取营业执照后一定时期内,向生产、经营所在地税务机关申报办理税务登记。

2015年10月1日,"三证合一、一照一码"正式启动运行。"三证合一"登记制度是指将企业登记时依次申请,分别由工商行政管理部门核发工商营业执照、质量技术监督部门核发组织机构代码证、税务部门核发税务登记证,改为一次申请,通过"一窗受理、互联互通、信息共享",只需向工商部门填写一份申请表格,提交一套申请材料,由工商部门核发一个加载法人和其他组织统一社会信用代码的营业执照,即"一照一码"营业执照。其中,"一照"即营业执照,"一码"即统一社会信用代码,税务登记证和组织机构代码证不再办理和发放。

案例引入

2024年1月5日,贵州橙艺彩妆有限公司领取营业执照,现委托贵州诚心财务咨询有限公司于1月5日在贵州省电子税务局(https://etax.guizhou.chinatax.gov.cn)办理税务登记。

案例步骤

步骤一:准备相关申报资料。

申报资料包括,但不限于:

(1) 工商营业执照或其他核准执业证件原件及复印件。

(2) 相关合同、章程、协议书原件及复印件。

(3) 经营场所证明及其复印件。

(4) 开户行账户证明文件及其复印件。

(5) 法定代表人(负责人)、办税人员的居民身份证原件及复印件。

步骤二:贵州诚心财务咨询有限公司张××于2024年1月5日登录贵州省电子税务局(https://etax.guizhou.chinatax.gov.cn),选择"公众服务"模块,如图表3-1所示。

图表 3-1　登录贵州省电子税务局"公众服务"页面

步骤三：选择"新办企业套餐"，并填写相关企业信息，如图表 3-2 所示。

图表 3-2　填写新办企业套餐相关企业信息

步骤四：下载《税务登记表》并填写，报送贵阳市云岩区税务系统，完成税务登记，如图表 3-3 所示。

图表 3-3　税务登记表

（适用单位纳税人）

填表日期：2024 年 1 月 5 日

纳税人名称	贵州橙艺彩妆有限公司		纳税人识别号		3252010373661225XH
登记注册类型	有限责任公司		批准设立机关		贵阳市花溪区工商局
组织机构代码	3252010373661225XH		批准设立证明或文件号		〔2024〕第 07000007113 号
开业（设立）日期	2024 年 1 月 5 日	生产经营期限	20 年	证照名称	工商营业执照	证照号码	3252010373661225XH
注册地址	贵阳市花溪区清溪路 28 号	邮政编码	550025	联系电话	0851-12521371

(续表)

生产经营地址	贵阳市花溪区新途路739号		邮政编码	550025	联系电话	0851-12521371	
核算方式	请选择对应项目打"√" ☑独立核算 □非独立核算				从业人数	50 其中外籍人数 0	
单位性质	请选择对应项目打"√" ☑企业　　□事业单位　　□社会团体 □民办非企业单位　　□其他						
网站网址	无			国标行业	□□□□□□		
适用会计制度	请选择对应项目打"√" ☑企业会计制度　　□√小企业会计制度　　□金融企业会计制度 □行政事业单位会计制度						
经营范围： 理发及美容服务；化妆品、服装、日用百货、相册、照相器材的销售；人造首饰、饰品零售；钻石饰品、家居饰品、卫生用品的批发；水晶饰品的零售；摄影服务；相册的制作；影视经纪代理服务							

项目 内容 联系人	姓名	身份证件		固定电话	移动电话	电子邮箱
		种类	号码			
法定代表人（负责人）	赵丹顽	居民身份证	522111198512051224		13602345678	
办税人	张××	居民身份证	522424199702250214		13333333333	

税务代理人名称	纳税人识别号	联系电话	电子邮箱
贵州诚心财务咨询有限公司	3252010373664201YX	0851-888888888	

注册资本或投资总额	币种	金额	币种	金额	币种	金额
2 000 000元	人民币					

投资方名称	投资方经济性质	投资比例	证件种类	证件号码	国籍或地址
赵丹顽	自然人	50%	身份证	522111198512051224	中国
方允薇	自然人	40%	身份证	5231119850210422X	中国
欧阳倩	自然人	10%	身份证	520111198312241546	中国
自然人投资比例	100%	外资投资比例		国有投资比例	

（续表）

分支机构名称	注册地址	纳税人识别号

总机构名称	贵州橙艺彩妆有限公司	纳税人识别号	3252010373661225XH
注册地址	贵阳市花溪区清溪路28号	经营范围	美容美发服务、化妆品销售
法定代表人姓名	赵丹顼	联系电话 13602345678	注册地址邮政编码 550025

代扣代缴代收代缴税款业务情况	代扣代缴、代收代缴税款业务内容	代扣代缴、代收代缴税种
	代扣代缴个人所得税	个人所得税——工资薪金所得

附报资料：营业执照、协议书复印件等

经办人签章： 张ⅩⅩ 2024年1月5日	法定代表人（负责人）签章： 顼赵印丹 2024年1月5日	纳税人公章： （贵州橙艺彩妆有限公司印章） 2024年1月5日

以下由国税机关填写：

纳税人所处街乡		隶属关系	
国税主管税务局	国税主管税务所（科）	是否属于国税、地税共管户	
税主管税务局	地税主管税务所（科）		

经办人（签章）： 国税经办人： 地税经办人： 受理日期： 年 月 日	国家税务登记机关 （税务登记专用章）： 核准日期： 年 月 日 国税主管国税机关：	地方税务登记机关 （税务登记专用章）： 核准日期： 年 月 日 地税主管国税机关：

国税核发《税务登记证副本》数量： 本 发证日期： 年 月 日
地税核发《税务登记证副本》数量： 本 发证日期： 年 月 日

模拟实训

2024年1月7日，贵州贝乐生态农业科技有限公司领取营业执照。

实训要求：委托贵州黎明财务咨询有限公司于2024年1月10日向贵阳市花溪区税务

机关申报办理税务登记,根据贵州贝乐生态农业科技有限公司、贵州黎明财务咨询有限公司的基本情况填写税务登记表,如图表3-4所示。

贵州贝乐生态农业科技有限公司信息一览

公司名称:贵州贝乐生态农业科技有限公司
公司类型:有限责任公司
统一社会信用代码:3252010373664203BY
注册资本:50万元人民币
成立日期:2024年1月6日
经营地址:贵阳市贵安新区湖潮乡月泉村
经营范围:花卉、果类、蔬菜、谷物的种植、销售等
法定代表人:胡涵
身份证号码:522520199701011234
电话:13612345678
出资方式:货币
公司执行董事:潘美娟
身份证号码:522520199809176522
电话:13912345678
出资方式:货币

贵州黎明财务咨询有限公司信息一览

公司名称:贵州黎明财务咨询有限公司
公司类型:有限责任公司
统一社会信用代码:3252010200664203LM
法定代表人:邓佩佩
身份证号码:522520199101250029
电话:18998765432
办税人员:娄××
身份证号码:522520198112210055
电话:13000000000
固定电话:0851-44485424
注册资本:500万元人民币
成立日期:2015年4月3日
经营地址:贵阳市花溪区环城北路70号

图表 3-4　税务登记表

（适用单位纳税人）

填表日期：　　年　　月　　日

纳税人名称				纳税人识别号		
登记注册类型				批准设立机关		
组织机构代码				批准设立证明或文件号		
开业（设立）日期		生产经营期限		证照名称		证照号码
注册地址				邮政编码		联系电话
生产经营地址				邮政编码		联系电话
核算方式	请选择对应项目打"√"　□独立核算 　　　　　　　　　　□非独立核算			从业人数		＿＿＿其中外籍人数＿＿＿
单位性质	请选择对应项目打"√"　□企业　　□事业单位　　□社会团体　　□民办非企业单位 □其他					
网站网址				国标行业		□□□□□□□
适用会计制度	请选择对应项目打"√" □企业会计制度　　□小企业会计制度　　□金融企业会计制度 □行政事业单位会计制度					
经营范围：	请将法定代表人（负责人）身份证件复印件粘贴在此处。					

联系人 项目 内容	姓名	身份证件		固定电话	移动电话	电子邮箱
		种类	号码			
法定代表人（负责人）						
办税人						

(续表)

税务代理人名称		纳税人识别号		联系电话		电子邮箱	
注册资本或投资总额	币种	金额	币种	金额	币种	金额	

投资方名称	投资方经济性质	投资比例	证件种类	证件号码	国籍或地址

自然人投资比例		外资投资比例		国有投资比例	

分支机构名称	注册地址	纳税人识别号

总机构名称		纳税人识别号	
注册地址		经营范围	
法定代表人姓名		联系电话		注册地址邮政编码	

代扣代缴代收代缴税款业务情况	代扣代缴、代收代缴税款业务内容	代扣代缴、代收代缴税种

附报资料:

经办人签章:	法定代表人(负责人)签章:	纳税人公章:
年　月　日	年　月　日	年　月　日

(续表)

以下由国税机关填写：				
纳税人所处街乡			隶属关系	
国税主管税务局		国税主管税务所(科)	是否属于国税、地税共管户	
税主管税务局		地税主管税务所(科)		
经办人(签章)： 国税经办人： 地税经办人： 受理日期： 年　月　日	国家税务登记机关 (税务登记专用章)： 核准日期： 　　年　月　日 国税主管国税机关：		地方税务登记机关 (税务登记专用章)： 核准日期： 　　年　月　日 地税主管国税机关：	
国税核发《税务登记证副本》数量：　　　本　　发证日期：　年　月　日				
地税核发《税务登记证副本》数量：　　　本　　发证日期：　年　月　日				

子任务二　变更税务登记

一、变更税务登记的概念

变更税务登记是指纳税人税务登记内容发生重要变化时，向税务机关申报办理的一种税务登记手续。

二、变更税务登记的情况

纳税人发生以下情况时，需要进行变更税务登记：
(1) 纳税人、扣缴义务人的名称变化。
(2) 变更法定代表人。
(3) 经济类型的改变。
(4) 经营地点的改变。
(5) 生产经营范围或者方式的改变。
(6) 生产经营期限的变更。
(7) 开设分支机构或者关闭下属单位。
(8) 主要经营电话号码发生变化。
(9) 其他税务登记的变更。

三、税务变更处理

由于现在全部信息化处理，纳税人在市场监督管理部门完成登记信息变更后，税务机关将实时获取变更信息并同步变更税务系统相应登记信息，纳税人无需到税务机关办理变更登记。

子任务三　注销税务登记

一、注销登记的概念

公司注销登记是指登记机关依法对因解散、歇业、被撤销、宣告破产、被责令关闭或者其他原因终止营业的企业，收缴营业执照、公章，撤销其注册号，取消其法人资格的行政行为。

二、注销登记的管理规程

（1）纳税人发生解散、破产、撤销以及其他情形，依法终止纳税义务的，应当在向工商行政管理机关或者其他机关办理注销登记前，持有关证件和资料向原税务登记机关申报办理注销税务登记；按规定不需要在工商行政管理机关或者其他机关办理注册登记的，应当自有关机关批准或者宣告终止之日起15日内，持有关证件和资料向原税务登记机关申报办理注销税务登记。

（2）纳税人被工商行政管理机关吊销营业执照或者被其他机关予以撤销登记的，应当自营业执照被吊销或者被撤销登记之日起15日内，向原税务登记机关申报办理注销税务登记。

（3）纳税人因住所、经营地点变动，涉及改变税务登记机关的，应当在向工商行政管理机关或者其他机关申请办理变更、注销登记前，或者住所、经营地点变动前，持有关证件和资料向原税务登记机关申报办理注销税务登记，并自注销税务登记之日起30日内向迁达地税务登记机关申报办理税务登记。

（4）境外企业在中国境内承包建筑、安装、装配、勘探工程和提供劳务的，应当在项目完工、离开中国前15日内，持有关证件和资料，向原税务登记机关申报办理注销税务登记。

（5）纳税人办理注销税务登记前，应当向税务机关提交相关证明文件和资料，结清应纳税款、多退（免）税款、滞纳金和罚款，缴销发票、税务登记证件和其他税务证件，经税务机关核准后，办理注销税务登记手续。

三、注销税务登记所需材料

注销税务登记所需材料，如图表3-5所示。

图表3-5　注销税务登记所需材料

序号	材料名称	数量	备注
1	《清税申报表》或《注销税务登记申请审批表》	2份	已实行"一照一码""两证整合"登记模式的纳税人提交《清税申报表》；未实行"一照一码""两证整合"登记模式的纳税人提交《注销税务登记申请审批表》
2	经办人身份证件原件	1份	查验后退回

注销税务登记所需补充材料，如图表3-6所示。

图表 3-6 注销税务登记所需补充材料

适用情形	材料名称	数量	备注
上级主管、董事会决议注销	上级主管部门批复文件或董事会决议复印件	1份	已实行实名办税的纳税人，可取消报送
境外企业在中国境内承包建筑、安装、装配、勘探工程和提供劳务	项目完工证明、验收证明等相关文件复印件	1份	已实行实名办税的纳税人，可取消报送
被市场监督管理机关吊销营业执照	市场监督管理机关发出的吊销工商营业执照决定复印件	1份	已实行实名办税的纳税人，可取消报送
未启用统一社会信用代码	税务登记证件	1份	已实行实名办税的纳税人，可取消报送
已领取发票领用簿的纳税人	发票领用簿	1份	已实行实名办税的纳税人，可取消报送
未办理过涉税事宜的纳税人	加载统一社会信用代码的营业执照（或组织机构代码证等）原件	1份	查验后退回
经人民法院裁定宣告破产的还应报送	人民法院终结破产程序裁定书	1份	—

案例引入

2024年12月10日，贵州橙艺彩妆有限公司无法支付到期债务，经与债权人协商，股东会决议解散，并成立清算组，清算组负责人为欧阳倩。

情形一：假设此时企业还未实行"两证整合"，需提交《注销税务登记申请审批表》、税务登记证正副本及发票准购证、营业执照、本年度汇算清缴报告、《清税申报表》，开具清税证明，才能完成税务注销。

情形二：假设企业已经实行"两证整合"，则只需提交《清税申报表》，开具清税证明，即可完成税务注销。

案例步骤

步骤一：贵州诚心财务咨询有限公司张××到贵阳市云岩区税务局提交相关材料：
（1）营业执照正、副本。
（2）纳税人企业注销的股东决议。

步骤二：张××领取并填写《注销税务登记申请审批表》，一式两份（税务机关一份，纳税人一份）。

步骤三：张××将填写好的《注销税务登记申请审批表》交由税务局窗口服务人员进行审验核销。

步骤四：张××领取注销税务登记时开具的清税证明，如图表3-7至图表3-9所示，即可完成税务注销登记。

图表 3-7　注销税务登记申请审批表

纳税人名称	贵州橙艺彩妆有限公司		纳税人识别号	3252010373661225XH
注销原因	经营不善破产			
附送资料	营业执照正、副本		2 份	
	发票领购簿		1 本	
	空白发票		1 本	
纳税人 经办人：张××	法定代表人(负责人)：赵丹顼(印)		纳税人(签章) 贵州橙艺彩妆有限公司(印)	
2024 年 12 月 10 日	2024 年 12 月 10 日		2024 年 12 月 10 日	
以下由税务机关填写				
受理时间	经办人：　年　月　日		负责人：　年　月　日	
清缴税款、滞纳金、罚款情况	经办人：　年　月　日		负责人：　年　月　日	
缴销发票情况	经办人：　年　月　日		负责人：　年　月　日	
税务检查意见	检查人员：　年　月　日		负责人：　年　月　日	
收缴税务证件情况	种类	税务登记证正本	税务登记证副本	临时税务登记证正本	临时税务登记证副本
	收缴数量				
	经办人：　年　月　日			负责人：　年　月　日	
批准意见	部门负责人：　年　月　日		税务机关(签章)　年　月　日	

图表 3-8　贵州橙艺彩妆有限公司股东会决议

贵州橙艺彩妆有限公司股东会议决议

会议时间：2024 年 12 月 1 日
会议地点：公司会议室
参加会议人员：股东赵丹顼、方允薇、欧阳倩，全体股东均已到会。
会议议题：表决本公司解散相关事宜。
　　根据《中华人民共和国公司法》及本公司章程的有关规定，本次股东大会会议由执行董事/董事长赵丹顼主持，一致通过并决议如下：

(续表)

一、因到期无法偿还债务原因，同意公司解散。
二、同意成立公司清算组，成员为：赵丹颀、方允薇、欧阳倩，其中欧阳倩为负责人。
全体股东签字：
欧阳倩 方允薇 赵丹颀

图表3-9 清税申报表

纳税人名称	贵州橙艺彩妆有限公司	统一社会信用代码	3252010373661225XH
注销原因	经营不善破产		
附送资料	营业执照正、副本	2份	
	发票领购簿	1本	
	空白发票	1本	

纳税人			
经办人：张×× 2024年12月10日	法定代表人(负责人)：赵丹顾印 2024年12月10日	纳税人(公章)：贵州橙艺彩妆有限公司 2024年12月10日	

以下由税务机关填写		
受理时间	经办人： 　　年　月　日	负责人： 　　年　月　日
清缴税款、滞纳金、罚款情况	经办人： 　　年　月　日	负责人： 　　年　月　日
缴销发票情况	经办人： 　　年　月　日	负责人： 　　年　月　日
税务检查意见	检查人员： 　　年　月　日	负责人： 　　年　月　日
批准意见	部门负责人： 　　年　月　日	税务机关(签章) 　　年　月　日

填表说明：
1. 附送资料：填写附报的有关注销的文件和证明资料。
2. 清缴税款、滞纳金、罚款情况：填写纳税人应纳税款、滞纳金、罚款缴纳情况。
3. 缴销发票情况：纳税人发票领购簿及发票缴销情况。
4. 税务检查意见：检查人员对需要清查的纳税人，在纳税人缴清查补的税款、滞纳金、罚款后签署意见。
5. 本表一式一份，税务机关一份。

模拟实训

2024年11月，贵州贝乐生态农业科技有限公司不能支付到期债务，经与债权人协商，股东会决议解散,并成立清算组,清算组负责人为潘美娟,委托贵州黎明财务咨询有限公司代理办理注销登记。

实训要求:根据贵州贝乐生态农业科技有限公司的基本情况,根据情形一填写《公司股东会决议》和《注销税务登记申请审批表》,如图表 3-10 和图表 3-11 所示;根据情形二填写《清税申报表》办理注销登记,如图表 3-12 所示。

图表 3-10　公司股东会决议

```
_____公司股东会决议

会议时间：      年    月    日
会议地点：
参加会议人员：
会议议题：
会议内容：
全体股东签字：
```

图表 3-11　注销税务登记申请审批表

纳税人名称			纳税人识别号		
注销原因					
附送资料					
纳税人经办人： 年　月　日		法定代表人(负责人)： 年　月　日		纳税人(签章) 年　月　日	
以下由税务机关填写					
受理时间	经办人： 年　月　日			负责人： 年　月　日	
清缴税款、滞纳金、罚款情况	经办人： 年　月　日			负责人： 年　月　日	
缴销发票情况	经办人： 年　月　日			负责人： 年　月　日	
税务检查意见	检查人员： 年　月　日			负责人： 年　月　日	
收缴税务证件情况	种类	税务登记证正本	税务登记证副本	临时税务登记证正本	临时税务登记证副本
	收缴数量				
	经办人： 年　月　日			负责人： 年　月　日	
批准意见	部门负责人： 年　月　日			税务机关(签章) 年　月　日	

图表 3-12　清税申报表

纳税人名称		统一社会信用代码	
注销原因			
附送资料			
纳税人 经办人： 年　月　日		法定代表人（负责人）： 年　月　日	纳税人（签章） 年　月　日
以下由税务机关填写			
受理时间	经办人： 年　月　日		负责人： 年　月　日
清缴税款、 滞纳金、罚款情况	经办人： 年　月　日		负责人： 年　月　日
缴销发票情况	经办人： 年　月　日		负责人： 年　月　日
税务检查意见	检查人员： 年　月　日		负责人： 年　月　日
批准意见	部门负责人： 年　月　日		税务机关（签章） 年　月　日

填表说明：
1. 附送资料：填写附报的有关注销的文件和证明资料。
2. 清缴税款、滞纳金、罚款情况：填写纳税人应纳税款、滞纳金、罚款缴纳情况。
3. 缴销发票情况：纳税人发票领购簿及发票缴销情况。
4. 税务检查意见：检查人员对需要清查的纳税人，在纳税人缴清查补的税款、滞纳金、罚款后签署意见。
5. 本表一式一份，税务机关一份。

任务二　纳税事项税务登记代理

知识目标

1. 了解增值税一般纳税人和小规模纳税人的划分标准
2. 熟悉纳税人资格的认定
3. 掌握增值税一般纳税人登记所需的材料

技能目标

1. 能够完成增值税一般纳税人的登记
2. 能够完成选择按小规模纳税人纳税的情况说明的填写

素质目标

1. 培养在工作中遵守会计准则、法律法规及企业规章的职业习惯
2. 培养熟悉企业管理制度，严格实施会计监督的职业操守

一、增值税一般纳税人和小规模纳税人划分标准

根据纳税人的经营规模以及会计核算健全程度的不同，增值税纳税人可以分为一般纳税人和小规模纳税人，具体如图表3-13所示。

图表3-13 增值税一般纳税人和小规模纳税人划分标准

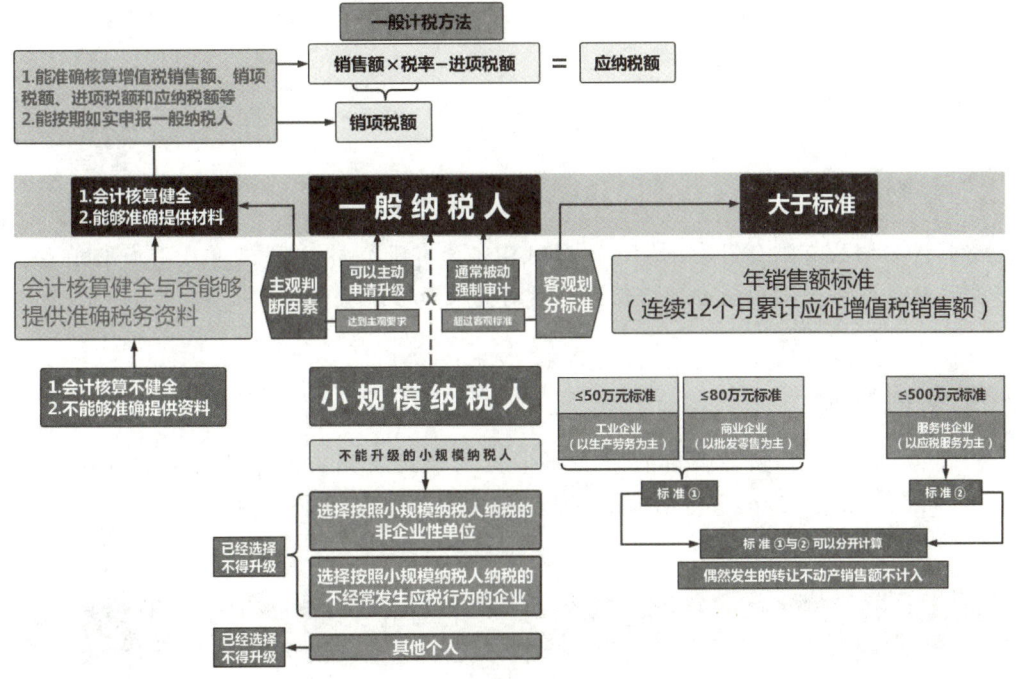

二、增值税一般纳税人资格的认定

《增值税一般纳税人登记管理办法》规定：

（1）增值税纳税人（以下简称纳税人），年应税销售额（纳税人在连续不超过12个月或4个季度的经营期内累计应征增值税销售额，包括纳税申报销售额、稽查查补销售额、纳税评估调整销售额）超过财政部、国家税务总局规定的小规模纳税人标准，应当向主管税务机关办理一般纳税人登记。

（2）年应税销售额未超过规定标准的纳税人，会计核算健全，能够提供准确税务资料的，可以向主管税务机关办理一般纳税人登记。

（3）纳税人登记为一般纳税人后，不得转为小规模纳税人，国家税务总局另有规定的除外。

纳税人向主管税务机关进行一般纳税人登记，应如实填写固定生产经营场所等信息。

三、增值税小规模纳税人资格的认定

应税销售额超过小规模纳税人标准的其他个人按小规模纳税人纳税。非企业性单位、不经常发生应税行为的企业可选择按小规模纳税人纳税，应税服务年销售额超过规定标准但不经常提供应税服务的单位和个体工商户可选择按照小规模纳税人纳税。

四、增值税一般纳税人登记所需材料

（1）增值税一般纳税人登记表。
（2）经办人身份证件原件。
（3）加载统一社会信用代码的营业执照（或税务登记证、组织机构代码证等）原件。

五、增值税小规模纳税人登记所需材料

增值税小规模纳税人情况说明。

案例引入

贵州橙艺彩妆有限公司委托贵州诚心财务咨询有限公司于 2024 年 1 月 5 日前往贵阳市云岩区政务服务中心申请办理增值税一般纳税人资格认定。

案例步骤

步骤一：贵州诚心财务咨询有限公司张××登录贵州省电子税务局（https：//etax.guizhou.chinatax.gov.cn）进行增值税一般纳税人税务登记，如图表 3-14 所示。

图表 3-14　登录贵州省电子税务局

步骤二：选择"我要办税"模块中的"综合信息报告"，如图表3-15所示。

图表3-15　选择综合信息报告

步骤三：点击"资格信息报告"中的"增值税一般纳税人登记"，填写增值税一般纳税人登记表，如图表3-16所示。

图表3-16　填写增值税一般纳税人登记表

模拟实训

贵州贝乐生态农业科技有限公司委托贵州黎明财务咨询有限公司在2024年1月10日

前往贵阳市花溪区政务服务中心进行增值税小规模纳税人认定。

实训要求：了解增值税小规模纳税人认定的步骤。

实训步骤

步骤一：登录贵州省电子税务局（https://etax.guizhou.chinatax.gov.cn）进行增值税小规模纳税人税务登记，如图表3-17所示。

图表3-17　登录贵州省电子税务局

步骤二：选择"我要办税"模块中的"综合信息报告"，如图表3-18所示。

图表3-18　选择综合信息报告

步骤三：点击"资格信息报告"中的"选择按小规模纳税人纳税"，填写相应的选择按小规模纳税人纳税的情况说明，如图表3-19所示。

图表 3-19 填写选择按小规模纳税人的情况说明

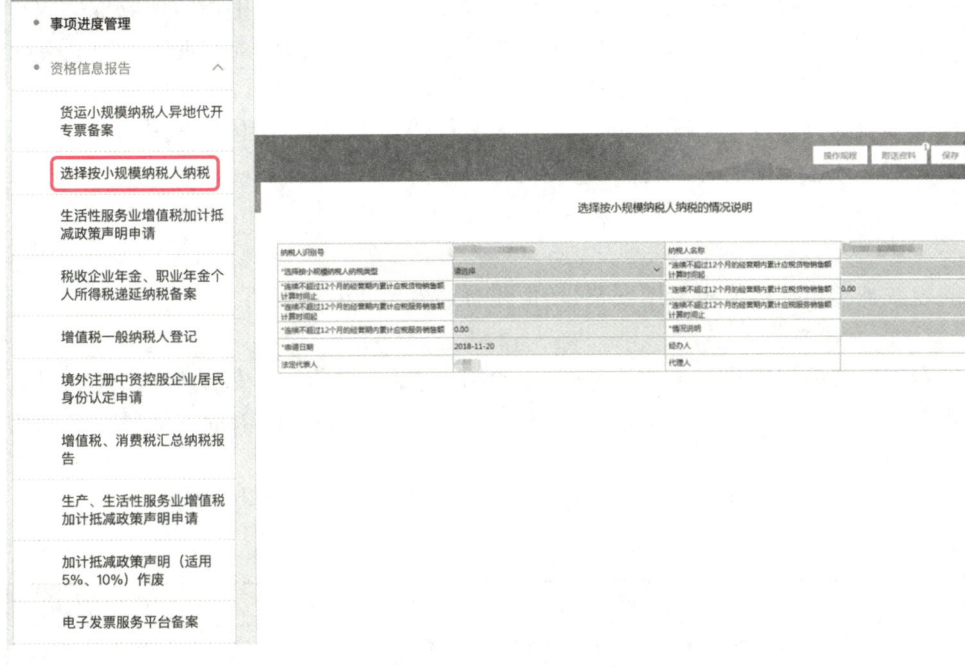

任务三　发票的开具

知识目标

1. 了解发票的概念及发票的种类
2. 熟记发票填开的基本规定

技能目标

1. 熟练完成纸质发票的开具
2. 熟练掌握电子发票的开具流程

素质目标

1. 培养面对困难时主动学习、积极向上的精神
2. 培养提高专业技能的自觉性

一、发票的概念

发票,是指在购销商品、提供或者接受服务以及从事其他经营活动中,开具、收取的收付款凭证。发票是会计核算的原始依据,也是审计机关、税务机关执法检查的重要依据。

简单来说,发票是发生的成本、费用或收入的原始凭证。于公司而言,发票最主要的作用是核算经济事项的具体发生情况,同时也可作为缴税的费用凭证。因此,发票的内容包括向购买者提供产品或服务的名称、质量、协议价格等。

二、发票的种类

常见的发票种类包括增值税专用发票、增值税普通发票及专业发票。

1. 增值税专用发票

增值税专用发票由国家税务总局监制设计印制,主要由增值税一般纳税人领购使用。增值税专用发票既是反映纳税人经济活动的重要会计凭证,又是兼记销货方纳税义务和购货方进项税额的合法证明。

增值税专用发票分为三联:发票联、抵扣联、记账联,具体如图表3-20所示。

图表3-20 增值税专用发票联次

发票联次	用途	持有方
发票联	购买方核算采购成本和增值税进项税额的记账凭证	购买方
抵扣联	购买方报送主管税务机关认证和留存备查的扣税凭证	购买方
记账联	销售方核算销售收入和增值税销项税额的记账凭证	销售方

2. 增值税普通发票

增值税普通发票相对于增值税专用发票,一般主要由增值税一般纳税人以外的纳税人使用,如增值税小规模纳税人等。

增值税普通发票分为三联:存根联、发票联、记账联,具体如图表3-21所示。

图表3-21 增值税普通发票联次

发票联次	用途	持有方
存根联	留存备查	购买方或销售方
发票联	购买方核算采购成本和增值税进项税额的记账凭证	购买方
记账联	销售方核算销售收入和增值税销项税额的记账凭证	销售方

3. 专业发票

专业发票是指国有金融、保险企业的存货、汇兑、转账凭证、保险凭证;国有邮政、电信企业的邮票、邮单、话务、电报收据;国有铁路、国有航空企业和交通部门、国有公路、水上运输企业的客票、货票等。

专业发票从版面上可以划分为手写发票、电脑发票和定额发票三种。

(1) 手写发票,是指用手工书写形式填开的发票。

(2) 电脑发票,是指用计算机填写并用其附设的打印机打出票面内容的发票,包括普通计算机用及防伪专用计算机用(如防伪税控机)的发票。

（3）定额发票，是指发票票面印有固定的金额的发票，主要是防止开具发票时大头小尾以及方便一些特殊行业或有特殊需要的企业使用。

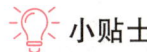

小贴士

2023 年 10 月 27 日，北京、贵州、山东、湖南、宁夏五省市税务局相继发布《关于开展全面数字化的电子发票试点工作的公告》，宣布自 11 月 1 日起正式推行全面数字化的电子发票（以下简称数电票）开票试点。根据公告，自 2023 年 11 月 1 日起，在上述五个地区的部分纳税人中开展数电票试点，使用电子发票服务平台的纳税人为试点纳税人。2024 年 12 月 1 日起，全国各地可开具数字化电子发票，纳税人通过电子发票服务平台开具的数电票，各省的受票方均可接收。数电票加速扩围，开票范围进一步扩大。数电票样式，如图表 3-22 和图表 3-23 所示。

图表 3-22　数电票（增值税专用发票）样式

二维码　标签　电子发票（增值税专用发票）　发票号码：　开票日期：

购买方信息　名称：　统一社会信用代码/纳税人识别号：

销售方信息　名称：　统一社会信用代码/纳税人识别号：

合　计

价税合计（大写）　（小写）

备注

开票人：

图表 3-23　数电票（普通发票）样式

二维码　标签　电子发票（普通发票）　发票号码：　开票日期：

购买方信息　名称：　统一社会信用代码/纳税人识别号：

销售方信息　名称：　统一社会信用代码/纳税人识别号：

合　计

价税合计（大写）　（小写）

备注

开票人：

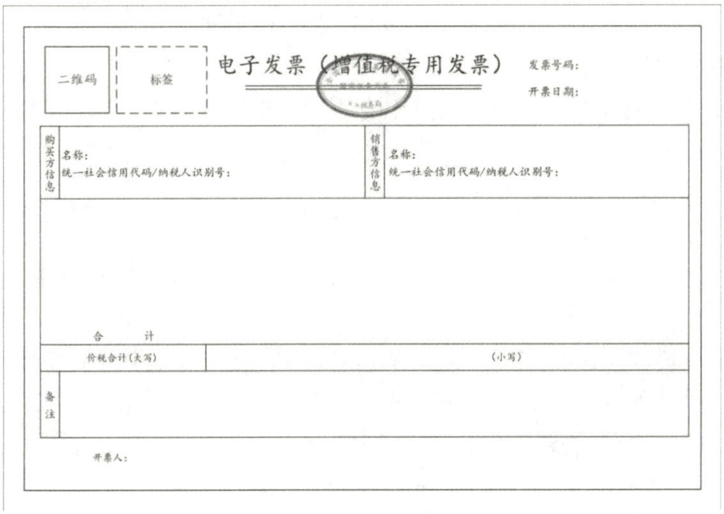

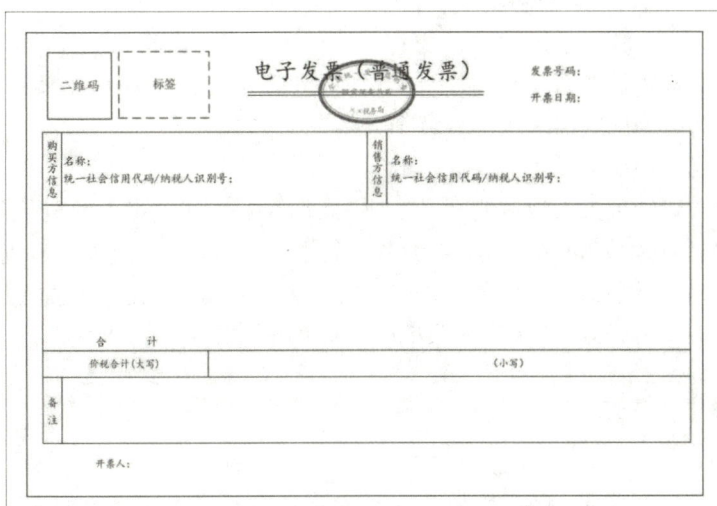

三、发票的填开

(一) 发票的基本规定
根据《中华人民共和国发票管理办法》的规定,发票是保障国家税收,维护市场经济秩序的重要凭证。市场主体在领购、开具、取得和使用发票的过程中必须遵循该管理办法。

1. 发票的管理主体

全国发票管理工作由国家税务总局统一负责。

国家税务总局省、自治区、直辖市分局和省、自治区、直辖市地方税务局依据各自的职责,共同做好各行政区域内的发票管理工作。

财政、审计、工商行政管理、公安等有关部门在各自职责范围内,配合税务机关做好发票管理工作。

2. 发票的使用要求

任何单位和个人不得转借、转让、代开发票;未经税务机关批准,不得拆本使用发票;不得自行扩大专业发票使用范围。

不符合规定的发票,不得作为财务报销凭证,任何单位和个人有权拒收不合法的发票。

(二) 发票的开具方式和要求

1. 发票的开具方式

销售商品、提供服务以及从事其他经营活动的单位和个人,对外发生经营业务收取款项,收款方应向付款方开具发票。

特殊情况下由付款方向收款方开具发票,如收购单位向农业生产者个人(不包括从事农产品收购的个体经营者)收购农产品,由付款方开具适用于免征增值税政策的农产品收购发票(开票时应选择"免税"而不是"0")。

2. 发票的开具要求

销售方在开具发票时,应当按照规定的时限、顺序,逐栏、全部联次一次性如实开具,并加盖单位财务印章或者发票专用章。

(三) 不得开具增值税专用发票的情形

(1) 商业企业零售烟、酒、食品、服装、鞋帽(不包括劳保专用部分)化妆品等消费品。

(2) 应税销售行为的购买方为消费者个人的。

(3) 发生应税销售行为适用免税规定的。

(4) 增值税一般纳税人不得领购开具发票的情形:①会计核算不健全,不能向税务机关准确提供增值税销项税额、进项税额、应纳税额数据及其他有关增值税税务资料的;②有《中华人民共和国税收征收管理法》规定的税收违法行为,拒不接受税务机关处理的;③有涉及发票的税收违法行为,经税务机关责令限期改正而仍未改正的。

案例引入

贵州橙艺彩妆有限公司2024年9月3日向番茄商城销售彩妆一批,具体销售情况如

图表 3-24 所示。

图表 3-24　贵州橙艺彩妆有限公司销售清单　　金额单位:元

商品名称	规格	数量	单价	金额
面膜	盒	100	50	5 000
保湿精华	瓶	100	100	10 000

案例步骤

情形一:开具纸质发票。

2024 年 9 月 4 日,贵州橙艺彩妆有限公司收到番茄商场给付货款 17 550 元,为其开具纸质增值税专用发票,如图表 3-25 所示。

图表 3-25　纸质增值税专用发票

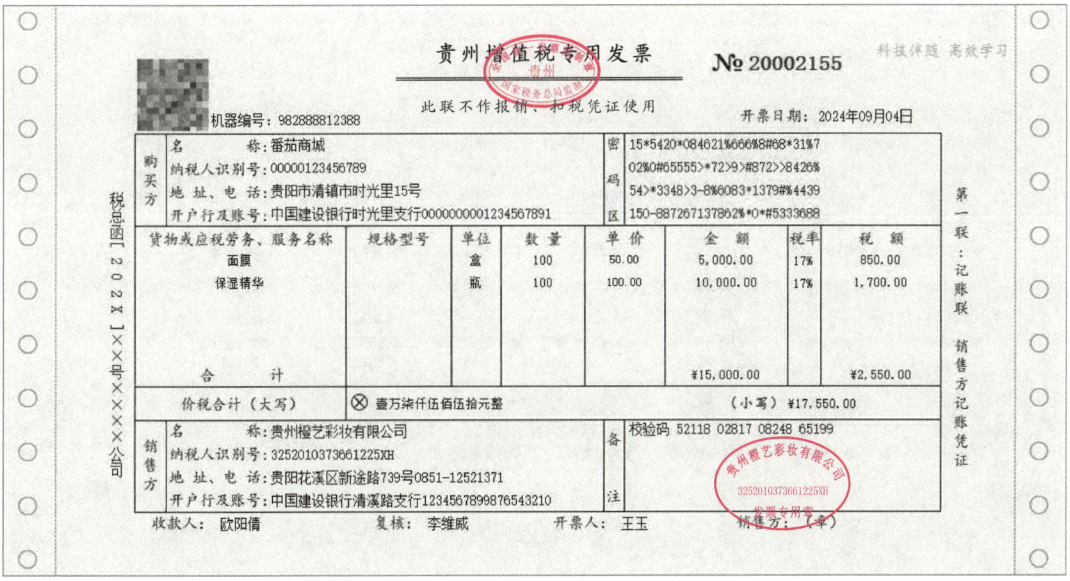

贵州增值税专用发票　№ 20002155

此联不作报销、扣税凭证使用

机器编号:982888812388　　开票日期:2024年09月04日

购买方　名　称:番茄商城
纳税人识别号:00000123456789
地 址、电 话:贵阳市清镇市时光里15号
开户行及账号:中国建设银行时光里支行0000000001234567891

密码区　15*5420*084621%666%8#68*31%7
02%0#65555>*72>9>#872>>8426%
54>*3348>3-8%6083*1379#%4439
150-887267137862%*0*#5333688

货物或应税劳务、服务名称	规格型号	单位	数量	单价	金额	税率	税额
面膜		盒	100	50.00	5,000.00	17%	850.00
保湿精华		瓶	100	100.00	10,000.00	17%	1,700.00
合　计					¥15,000.00		¥2,550.00

价税合计(大写)　⊗ 壹万柒仟伍佰伍拾元整　　(小写) ¥17,550.00

销售方　名　称:贵州橙艺彩妆有限公司
纳税人识别号:3252010373661225XH
地 址、电 话:贵阳花溪区新途路739号0851-12521371
开户行及账号:中国建设银行清溪路支行1234567899876543210

备注　校验码 52118 02817 08248 65199

收款人:欧阳倩　　复核:李维威　　开票人:王玉　　销售方:(章)

税总函[202X]××号×××公司

第一联:记账联　销售方记账凭证

情形二:开具电子发票。

步骤一:贵州诚心财务咨询有限公司张××登录贵州省电子税务局(https://etax.guizhou.chinatax.gov.cn),如图表 3-26 所示。

步骤二:选择"我要办税"模块中的"开票业务",如图表 3-27 所示。

步骤三:点击"蓝色发票开具",如图表 3-28 所示。

步骤四:点击"立即开票",选择开票种类,如图表 3-29 所示。

步骤五:

方法一:可以根据表单视图进行相关开票信息的维护,维护完善后点击"发票开具",如图表 3-30 所示。

图表 3-26　登录贵州省电子税务局

图表 3-27　点击开票业务

图表 3-28　点击蓝色发票开具

图表 3-29　选择开票种类

图表 3-30　点击发票开具

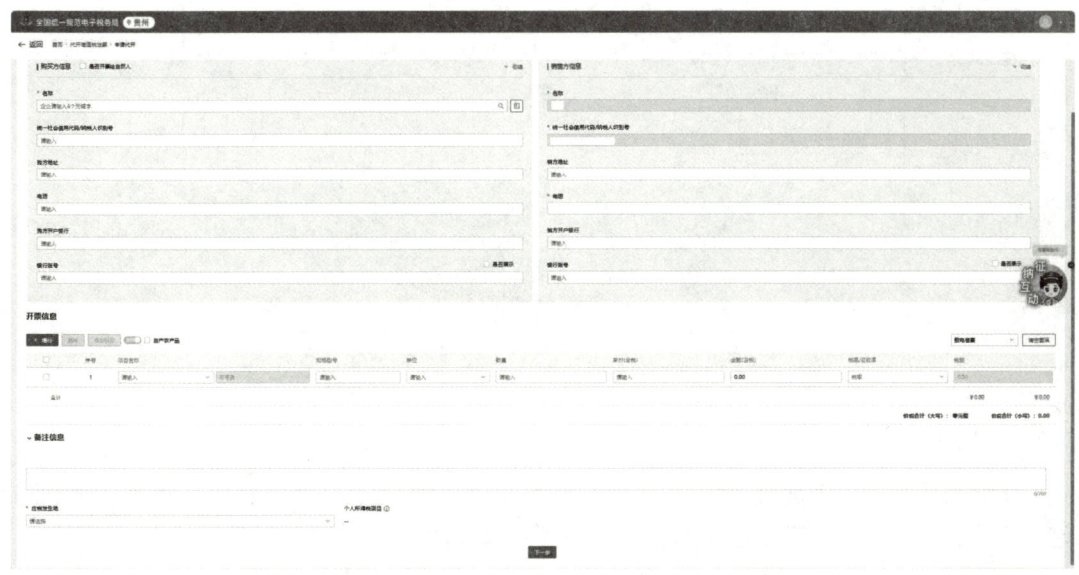

方法二：点击右上角的"切换至票样视图"，可以根据票样视图进行相关开票信息的维护，如图表 3-31 所示。维护完善后点击"发票开具"，如图表 3-32 所示。

图表 3-31　切换至票样视图

图表 3-32 开具发票

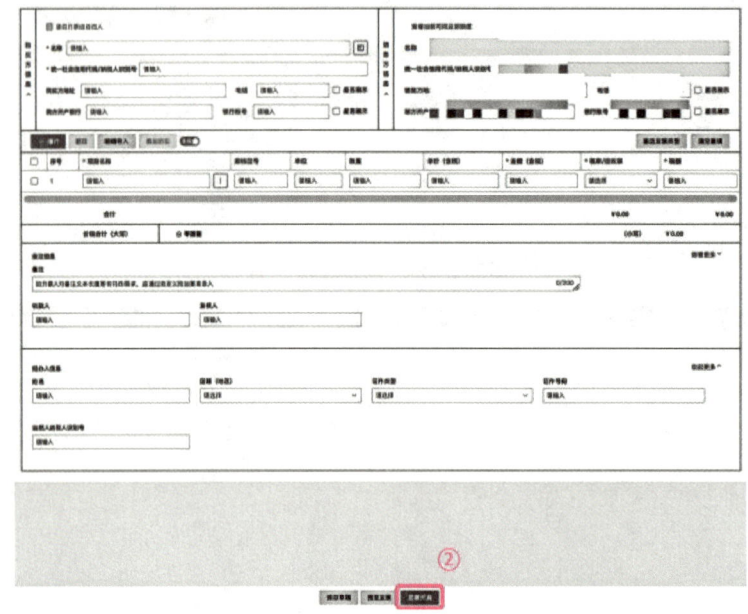

 模拟实训

贵州贝乐生态农业科技有限公司于 2024 年 3 月 3 日向贵州橙艺彩妆有限公司采购口红一批作为"3.7 女神节"福利发放给员工,采购清单如图表 3-33 所示。

图表 3-33　贵州贝乐生态农业科技有限公司采购清单　　　　　　金额单位:元

商品名称	规格	数量	单价	金额
口红	支	20	300	6 000

公司名称:贵州贝乐生态农业科技有限公司
公司类型:有限责任公司
统一社会信用代码:3252010373664203BY
法定代表人:胡涵
身份证号码:522520199701011234
电话:13612345678
注册资本:50 万元人民币
成立日期:2024 年 1 月 6 日
经营地址:贵阳市贵安新区湖潮乡月泉村
经营范围:花卉、果类、蔬菜、谷物的种植、销售等
出资情况:胡涵出资 30 万元,潘美娟出资 20 万元
公司执行董事:潘美娟

身份证号码:522520199809176522
电话:13912345678
出资方式:货币

公司名称:贵州橙艺彩妆有限公司
公司地址:贵州省贵阳市花溪区新途路739号
公司类型:有限责任公司
统一社会信用代码:3252010373661225XH
财务经理:王玉
会计:李梦琪
出纳:李恒

实训要求:根据上述基本信息为贵州橙艺彩妆有限公司开具纸质增值税专用发票,样票如图表3-34所示。

图表3-34　增值税专用发票样票

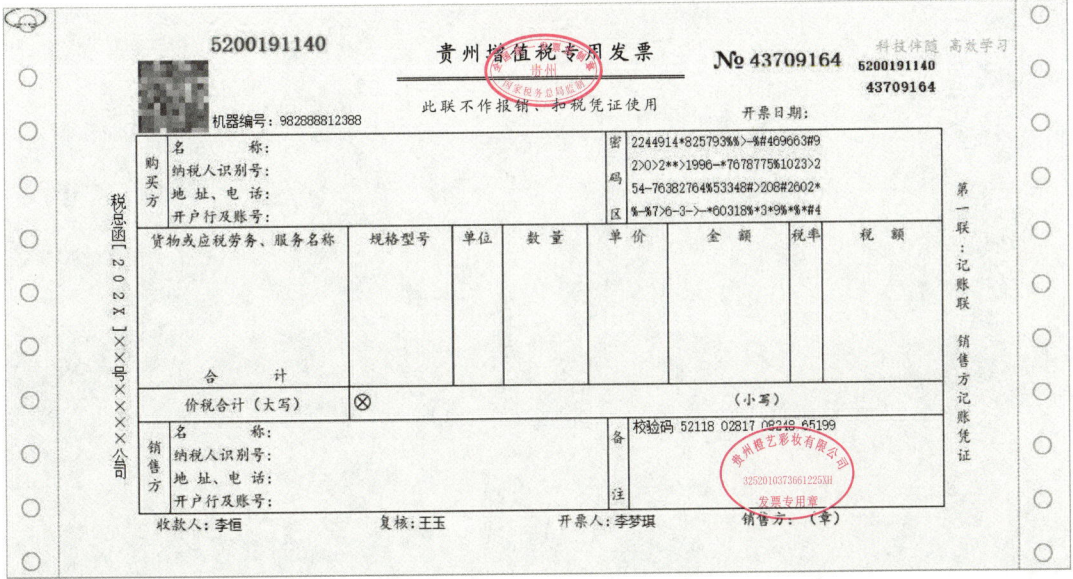

项目小结

总结概括本项目的知识点,完成以下思维导图。

思政园地

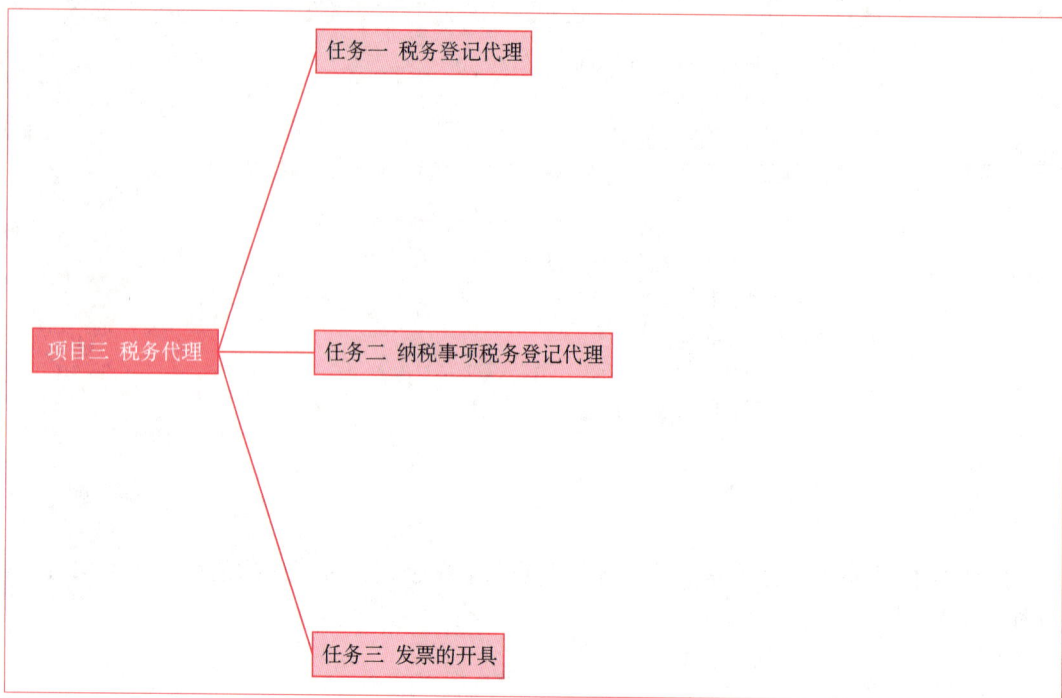

项目四　社会保险代理

任务一　社会保险登记

知识目标
1. 了解单位参保登记的规范要求
2. 熟悉社会保险登记、变更及注销所需材料

技能目标
1. 能够了解社会保险的登记、变更及注销的流程
2. 能够完成相关社会保险的登记、变更及注销表格的填写

素质目标
1. 培养理论联系实际、注重实效的工作作风
2. 培养严谨、认真的工作态度

子任务一　参保登记

单位参保登记规范如下：

（1）担保单位应当自用工之日起 30 日内向经办机构提出申请，为其职工办理参保登记。凡年满 16 周岁（不含在校生），非参保单位职工的灵活就业人员或城乡居民，自愿申请参加企业职工或城乡居民基本养老保险的，可进行参保登记。

（2）参保单位为其职工办理参保登记，填报贵州省社会保险人员参保登记表。

（3）参保人员信息涉及国家安全、秘密等情形的，可采用专门方式采集相关信息，并做好保密工作。

案例引入

贵州橙艺彩妆有限公司于2024年1月10日进行员工医疗保险登记。

案例步骤

> 公司名称：贵州橙艺彩妆有限公司
> 公司类型：有限责任公司
> 统一社会信用代码：3252010373661225XH
> 法定代表人：赵丹颀
> 身份证号码：522111198512051224
> 电话：13602345678
> 注册资本：200万元人民币
> 成立日期：2024年1月5日
> 经营地址：贵阳市花溪区新途路739号
> 邮编：5220586

步骤一：贵州诚心财务咨询有限公司张××登录贵州医疗保障公众服务平台（https://fuwu.pubs.ylbzj.guizhou.gov.cn/hsa-pass-hallEnter/♯/）进行员工参保人员登记，点击"参保人员增员申报"，如图表4-1所示。

图表4-1　登录贵州医疗保障公众服务平台

步骤二:进行模式选择,勾选"批量人员增员申报",选择本次参保日期,点击"下载模板",填写相关人员的参保信息,如图表 4-2 所示。

图表 4-2　参保人员增员申报页面

步骤三:申报模板填写完成后,点击"批量导入",导入员工信息,如图表 4-3 所示。贵州省社会保险人员参保登记表,如图表 4-4 所示。

图表 4-3　导入员工信息

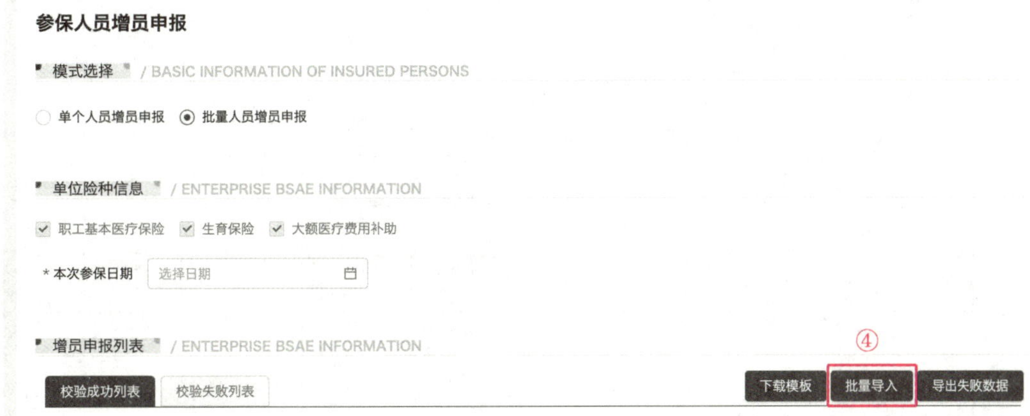

图表 4-4 贵州省社会保险人员参保登记表

单位名称（公章）/个人：贵州橙艺彩妆有限公司　　单位编号：12345678

序号	姓名	性别	民族	身份证号码	月工资（元）	人员类别	人员工种	申请参保险种 养老保险	失业保险	工伤保险	医疗保险	经办机构	户籍地址	联系电话	备注
1	赵丹顾	女	汉	522111198512051224	25 000	在职人员	董事长	√	√	√	√	贵阳市花溪区贵阳市人力资源和社会保障局	贵阳市清镇市南环东路3号	13602345678	
2	欧阳倩	女	汉	520111198312241526	20 000	在职人员	副总经理	√	√	√	√	贵阳市花溪区贵阳市人力资源和社会保障局	贵阳市观山湖区云成苑7号	17798766789	
3	方允薇	女	彝	523111198502104 22X	20 000	在职人员	总经理	√	√	√	√	贵阳市花溪区贵阳市人力资源和社会保障局	贵阳市花溪区子安路19号	19656788765	
4	王玉	女	汉	520111199011062526	6 500	在职人员	财务总监	√	√	√	√	贵阳市花溪区贵阳市人力资源和社会保障局	贵阳市南明区花园T区1栋	19800000000	
5	皮远娇	女	汉	521111199411054228	4 500	在职人员	销售员	√	√	√	√	贵阳市花溪区贵阳市人力资源和社会保障局	贵阳市观山湖区安馨园15栋	13116586599	
6	冉松琳	男	汉	215111199501142538	4 500	在职人员	销售员	√	√	√	√	贵阳市花溪区贵阳市人力资源和社会保障局	昆明市保江区王家路32号	14558769899	
7	杨洵	男	汉	520111199610253379	6 000	在职人员	理发师	√	√	√	√	贵阳市花溪区贵阳市人力资源和社会保障局	贵阳市南明区花园C区12栋	19558484846	
8	罗小梦	女	汉	522111199711011468	5 000	在职人员	洗发师	√	√	√	√	贵阳市花溪区贵阳市人力资源和社会保障局	贵阳市观山湖区金山城10栋	18226946555	

（续表）

序号	姓名	性别	民族	身份证号码	月工资（元）	人员类别	人员工种	申请参保险种 养老保险	失业保险	工伤保险	医疗保险	经办机构	户籍地址	联系电话	备注
9	张家驰	男	汉	525111199204054858	6 000	在职人员	理发师	√	√	√	√	贵阳市花溪区贵阳市人力资源和社会保障局	贵阳市花溪区二十五厂	13365966988	
10	赵安琪	女	汉	522111199602051125	4 500	在职人员	销售员	√	√	√	√	贵阳市花溪区贵阳市人力资源和社会保障局	贵阳市南明区前领路22号	14414556555	

填报承诺　本表所填报内容真实、准确、完整，符合相关法律、法规。若造成职工社会保险待遇受损，由我单位（本人）承担相应责任！

填表人：王王　　　　填报时间：2024 年 1 月 10 日

社保经办机构签章：

模拟实训

贵州贝乐生态农业科技有限公司现委托贵州黎明财务咨询有限公司娄×××对公司员工进行社保登记及缴纳社保，员工基本信息一览表，如图表 4-5 所示。

图表 4-5 员工基本信息一览表

序号	姓名	性别	民族	身份证号码	月工资（元）	职位	户籍地址	联系电话	备注
1	胡涵	男	汉族	522520199701011234	6 500	总经理	贵州省贵阳市观山湖区经典路 120 号	13612345678	
2	潘美娟	女	汉族	522520199809176522	5 000	副总经理	贵州省贵阳市观山湖区常飞路 121 号	13912345678	
3	邓依依	女	苗族	522520199009173622	3 500	销售员	贵州省贵阳市云岩区瑞金西路 128 号	13912345679	
4	张玲	女	汉族	522520199411050221	3 500	销售员	贵州省贵阳市南明区沙冲东路 100 号	13912345680	
5	陈丽丹	女	汉族	522520199102201222	3 000	销售员	贵州省贵阳市南明区翠果巷 8 号	13912345681	
6	邓莉	女	汉族	522520199701122228	3 000	种植员	贵州省贵阳市南明区中山西路 12 号	13912345682	
7	李晓茹	女	汉族	522520199512253669	3 000	种植员	贵州省贵阳市观山湖区林城北路 7 号	13912345683	
8	余德文	男	汉族	522520199002021152	3 000	种植员	贵州省贵阳市观山湖区宾阳小道 101 号	13912345684	
9	张晓曦	女	汉族	522520199306011225	4 000	出纳	贵州省贵阳市南明区小溪大道 123 号	13912345685	

贵州贝乐生态农业科技有限公司开户银行基本信息

公司名称：贵州贝乐生态农业科技有限公司
开户银行：中国银行观山湖分行
银行账户：6227436742114522589

实训要求：请完成贵州贝乐生态农业科技有限公司贵州省社会保险人员参保登记表的填写，如图表4-6所示。

图表4-6 贵州省社会保险人员参保登记表

单位名称（公章）/个人：　　　　　　　　　　　　　　　　　单位编号：

序号	姓名	性别	民族	身份证号码	月工资（元）	人员类别	人员工种	申请参保险种				经办机构	户籍地址	联系电话	备注
								养老保险	失业保险	工伤保险	医疗保险				

填报承诺	本表所填报内容真实、准确、完整，符合相关法律、法规。若造成职工社会保险待遇受损，由我单位（本人）承担相应责任！ 填表人：　　　　　　　填报时间：　　　年　　月　　日	社保经办机构签章：

 **案例引入**

贵州橙艺彩妆有限公司于 2024 年 1 月 10 日进行员工社会保险登记。

 **案例步骤**

步骤一：贵州诚心财务咨询有限公司张××登录贵州省社会保障网上服务系统进行员工社保登记，如图表 4-7 所示。

图表 4-7　贵州省社会保障网上服务系统登录页面

步骤二：点击"公共即办类"中的"人员参保登记"，进行相关人员信息的填报，如图表 4-8 所示。

图表 4-8　参保人员信息登记

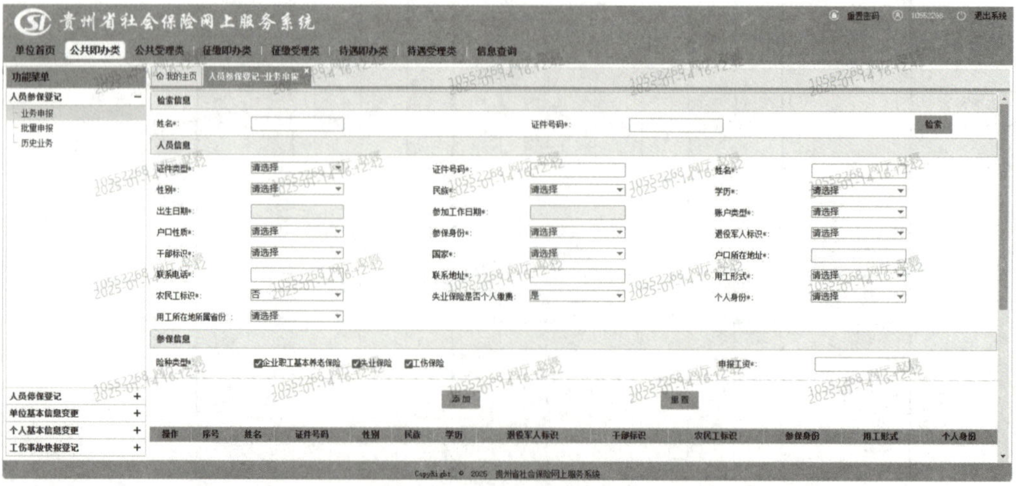

子任务二 变更登记

一、单位参保变更登记规范

参保单位名称、地址、法定代表人（负责人）、机构类型、组织机构代码、主管部门、隶属关系、开户银行账号、参加险种以及法律法规规定的其他社会保险登记事项发生变更的，应当在登记事项变更之日起 30 日内，填报《贵州省社会保险参保单位信息变更表》，向经办机构申请办理变更登记。

二、单位参保变更登记所需材料

（1）参保单位名称、住所、类型、法定代表人或负责人发生变更的，企业提供统一社会信用代码证，社会团体提供社会团体法人登记证书，机关事业单位提供事业单位法人登记证书和机构编制部门批文；机关事业单位改制的，提供上级主管部门的改制批准文件。

（2）单位撤销、解散、合并、改制、成建制转移、分立的，提供相应文件或法律文书。

（3）机关事业单位供款性质发生改变的，需提供编制部门或财政部门出具的文件。

（4）单位经办人发生变更的，提供单位加盖公章的证明及新经办人的身份证复印件及电话号码进行修改。

案例引入

2024 年 6 月 26 日，贵州橙艺彩妆有限公司原社保经办人员王玉由于工作原因，现更换方允薇兼任社保经办人员。

案例步骤

方法一：线下办理。

步骤一：贵州橙艺彩妆有限公司现社保经办人员方允薇填写贵州省社会保险参保单位信息变更表。

步骤二：方允薇提供单位加盖公章的经办人员更换证明及新经办人的身份证复印件，提交贵州省社会保险参保单位信息变更表及相关资料给贵阳政务服务中心人员进行审批。

步骤三：贵阳政务服务中心指定社保服务窗口工作人员审核通过后，即对其参保信息进行变更，如图表 4-9 所示。

图表 4-9 贵州省社会保险参保单位信息变更表

单位名称	贵州橙艺彩妆有限公司	单位编号	黔社保登字 5 号
变更项目	变更前内容	变更后内容	备注
经办人姓名	王玉	方允薇	

(续表)

经办人电话	19800000000	19656788765	
经办人身份证号	520111199011062526	52311119850210422X	

单位注销变更的,请勾选注销原因:

☐ 合并　　　　　　☐ 撤销　　　　　　☐ 解散
☐ 分立　　　　　　☐ 停保　　　　　　☐ 成建制转出
☐ 改制　　　　　　☐ 补换登记证　　　☐ 依法破产
☐ 其他

需说明的情况:无

单位经办人签字: 方欣懿 2024年6月26日	单位负责人签字: 武丹颀 2024年6月26日 单位公章
社保经办机构意见 经办人: 　　　　年　　月　　日	 社保经办机构(公章):

方法二:线上办理。

登录贵州省社会保障网上服务系统,点击"公共即办类"中的"单位信息基本变更",根据企业变更的具体情况选择信息的变更内容。变更完毕后点击"申报",如图表4-10所示。

图表4-10　填报单位变更信息

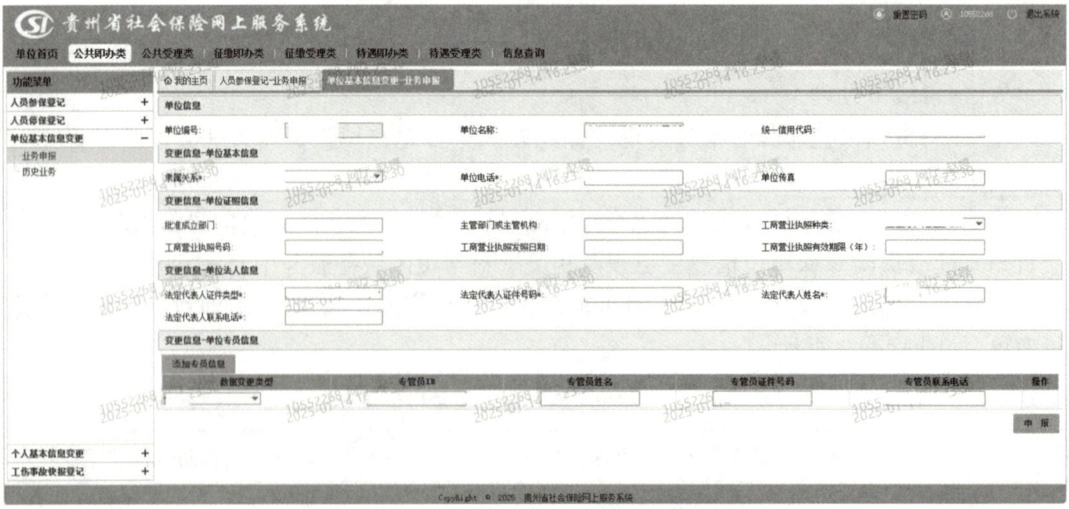

模拟实训

贵州贝乐生态农业科技有限公司委托贵州黎明财务咨询有限公司娄××作为公司的社保登记经办人,现在娄××因个人原因离职,为了后续更好地开展业务,2024年8月1日,由陈×作为贵州贝乐生态农业科技有限公司新的经办人。

实训要求： 完成《贵州省社会保险参保单位信息变更表》的填写,如图表4-11所示。

图表4-11　贵州省社会保险参保单位信息变更表

单位名称		单位编号	
变更项目	变更前内容	变更后内容	备注

单位注销变更的,请勾选注销原因：
□合并　　　　　　　□撤销　　　　　　　□解散
□分立　　　　　　　□停保　　　　　　　□成建制转出
□改制　　　　　　　□补换登记证　　　　□依法破产
□其他

需说明的情况：

单位经办人签字：　　　　　　　　　　　　单位负责人签字：
　　年　月　日　　　　　　　　　　　　　　　年　月　日
　　　　　　　　　　　　　　　　　　　　单位公章

社保经办机构意见

经办人：
　　年　月　日　　　　　　　　　　　　社保经办机构(公章)：

子任务三　注 销 登 记

一、单位参保注销登记规范

(1) 参保单位因注销、宣告破产、经上级主管部门批准解散、撤销、合并、分立、成建制转移等原因依法终止,无欠缴社会保险费且完成人员清理的,应自依法终止之日起30个工作日内向经办机构申请办理社会保险注销登记。

（2）通过线上申请办理且符合注销条件的，经办机构接收注册登记部门推送的单位注销信息，同步完成社会保险注销。

（3）参保单位到线下窗口申请办理的，提出注销社会保险登记的书面申请，填报《贵州省社会保险参保单位信息变更表》。

二、单位参保注销登记所需材料

（1）市场监管部门或税务部门注销、吊销通知或法院裁定宣告破产等法律文书。

（2）单位主管部门或上级部门、机构编制管理部门批准解散、撤销、终止、合并、分立、转让或改制的文件。

2024年12月25日，贵州橙艺彩妆有限公司不能支付到期债务，经与债权人协商，股东会决议解散，方允薇在规定期间办理社保注销登记。

步骤一：贵州橙艺彩妆有限公司现社保经办人员方允薇填写《贵州省社会保险参保单位信息变更表》，填明注销原因。

步骤二：提交《贵州省社会保险参保单位信息变更表》及相关资料给贵阳政务服务中心人员进行审批。

步骤三：贵阳政务服务中心指定社保服务窗口工作人员审核通过后，即对其参保信息进行注销，如图表4-12所示。

图表4-12 贵州省社会保险参保单位信息变更表

单位名称	贵州橙艺彩妆有限公司	单位编号	黔社保登字5号
变更项目	变更前内容	变更后内容	备注
经办人姓名			
经办人电话			
经办人身份证号			
单位注销变更的，请勾选注销原因： ☐合并　　　　　　☐撤销　　　　　　☑解散 ☐分立　　　　　　☐停保　　　　　　☐成建制转出 ☐改制　　　　　　☐补换登记证　　　☐依法破产 ☐其他			
需说明的情况：公司由于经营不善，不能支付到期债务，经与债权人协商，股东会决议解散			

（续表）

单位经办人签字： 方允敬 2024 年 12 月 25 日	单位负责人签字： 赵丹欣 2024 年 12 月 25 日 单位公章
	社保经办机构意见
经办人： 年　月　日	 社保经办机构（公章）：

模拟实训

2024 年 11 月 1 日，贵州贝乐生态农业科技有限公司不能支付到期债务，经与债权人协商，股东会决议解散，并成立清算组，清算组负责人为潘美娟，委托贵州黎明财务咨询有限公司陈×代理办理社保注销登记。

实训要求：填写《贵州省社会保险参保单位信息变更表》，如图表 4-13 所示。

图表 4-13　贵州省社会保险参保单位信息变更表

单位名称		单位编号	
变更项目	变更前内容	变更后内容	备注
经办人姓名			
经办人电话			
经办人身份证号			
单位注销变更的，请勾选注销原因： □合并　　　　　　□撤销　　　　　　□解散 □分立　　　　　　□停保　　　　　　□成建制转出 □改制　　　　　　□补换登记证　　　□依法破产 □其他			
需说明的情况：			
单位经办人签字： 年　月　日		单位负责人签字： 年　月　日 单位公章	

（续表）

社保经办机构意见
经办人：
年　月　日　　　　　　　　　　　社保经办机构（公章）：

任务二　申领社会保险

知识目标
1. 掌握基本养老保险、基本医疗保险及失业保险的概念
2. 熟悉基本养老保险、基本医疗保险及失业保险所需材料

技能目标
1. 能够了解基本养老保险、基本医疗保险及失业保险的申领流程
2. 能够完成基本养老保险、基本医疗保险及失业保险的填写

素质目标
1. 培养理论联系实际、注重实效的工作作风
2. 培养严谨、认真的工作态度

子任务一　基本养老保险

一、基本养老保险的概念

基本养老保险是国家根据法律、法规的规定，强制建立和实施的一种社会保险制度。

职工应当参加基本养老保险，由用人单位和职工共同缴纳基本养老保险费。无雇工的个体工商户、未在用人单位参加基本养老保险的非全日制从业人员以及其他灵活就业人员可以参加基本养老保险，由个人缴纳基本养老保险费。

参加基本养老保险的个人,达到法定退休年龄或因其他原因而退出劳动岗位时,累计缴费满 15 年的,由社会保险经办机构依法按月向其支付养老金,保障其基本生活。

二、基本养老保险的组成

基本养老保险由统筹养老金和个人账户养老金构成。统筹养老金统收统支,个人账户到期支取,具体如图表 4-14 所示。

图表 4-14 基本养老保险金组成

资金来源	具体情况	缴纳计算
单位缴费	记入基本养老保险统筹基金	按照国家规定的本单位职工工资总额的比例缴纳
个人缴费	记入个人账户: (1) 不得提前支取(有例外),死亡可继承; (2) 计息:记账利率不得低于银行定期存款利率,免征利息税	按照国家规定的本人工资的比例缴纳
政府补贴	基本养老保险基金出现支付不足时	—
无雇工的个体工商户、未在用人单位参加基本养老保险的非全日制从业人员以及其他灵活就业人员参加基本养老保险的,应当按照国家规定缴纳基本养老保险费,分别记入基本养老保险统筹基金和个人账户		

三、职工基本养老保险申领条件

职工基本养老保险申领条件,如图表 4-15 所示。

图表 4-15 职工基本养老保险申领条件

条件	具体内容		
	具体内容	性别	退休年龄
法定退休年龄	一般情况	男	60 周岁
		女	50 周岁
		女干部	55 周岁
法定退休年龄	从事"井下、高温、高空、特别繁重体力劳动或其他有害身体健康工作"的	男	55 周岁
		女	45 周岁
法定退休年龄	"因病或非因工致残",由"医院证明并经劳动鉴定委员会确认完全丧失劳动能力"的	男	50 周岁
		女	45 周岁
缴费条件	累计缴费满 15 年(非累计)		

 小贴士

2024 年 9 月 13 日,第十四届全国人民代表大会常务委员会第十一次会议通过了关于实施渐进式延迟法定退休年龄的决定,国务院制定了关于渐进式延迟法定退休年龄的办法:

(1)从2025年1月1日起,男职工和原法定退休年龄为55周岁的女职工,法定退休年龄每4个月延迟1个月,分别逐步延迟至63周岁和58周岁;原法定退休年龄为50周岁的女职工,法定退休年龄每2个月延迟1个月,逐步延迟至55周岁。国家另有规定的,从其规定。

(2)从2030年1月1日起,将职工按月领取基本养老金最低缴费年限由15年逐步提高至20年,每年提高6个月。职工达到法定退休年龄但不满最低缴费年限的,可以按照规定通过延长缴费或者一次性缴费的办法达到最低缴费年限,按月领取基本养老金。

(3)职工达到最低缴费年限,可以自愿选择弹性提前退休,提前时间最长不超过3年,且退休年龄不得低于女职工50周岁、55周岁及男职工60周岁的原法定退休年龄。职工达到法定退休年龄,所在单位与职工协商一致的,可以弹性延迟退休,延迟时间最长不超过3年。国家另有规定的,从其规定。实施中不得违背职工意愿,违法强制或者变相强制职工选择退休年龄。

四、基本养老保险申领材料

参保人员达到法定退休年龄或因其他原因而退出劳动岗位,办理退休手续后,社保经办机构为退休人员建立基本养老保险金账户,与银行等机构联网,定期发放基本养老保险金。

参保人员申领养老保险时,应提供以下材料:

(1)申请人按实际情况填写并签名贵州省城乡居民基本养老保险待遇领取申请表原件。

(2)申请人的社保卡或银行卡(存折)原件及复印件。

(3)申请人居民身份证原件及复印件。

贵州橙艺彩妆有限公司管理人员林一,男,60周岁,达到法定退休年龄,在任职期间参加了职工基本社会保险并累计缴费35年。

2024年3月20日,林一办理养老保险申领手续。

步骤一:林一按个人实际情况填写贵州省城乡居民基本养老保险待遇领取申请表并签名。

步骤二:贵州橙艺彩妆有限公司委托贵州诚心财务咨询有限公司张××为社保经办人员,携林一如实填写《贵州省城乡居民基本养老保险待遇领取申请表》,到贵阳市花溪区政务中心综合窗口找到相关工作人员申请领取养老保险金。

步骤三:贵阳市花溪区政务中心核定应发放的养老保险金,并按月足额将养老保险金划入林一的个人账户中,如图表4-16所示。

图表 4-16　贵州省城乡居民基本养老保险待遇领取申请表

填表时间：2024 年 3 月 20 日

姓名	林一	出生时间	1964.3.6	性别	男	民族	穿青人
居民身份证号码	522424196403060213	到达60周岁时间	2024.3.6	启领待遇时间	2024.4.1		
参保时间	1982.7.1	户籍性质	城镇	户籍所在地	贵州省清镇市南湾一号		
现居住地址	贵州省清镇市南湾一号	邮编	551400	联系电话	19688888888		
领取待遇存折开户银行	工商银行南湾分行			领取待遇存折账号	621226111102020000		

累计缴费年限	35年	是否愿意补缴	☑是 ☐否	参加其他养老保险情况	被征地农民的社会保障	☐是 ☑否	起始时间	
申请领取项目	☑按月领取个人账户养老金 ☐按月领取基础养老金 ☐一次性领取个人账户资金余额				老农保	☐是 ☑否	起始时间	
					其他	☐是 ☑否	起始时间	

直系亲属情况	姓名	居民身份证号码	性别	户籍性质	与参保人关系	是否参加城镇职工养老保险	是否参加新农保	联系方式
	梁茵茵	000000196506061121	女	城镇	夫妻	☑是 ☐否	☐是 ☑否	12111111111
	林夕	000000198505171111	男	城镇	父子	☑是 ☐否	☑是 ☐否	13111111111
						☐是 ☐否	☐是 ☐否	

申请人声明： 　　以上填写内容正确无误。 申请人：林一　　　2024 年 3 月 20 日（签章）	村委会意见： 经办人：　　　　　　　年　月　日（签章）
乡(镇)初审意见： 审核人：　　　　　　　年　月　日（签章）	县(区)复核意见： 复核人：　　　　　　　年　月　日（签章）

模拟实训

实训要求： 请问贵州贝乐农业生态科技有限公司是否需要填写《贵州省城乡居民基本养老保险待遇领取申请表》，如果需要请填写申请表，如果不需要请说明理由，如图表 4-17 所示。

图表 4-17　贵州省城乡居民基本养老保险待遇领取申请表

填表时间：　　年　月　日

姓名		出生时间		性别		民族		
居民身份证号码			到达60周岁时间		启领待遇时间			
参保时间		户籍性质		户籍所在地				
现居住地址			邮编		联系电话			
领取待遇存折开户银行			领取待遇存折账号					
累计缴费年限		是否愿意补缴	□是 □否	参加其他养老保险情况	被征地农民的社会保障	□是 □否	起始时间	
申请领取项目	□按月领取个人账户养老金 □按月领取基础养老金 □一次性领取个人账户资金余额				老农保	□是 □否	起始时间	
					其他	□是 □否	起始时间	
直系亲属情况	姓名	居民身份证号码	性别	户籍性质	与参保人关系	是否参加城镇职工养老保险	是否参加新农保	联系方式
						□是 □否	□是 □否	
						□是 □否	□是 □否	
						□是 □否	□是 □否	
申请人声明：				村委会意见：				
申请人：　　　　　　年　月　日(签章)				经办人：　　　　　　年　月　日(签章)				
乡(镇)初审意见：				县(区)复核意见：				
审核人：　　　　　　年　月　日(签章)				复核人：　　　　　　年　月　日(签章)				

子任务二　基本医疗保险

一、基本医疗保险的概念

基本医疗保险是为补偿劳动者因疾病风险造成的经济损失而建立的一项社会保险制度。

基本医疗保险通过用人单位和个人缴费，建立医疗保险基金，参保人员患病就诊发生医疗费用后，由医疗保险经办机构给予一定的经济补偿，以避免或减轻劳动者因患病、治疗等所带来的经济风险。

2019年基本医疗保险与生育保险合并，统一参保登记，统一基金征缴和管理，统一医疗服务管理，统一经办和信息服务。职工基本医疗保险基金严格执行社会保险基金财务制度，不再单列生育保险基金收入，在职工基本医疗保险统筹基金待遇支出中设置生育待遇支出项目。

二、基本医疗保险覆盖范围

基本医疗保险覆盖范围，如图表4-18所示。

图表4-18　基本医疗保险覆盖范围

类别	对象
职工基本医疗保险	所有类型的企业及其职工、灵活就业人员、公务员
城乡居民基本医疗	除职工基本医疗保险参保人员以外的其他所有城乡居民（含学生）

三、基本医疗保险的组成

同基本养老保险一致，基本医疗保险金分别设立社会统筹基金和个人账户基金，具体如图表4-19所示。

图表4-19　基本医疗保险的组成

组成部分	具体规定	缴纳比例
单位缴费	一部分记入基本医疗保险统筹账户	一般为工资总额的6%左右
	一部分（一般为30%左右）划入个人账户	
个人缴费	记入个人账户	一般为工资总额的2%左右

四、基本医疗保险基金的支付情况

1. 不纳入基本医疗保险基金支付的医疗费用

（1）应当从工伤保险基金中支付的。

（2）应当由第三人负担的。

(3) 应当由公共卫生负担的。

(4) 在境外就医的,医疗费用依法应当由第三人负担,第三人不支付或者无法确定第三人的,由基本医疗保险基金先行支付。基本医疗保险基金先行支付后,有权向第三人追偿。

2. 职工医疗费用的结算

(1) 参保人员必须到基本医疗保险的定点医疗机构就医、购药或定点零售药店购买药品。

(2) 参保人员在就医过程中所发生的医疗费用必须符合基本医疗保险药品目录、诊疗项目、医疗服务设施标准的范围和给付标准。

(3) 急诊、抢救发生的医疗费用不受上述条件限制。

子任务三 失业保险申领

一、失业保险的征缴范围

(1) 所有类型的单位(企业+事业单位)及其职工,包括有雇工的个体工商户。

(2) 用人单位和职工失业保险缴费比例总费率阶段性降至1%,个人费率不得超过单位费率。

(3) 职工跨统筹地区就业的,其失业保险关系随本人转移,缴费年限累计计算。

二、失业保险的申领

1. 失业保险申领条件

申请人申领失业保险,应同时满足以下条件:

(1) 失业前用人单位和本人已经缴纳失业保险费满1年的。

(2) 非因本人意愿中断就业的。

(3) 已经进行失业登记,并有求职要求的。

2. 失业保险申领资料

(1) 领取待遇人员银行卡复印件。

(2) 领取待遇人员解除劳动关系证明材料原件及复印件。

(3) 领取待遇人员身份证原件及复印件。

(4) 领取待遇人员社保卡原件及复印件。

3. 失业保险金发放标准

失业保险金的标准,不得低于城市居民最低生活保障标准,一般也不高于当地最低工资标准。

三、失业保险金领取期限

1. 一般规定

失业保险金领取期限,如图表4-20所示。

图表 4-20　失业保险金领取期限

累计缴费期限（年）	最长领取期限（月）
1≤缴费期限＜5	12
5≤缴费期限＜10	18
缴费期限≥10	24

失业人员因当期不符合失业保险金领取条件的,原有缴费时间予以保留,重新就业并参保的,缴费时间累计计算。

2. 适用大龄失业人员的特殊规定

自 2019 年 12 月起,延长大龄失业人员领取失业保险金期限,对领取失业保险金期满仍未就业且距法定退休年龄不足 1 年的失业人员,可继续发放失业保险金至法定退休年龄。

四、停止享受失业保险待遇的情形

（1）重新就业的。
（2）应征服兵役的。
（3）移居境外的。
（4）享受基本养老保险待遇的。
（5）被判刑收监执行的。
（6）无正当理由,拒不接受当地人民政府指定部门或者机构介绍的适当工作或者提供的培训的。

项目小结

思政园地

总结概括本项目的知识点,完成以下思维导图。

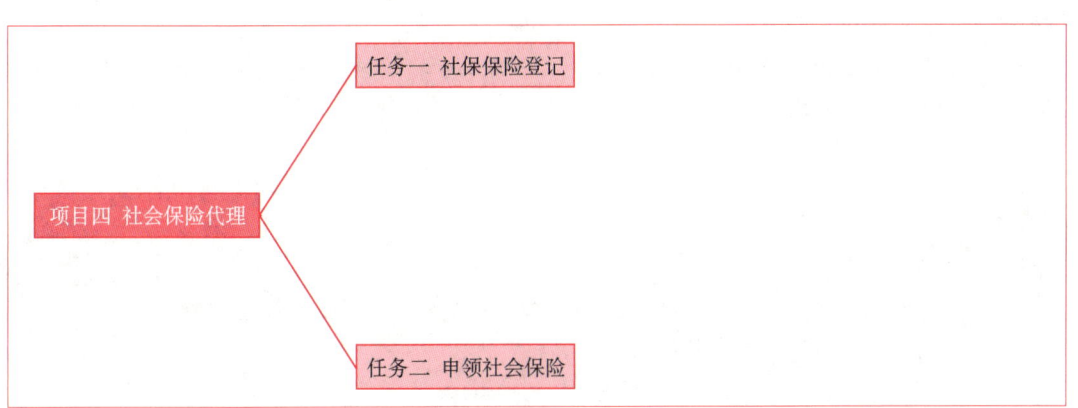

项目五 账务代理

任务一 建账的流程

知识目标

1. 了解真实企业会计科目的具体应用,理解账簿体系是如何构建的,理解不同种类账簿的作用和之间的关系
2. 掌握会计准则和法规对账簿创建的具体要求,确保账簿的合法性和合规性
3. 明确初始建账在企业财务管理中的基础地位,掌握建账的基本步骤和流程

技能目标

1. 根据企业实际业务情况和会计准则要求,能够独立分析并合理确定会计科目,确保会计科目的全面性和适用性
2. 掌握不同种类账簿的开设方法,包括封面填写、启用表编制、账户目录设置等,确保账簿的规范性和有序性
3. 了解账簿启用时的具体要求和流程,能够正确填写启用表,设置账簿的初始状态,为后续记账工作做好准备

素质目标

1. 培养对待会计工作严谨、细致的工作态度,确保会计信息的准确无误
2. 培养独立思考、分析问题的能力
3. 强化对会计职业道德和法规的认识,树立诚实守信、客观公正的职业操守

一、确定会计科目

确定会计科目是企业建账的基础,也是后续启用账簿的前置条件。确定会计科目可分为三个步骤:①根据所处行业结合自身企业特点选择适用的会计准则;②根据准则附录选择

总账科目(也称一级科目);③根据核算需要设置明细科目。

目前,我国针对企业的会计核算工作出台了《企业会计准则》与《小企业会计准则》两套准则规范。一般来说,凡是在中国境内设立的企业(含公司)均适用《企业会计准则》;《小企业会计准则》则适用于在中华人民共和国境内依法设立的、符合《中小企业划型标准规定》所规定的小型企业标准的企业。

二、开设账簿

为了能够直观、方便反映企业的经营状况,企业必须根据选择好的会计科目设置相应的会计账簿,包括总分类账簿、明细分类账及日记账账簿。

1. 总分类账簿

总分类账簿也称总分类账或总账,是根据总分类科目开设的,用来登记全部经济业务,进行总分类核算,提供总括核算资料的分类账簿。

(1) 总账账簿:总账一般采用订本式账簿,账页设置"借方""贷方""余额"三栏,也称三栏式账页。

(2) 总账开设:总账根据会计一级科目开设,总账科目与国家统一会计制度规定相对应,总领统驭明细类账目。

2. 明细分类账

明细分类账也称明细账,是按明细分类账户开设的、用来分类登记某类经济业务详细情况、提供明细核算资料的账簿。

(1) 明细账账簿:明细账一般采用活页式账簿。

(2) 明细账开设:明细账所使用的科目为总账一级科目下设的二级科目。

(3) 明细账使用格式:①应收账款、坏账准备、应付账款、预收账款、盈余公积等明细账一般采用三栏式账页进行核算;②期间费用、营业收入、营业成本、营业外收支等明细账一般采用多栏式账页进行核算;③原材料、库存商品、固定资产等明细账一般采用数量金额式账页进行核算。

3. 日记账账簿

日记账账簿也称序时账簿,是按照经济业务发生的时间先后顺序,逐日、逐笔连续记录经济业务的账簿。

(1) 日记账账簿:日记账一般采用三栏式账簿。

(2) 账簿开设:常见的日记账账簿设置"库存现金"科目与"银行存款"科目。

三、启用账簿

设置账簿后,就可以启用账簿。启用账簿主要分为以下三个步骤。

1. 填写账簿封面

实务工作中,启用账簿时,应当在封面上写明机构名称与账簿名称,账簿封面如图表5-1所示。

图表 5-1 账簿封面

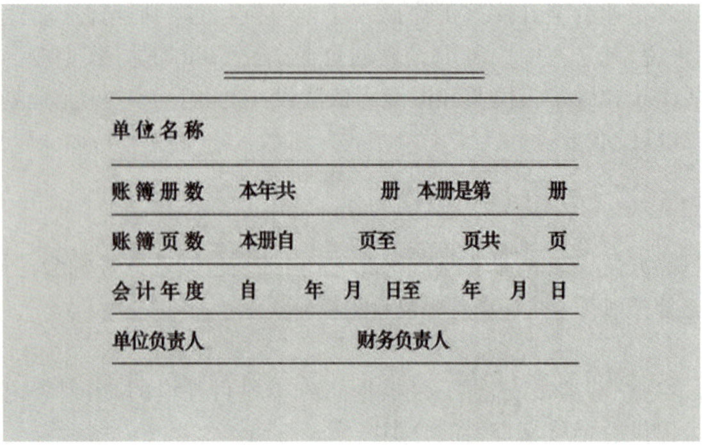
单位名称
账簿册数 本年共 册 本册是第 册
账簿页数 本册自 页至 页共 页
会计年度 自 年 月 日至 年 月 日
单位负责人 财务负责人

2. 填写扉页

启用账簿时，应在账簿扉页上附账簿启用及交接表，内容包括：机构名称，账簿名称及编号，启用日期，账簿页数，财务负责人、主办会计及记账签名并加盖名章、单位公章。账簿启用及交接表，如图表 5-2 所示。

图表 5-2 账簿启用及交接表

<table>
<tr><td>机构名称</td><td colspan="7"></td><td colspan="5">印鉴</td></tr>
<tr><td>账簿名称</td><td colspan="7">（第 册）</td><td colspan="5" rowspan="4"></td></tr>
<tr><td>账簿编号</td><td colspan="7"></td></tr>
<tr><td>账簿页数</td><td colspan="7">本账簿共计 页（本账簿页数检点人盖章）</td></tr>
<tr><td>启用日期</td><td colspan="7">公元 年 月 日</td></tr>
<tr><td rowspan="3">经管人员</td><td colspan="2">负责人</td><td colspan="2">主办会计</td><td colspan="4">复核</td><td colspan="4">记账</td></tr>
<tr><td>姓名</td><td>盖章</td><td>姓名</td><td>盖章</td><td colspan="3">姓名</td><td>盖章</td><td colspan="3">姓名</td><td>盖章</td></tr>
<tr><td></td><td></td><td></td><td></td><td colspan="3"></td><td></td><td colspan="3"></td><td></td></tr>
<tr><td rowspan="6">交接记录</td><td colspan="4">经管人员</td><td></td><td></td><td></td><td></td><td></td><td></td><td></td><td></td></tr>
<tr><td colspan="2">职别</td><td colspan="2">姓名</td><td>年</td><td>月</td><td>日</td><td>盖章</td><td>年</td><td>月</td><td>日</td><td>盖章</td></tr>
<tr><td></td><td></td><td></td><td></td><td></td><td></td><td></td><td></td><td></td><td></td><td></td><td></td></tr>
<tr><td></td><td></td><td></td><td></td><td></td><td></td><td></td><td></td><td></td><td></td><td></td><td></td></tr>
<tr><td></td><td></td><td></td><td></td><td></td><td></td><td></td><td></td><td></td><td></td><td></td><td></td></tr>
<tr><td></td><td></td><td></td><td></td><td></td><td></td><td></td><td></td><td></td><td></td><td></td><td></td></tr>
<tr><td colspan="13">备注</td></tr>
</table>

3. 填写账页

填写完账簿封面及扉页后,即可填写账页内容,包括账户名称、账页编号等内容。

(1) 新设企业启用账簿:新设企业初次启用账簿时,总账账户名称按总账科目(一级科目)进行填写,一张账页对应一个总账科目。

(2) 经营期内更换账簿:经营期内的企业一般在一个会计年度终了时,才会涉及新启用账簿的情况。企业在更换账簿时,为了使新账簿中的数据保持连续,应承接上期同类型的账簿进行启用,填写账页的内容。

任务二　建账的方法

知识目标

1. 熟悉并掌握记账凭证账务处理程序、汇总记账凭证账务处理程序、科目汇总表账务处理程序的具体操作步骤以及适用范围
2. 了解记账凭证的种类、格式和内容要求,掌握记账凭证编制的基本规范和原则,以及其在会计核算中的核心作用
3. 熟悉并掌握会计账簿中错账的更正方法,如划线更正法、红字更正法、补充登记法等,理解不同更正方法的适用场景和具体操作步骤
4. 了解记账凭证装订的基本要求和流程,包括凭证的整理、排序、装订成册等,以及装订过程中需要注意的事项

技能目标

1. 能够根据会计期末的实际情况,灵活运用不同的结账方法,准确计算各账户的期末余额和本期发生额合计
2. 能够准确、规范地编制记账凭证,确保凭证内容的完整性和准确性,为后续的账簿登记提供可靠依据
3. 在发现账簿记录错误时,能够迅速识别错误类型,并选择合适的更正方法进行更正,确保账簿记录的准确性
4. 能够熟练将记账凭证按照一定规则整理、排序并装订成册,方便后续的查阅和保管

素质目标

1. 培养责任心,确保在处理会计事务时能够细心、认真地对待每一个细节
2. 培养持续学习的能力,以适应不断变化的会计环境

一、会计账务处理程序

会计账务处理程序,也称会计核算组织程序或会计核算形式,是会计凭证、会计账簿与会计报表相结合的方式。

1. 记账凭证账务处理程序

该账务处理程序适用于规模较小、经济业务量较少的单位。具体操作步骤如下:

(1) 根据原始凭证填制原始凭证汇总表。

(2) 根据原始凭证或原始凭证汇总表填制专用记账凭证(或通用记账凭证)。

(3) 根据收款凭证、付款凭证逐笔登记库存现金日记账与银行存款日记账。

(4) 根据原始凭证、原始凭证汇总表和记账凭证登记明细分类账。

(5) 根据明细分类账填写总分类账。

(6) 期末,将库存现金日记账、银行存款日记账和明细分类账的余额同总分类账的余额核对相符。

(7) 期末,根据总分类账和明细分类账的记录,编制财务报表。

记账凭证账务处理程序,如图表 5-3 所示。

图表 5-3　记账凭证账务处理程序

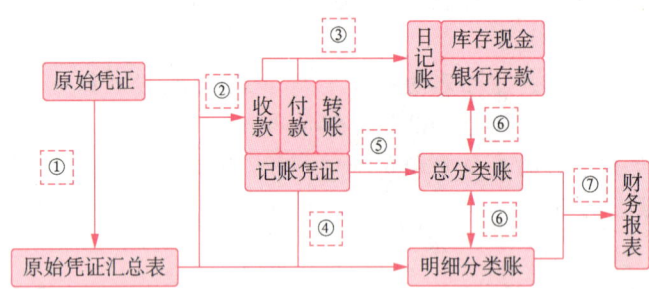

2. 汇总记账凭证账务处理程序

该账务处理程序适用于规模较大、经济业务量较大的单位。具体操作步骤如下:

(1) 根据原始凭证填制原始凭证汇总表。

(2) 根据原始凭证或原始凭证汇总表填制专用记账凭证(或通用记账凭证)。

(3) 根据收款凭证、付款凭证逐笔登记库存现金日记账与银行存款日记账。

(4) 根据原始凭证、原始凭证汇总表和记账凭证登记明细分类账。

(5) 根据记账凭证编制汇总记账凭证。

(6) 根据汇总记账凭证登记总分类账。

(7) 期末,将库存现金日记账、银行存款日记账和明细分类账的余额同总分类账的余额核对相符。

(8) 期末,根据总分类账和明细分类账的记录,编制财务报表。

汇总记账凭证账务处理程序,如图表 5-4 所示。

图表 5-4　汇总记账凭证账务处理程序

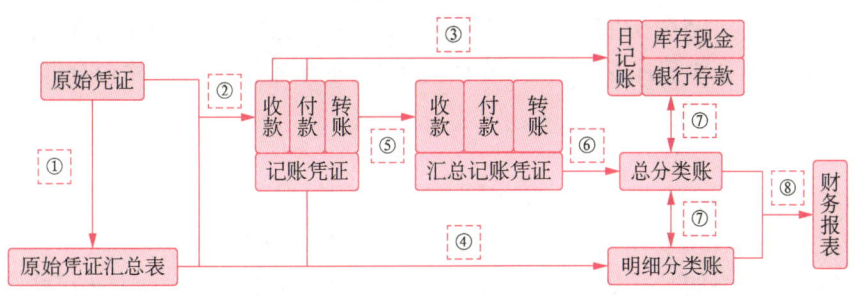

3. 科目汇总表账务处理程序

科目汇总表账务处理程序也称记账凭证汇总表账务处理程序，适用于经济业务量较大的单位。具体操作步骤如下：

（1）根据原始凭证填制原始凭证汇总表。

（2）根据原始凭证或原始凭证汇总表填制专用记账凭证（或通用记账凭证）。

（3）根据收款凭证、付款凭证逐笔登记库存现金日记账与银行存款日记账。

（4）根据原始凭证、原始凭证汇总表和记账凭证登记明细分类账。

（5）根据记账凭证编制科目汇总表。

（6）根据科目汇总表登记总分类账。

（7）期末，将库存现金日记账、银行存款日记账和明细分类账的余额同总分类账的余额核对相符。

（8）期末，根据总分类账和明细分类账的记录，编制财务报表。

科目汇总表账务处理程序，如图表 5-5 所示。

图表 5-5　科目汇总表账务处理程序

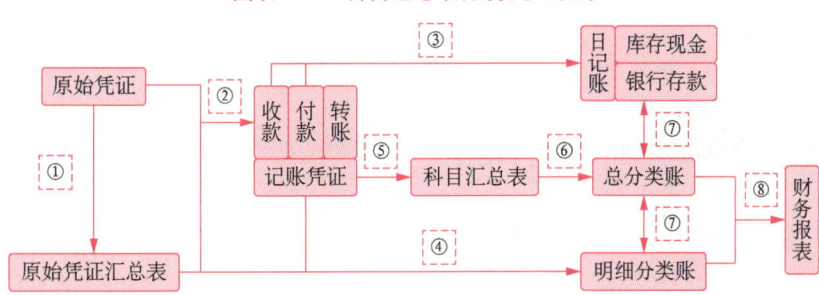

二、结账的方法

结账是指将账簿记录定期结算的会计工作。结账的内容一般分为两个板块，一是结清各损益类账户，据此确定本期利润；二是结出各资产、负债、所有者权益类账户的本期发生额合计和期末余额。

1. 总账

总账账户平时只需要结出月末余额。

年终结账时，为了反映全年各项资金运动的具体情况，需要将所有总账账户结出全年发生额和年末余额。具体情况如下：

(1) 结账时需计算本月合计额和本年合计额。

(2) 月末需要合计发生额的账户,在"本月合计"行的上下均需划通栏单红线。

(3) 年末,结出全年累计发生额,摘要栏内注明"本年累计"字样,并在合计数下划通栏双红线。

2. 明细账

(1) 关注期末余额,不关注发生额,因此不需要按月结计本期发生额的账户。月末结账时,只需在最后一笔经济业务后划通栏单红线,无需再次结计余额。

(2) 仅关注发生额的账户,需要计算本月发生额和本年累计发生额:①月末结账,在"本月合计"行的上下均需划通栏单红线;②每月结账时,除结出本月合计发生额外,还需要在"本月合计"栏下"摘要"栏内注明"本年累计"字样,结出本年年初起至本月末止的累计发生额,并在下方划通栏单红线;③12月末的"本年累计"就是全年累计发生额,应在12月末"本年累计"下划通栏双红线。

3. 日记账

库存现金日记账与银行存款日记账需要按月结计发生额的收入、费用等明细账。

(1) 每月月末结账时,需在最后一笔业务之下划通栏单红线,单红线下"摘要"栏内注明"本月合计"字样,结出本月发生额和余额后,在合计数下划通栏单红线。

(2) 年末,结出全年累计发生额,摘要栏内注明"本年累计"字样,并在合计数下划通栏双红线。

4. 年度结账

年度终了结账时账户有余额的处理:

(1) 有余额的账户,应将其余额结转下一年,并在摘要栏内注明"结转下年"字样。

(2) 下一会计年度新建有关账户的第一行余额栏内填写上年结转的余额,并在摘要栏内注明"上年结转"字样。

三、记账凭证

1. 记账凭证的种类

记账凭证的种类,具体如图表5-6所示。

图表5-6 记账凭证的种类

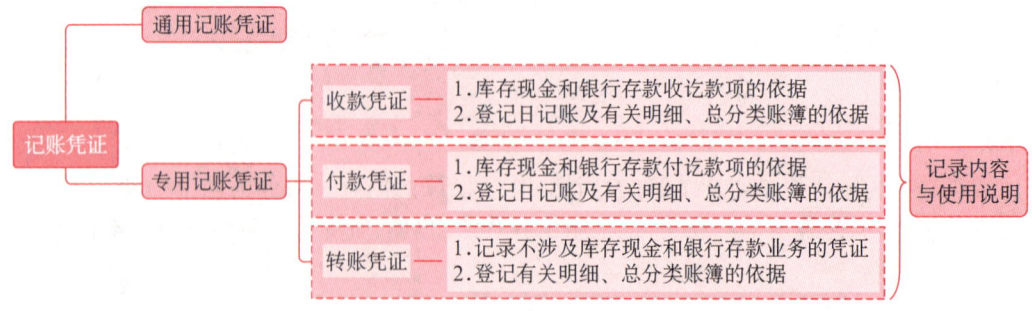

2. 记账凭证的填制要求

(1) 记账凭证可以根据每一张原始凭证填制,或根据若干张同类型原始凭证汇总填制,也可以根据原始凭证汇总表进行填制。

（2）不同内容与不同类别的原始凭证不得填制在一张记账凭证上。

（3）记账凭证应当连续编号，填制错误时应当重新填制。

（4）填写完毕后，若有空行，应当自金额栏最后一笔金额数字下的空行处至合计数上的空行处划线注销。

（5）除结账和更正错账可以不附原始凭证外，其他记账凭证必须附原始凭证。

（6）使用专用记账凭证时，应当在收款凭证左上角借方科目处及付款记账凭证左上角贷方科目处按收款性质填写"银行存款"或"库存现金"。

（7）将现金存入银行或从银行提取现金，为了避免重复记账，一般只填制付款凭证。

四、错账更正

对于发生的账簿记录错误，应采用正确、规范的方法予以更正。不得涂改、挖补、刮擦或者用药水消除字迹，也不得重新抄写。

根据错账发生的具体情况可适当选用以下方式进行更正，如图表5-7所示。

图表5-7 错账更正方法的选择

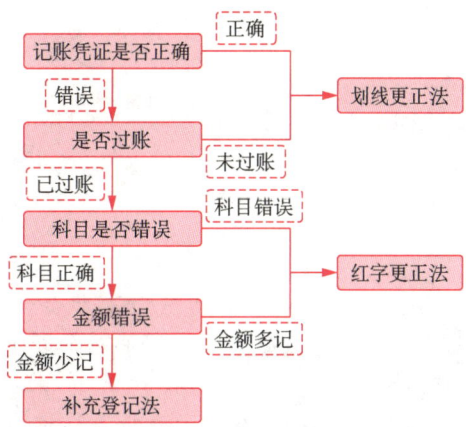

1. 划线更正法

（1）在结账前发现账簿记录有文字或数字错误，但记账凭证无误。

（2）在过账前发现记账凭证的文字或数字发生错误。

2. 红字更正法

（1）记账后发现记账凭证中应借、应贷会计科目有错误所引起的记账错误。

（2）记账后发现记账凭证和账簿记录中应借、应贷会计科目无误，所记金额大于应记金额所引起的记账错误。

3. 补充登记法

记账后发现记账凭证和账簿记录中应借、应贷会计科目无误，只是所记金额小于应记金额时，应当采用补充登记法。

五、记账凭证的装订

1. 整理记账凭证

将凭证按凭证号进行排序，用液体或固体胶在记账凭证后面贴上相应的附件。附件发生的业务、金额应与记账凭证的完全相同，以备日后查账。

把记账凭证按业务顺序整理好，加具封面、封底与包角纸，用票夹夹住。

2. 装订记账凭证

1) 手工穿线装订方法

（1）打眼。在十字包角上找到对角线上的两点，用装订机从外到里均匀打出两个孔。

（2）穿线。使用倒钩铁锥将装订线依次穿入孔内，并将装订线的两端系好拉紧打上死结，剪掉多余线头。

（3）封角。沿着十字包角的斜线折叠翻转露出包角正面，将十字包角的两头抹上胶水依次折叠至凭证背面粘牢。

2) 铆管装订机装订方法

（1）打孔。在十字包角上找到对角线上的两点，用装订机从外到里均匀打出两个孔。

（2）插入铆管装订。打孔时，装订机会根据打孔材料的厚度自动切出相应长度的铆管段，将其插入凭证孔内移至热熔器下，将定芯轴插入铆管中热铆后拔出定芯轴，装订完成。

（3）包角。沿着十字包角的斜线折叠翻转露出包角正面，将十字包角的两头抹上胶水依次折叠至凭证背面粘牢。

任务三　账务代理模拟实训

知识目标

1. 深入理解会计基本原理、会计准则及会计制度，熟悉会计科目设置与分类

2. 掌握企业在实际经营过程中可能遇到的各种会计事项的处理方法，如收入确认、成本结转、资产折旧、税费计提等

3. 了解资产负债表、利润表、现金流量表等财务报表的编制方法，理解其背后的经济含义及如何进行基本的财务分析

技能目标

1. 能够理解模拟企业基本财务情况，能够使用各类实训材料

2. 能够根据经济业务内容和原始凭证，逐笔逐项审核原始凭证、编制记账凭证

3. 能够进行会计凭证的整理、原始凭证的粘贴，最终完成记账凭证的装订

素质目标

1. 培养严谨、认真的工作态度

2. 培养良好的阅读习惯，提高判断、分析问题的能力

3. 培养团队协作精神和沟通能力，学会与他人共同完成任务，分享经验和知识

一、企业营业执照

企业营业执照，如图表5-8所示。

图表5-8 企业营业执照

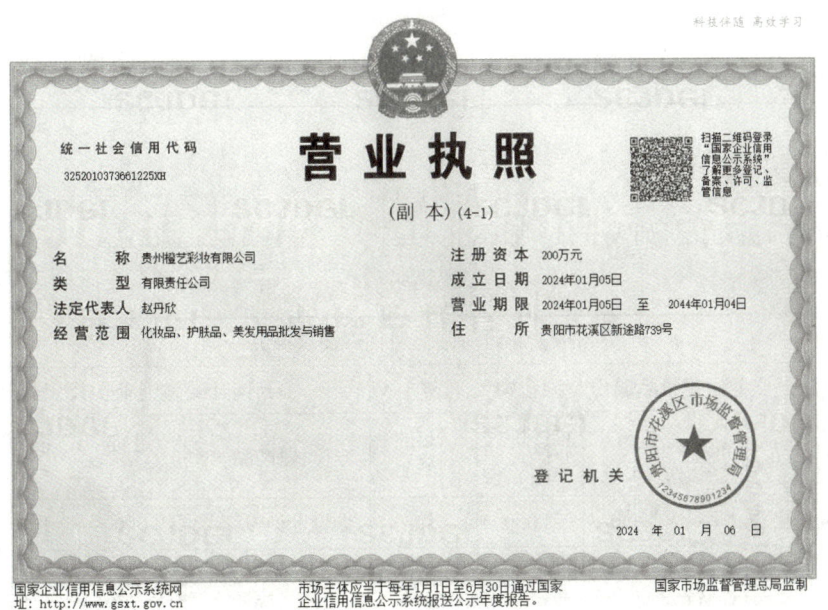

二、预留银行印鉴卡

预留银行印鉴卡，如图表5-9所示。

图表5-9 预留银行印鉴卡

中国建设银行 股份有限公司印鉴卡

No: 32493713819328

户 名	贵州橙艺彩妆有限公司	账 号	12345678998765432810
地 址	贵阳花溪区新途路739号	币 种	人民币
联系人	李恒	账户性质	基本账号
联系电话	0851-111111111	是否通兑	☑通兑 ☐不通兑

预留银行签章式样：（贵州橙艺彩妆有限公司印）（顾赵丹印）（王玉印）

使用说明：

启用日期 2024年01月06日
注销日期 年 月 日

| 网店经办： | 张毅 | 网店复核： | 左柚 | 建库经办： | 李子 | 建库复核： | 林夕 |

三、股东出资比例

股东出资比例，如图表5-10所示。

图表 5-10　股东出资比例

股东名称(姓名)	出资情况			
	出资额(万元)	出资比例	出资方式	出资时间
赵丹顾	100	50%	货币	2024年1月1日
方允薇	80	40%	货币	2024年1月1日
欧阳倩	20	10%	货币	2024年1月1日

四、主要产品代理

代理销售商品情况，如表 5-11 所示。

图表 5-11　代理销售商品情况

贵州橙艺彩妆有限公司代理销售商品一览							
成都艾美丽化妆品股份有限公司				云南艾美发专业美发用品公司			
代理产品	进价(元)	售价(元)	计价单位	代理产品	进价(元)	售价(元)	计价单位
艾美丽持妆粉底液	1 000	3 000	箱	艾美发染发膏	500	1 000	箱
艾美丽保湿面膜	50	80	盒	艾美发洗发水	200	600	箱
艾美丽舒缓保湿水	200	400	瓶	艾美发护发素	200	600	箱
艾美丽抗皱精华	250	500	瓶	艾美美发工具	100	200	箱
艾美丽保湿眼霜	200	400	瓶				
艾美丽面部彩妆盘	1 000	3 000	箱				
艾美丽美白保湿护手霜	200	300	箱				
艾美丽润唇膏	150	300	箱				
艾美丽美白身体乳	500	800	箱				

五、公司合作企业信息

公司合作企业信息，如图表 5-12 所示。

图表 5-12　公司合作企业信息

合作企业	合作范围	对接人
成都艾美丽化妆品股份有限公司	负责代理其西南地区美容美妆用品销售	刘美容
云南艾美发专业美发用品公司	负责代理其西南地区美发及日用品销售	刘美发
贵阳最由前广告公司	营销推合作商	刘广告
上海跑的快有限公司	物流运输合作商	刘跑步

六、公司客户资料

公司客户信息，如图表 5-13 所示。

图表 5-13　公司客户信息

客户	销售范围
广州兴虹贸易有限公司	美发用品、护肤、美妆用品
三亚晨际贸易有限公司	美发用品、护肤、美妆用品
渝北区绿景贸易有限公司	美发用品、护肤、美妆用品
苏仙区卓彩贸易有限公司	美发用品、护肤、美妆用品
荆州卓彩贸易有限公司	美发用品、护肤、美妆用品

七、实训物料准备

实训物料准备，如图表 5-14 所示。

图表 5-14　实训物料准备

名称	单位	数量	备注
记账凭证	本	50	每人 1 本（具体根据班级人数而定）
科目汇总表	张	100	每人 2 张（具体根据班级人数而定）
总分类账	张	100	每人 2 张（具体根据班级人数而定）
库存现金日记账	张	100	每人 2 张（具体根据班级人数而定）
银行存款日记账	张	100	每人 2 张（具体根据班级人数而定）
通用多栏式明细账	张	100	每人 2 张（具体根据班级人数而定）
记账凭证封面、封底	套	50	每人 1 本（具体根据班级人数而定）
记账凭证包角	张	50	每人 1 本（具体根据班级人数而定）
胶棒	个	25	2 人一个（具体根据班级人数而定）
燕尾型铁夹	个	5	
资料盒	个	5	
剪刀	个	5	
资产负债表	张	50	每人 1 张（具体根据班级人数而定）
利润表	张	50	每人 1 张（具体根据班级人数而定）

八、公司 1 月期末余额表

贵州橙艺彩妆有限公司 2024 年 1 月期末余额表，如图表 5-15 所示。

图表 5-15　2024 年 1 月期末余额表　　　　　　　　　　　　　　　　单位：元

科目名称	年初余额	累计借方发生额	累计贷方发生额	金额方向	期初余额
银行存款	5 000 000.00	7 365 571.44	6 183 141.26	借	6 182 430.18
其他货币资金	0	0	0	借	0
应收账款	0	1 600 000.00	1 600 000.00	借	0
——三亚晨际贸易有限公司	0	200 000.00	200 000.00	借	0
——广州兴虹贸易有限公司	0	800 000.00	800 000.00	借	0
——苏仙区卓彩贸易有限公司	0	600 000.00	600 000.00	借	0
坏账准备	0	0	11 500.00	贷	11 500.00
——苏仙居卓彩贸易有限公司	0	0	11 500.00	贷	11 500.00
其他应收款	0	5 000.00	0	借	5 000.00
——赵丹颀	0	1 000.00	0	借	1 000.00
——方允薇	0	4 000.00	0	借	4 000.00
库存商品	0	5 398 296.00	4 443 796.00	借	954 500.00
——艾美丽持妆粉底液	0	700 000.00	600 000.00	借	100 000.00
——艾美丽保湿面膜	0	65 000.00	60 000.00	借	5 000.00
——艾美丽舒缓保湿水	0	800 000.00	700 000.00	借	100 000.00
——艾美丽抗皱精华	0	1 000 000.00	950 000.00	借	50 000.00
——艾美丽保湿眼霜	0	900 000.00	890 000.00	借	10 000.00
——艾美丽面部彩妆盘	0	400 000.00	300 000.00	借	100 000.00
——艾美丽美白保湿护手霜	0	40 000.00	10 000.00	借	30 000.00
——艾美丽润唇膏	0	45 000.00	22 500.00	借	22 500.00
——艾美丽美白身体乳	0	170 000.00	105 000.00	借	65 000.00
——艾美发染发膏	0	986 000.00	686 000.00	借	300 000.00
——艾美发洗发水	0	186 296.00	86 296.00	借	100 000.00
——艾美发护发素	0	96 000.00	26 000.00	借	70 000.00
——艾美发用品	0	10 000.00	8 000.00	借	2 000.00
周转材料——低值易耗品	0	0	0	借	0
预收账款	0	0	0	贷	0
应付职工薪酬	0	1 266 327.15	1 151 206.50	贷	115 120.65
——工资	0	919 431.15	835 846.50	贷	83 584.65
——社会保险费	0	281 853.00	256 230.00	贷	25 623.00

(续表)

科目名称	年初余额	累计借方发生额	累计贷方发生额	金额方向	期初余额
——住房公积金	0	65 043.00	59 130.00	贷	5 913.00
应交税费	0	3 037 705.88	2 676 550.80	贷	361 155.08
——应交增值税	0	0	0	贷	0
——城市建设维护税	0	2 310 000.00	2 289 000.00	贷	21 000.00
——未交增值税	0	616 000.00	286 000.00	贷	330 000.00
——教育费附加	0	69 000.00	60 000.00	贷	9 000.00
——个人所得税	0	12 705.88	11 550.80	贷	1 155.08
——应交企业所得税	0	5 702 401.71	5 184 001.56	贷	518 400.15
其他应付款	0	178 868.25	162 607.50	借	16 260.75
——社会保险费	0	113 825.25	103 477.50	借	10 347.75
——住房公积金	0	65 043.00	59 130.00	借	5 913.00
管理费用	0	1 237 519.26	1 237 519.26		0
——工资	0	849 916.76	849 916.76		0
——社会保险费	0	269 967.50	269 967.50		0
——住房公积金	0	55 275.00	55 275.00		0
——差旅费	0	10 000.00	10 000.00		0
——办公费	0	52 360.00	52 360.00		0
销售费用	0	102 042.89	102 042.89		0
——工资	0	69 514.39	69 514.39		0
——社会保险费	0	11 885.50	11 885.50		0
——住房公积金	0	9 768.00	9 768.00		0
——差旅费	0	9 650.00	9 650.00		0
——办公费	0	1 225.00	1 225.00		0
主营业务收入	0	40 258 009.00	40 258 009.00		0
主营业务成本	0	13 699 840.00	13 699 840.00		0
税金及附加	0	2 409 000.00	2 409 000.00		0
所得税费用	0	5 702 401.71	5 702 401.71		0
实收资本	5 000 000.00	0	0	贷	5 000 000.00
——赵丹顾	2 400 000.00	0	0	贷	2 400 000.00
——方允薇	1 600 000.00	0	0	贷	1 600 000.00

（续表）

科目名称	年初余额	累计借方发生额	累计贷方发生额	金额方向	期初余额
——欧阳倩	1 000 000.00	0	0	贷	1 000 000.00
利润分配	0	0	0		0
——提取法定盈余公积	0	0	0		0
——未分配利润	0	0	0		0
本年利润	0	22 809 606.85	22 809 606.85	贷	0
盈余公积	0	0	0		0
——法定盈余公积	0	0	0		0

九、会计事项原始凭证

贵州橙艺彩妆有限公司2月、3月的票据，如凭证5-1至凭证5-96所示。请根据会计资料完成相关的账务处理。

（1）根据企业2月、3月的票据完成记账凭证的编制。

（2）整理、装订、归档和存储编制好的记账凭证。

项目小结

总结概括本项目的知识点，完成以下思维导图。

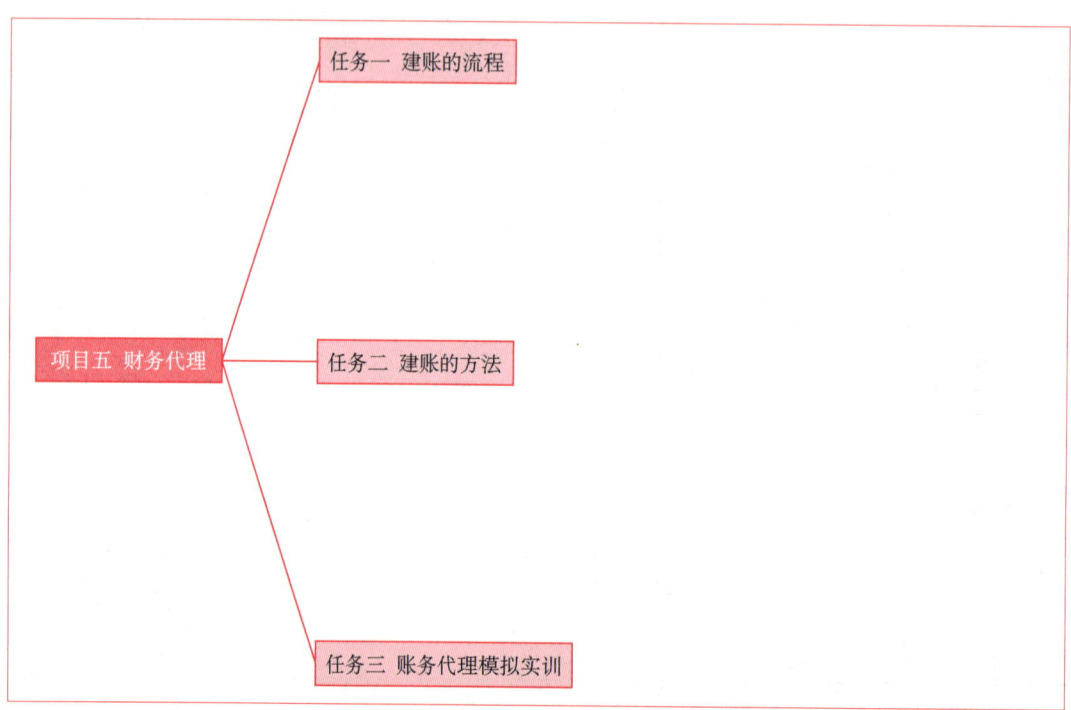

【二月】

凭证 5-1

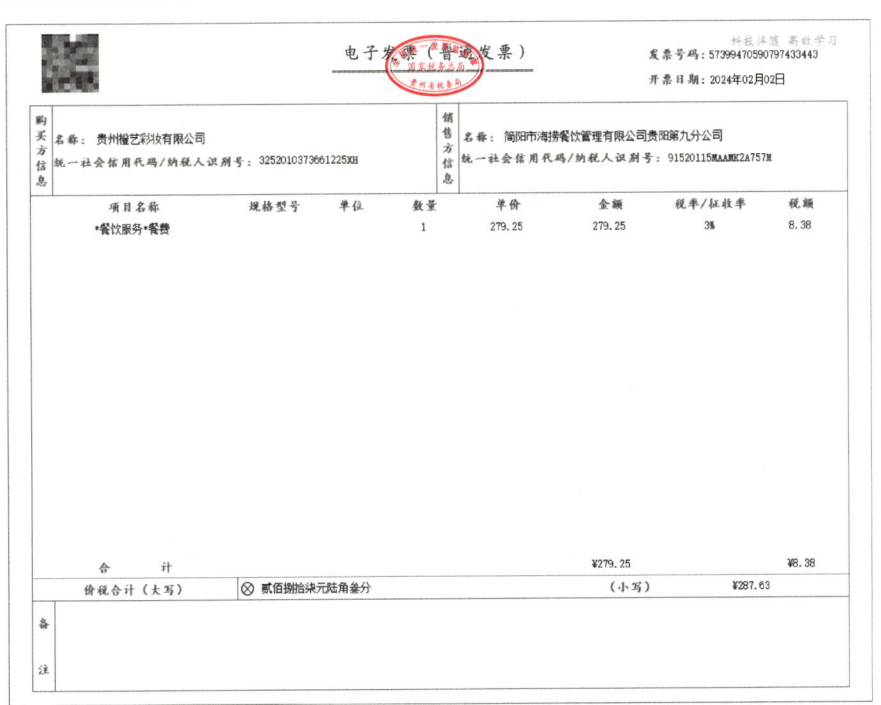

凭证 5-2

凭证 5-3

中国建设银行 网上银行电子回单

电子回单号码：63136172993

付款人	户名	贵州橙艺彩妆有限公司	收款人	户名	中国平安财产保险股份有限公司贵州分公司
	账号	6225001300067883217		账号	2402002119200018513
	开户银行	中国建设银行清溪路支行		开户银行	中国工商银行贵阳市省新支行
金额		人民币（大写）：壹万零陆佰玖拾玖元陆角肆分			¥10,699.64
摘要		保险费	业务种类		
用途		保险费			
交易流水号		05466354680184	时间戳		2024-02-02
备注：					
验证码：90401370					
记账网点	328	记账柜员	268	记账日期	2024年02月03日

打印日期：2024年02月03日

凭证 5-4

中国建设银行 网上银行电子回单

电子回单号码：86287887533

付款人	户名	贵州橙艺彩妆有限公司	收款人	户名	谢静
	账号	6225001300067883217		账号	6217007120000594898
	开户银行	中国建设银行清溪路支行		开户银行	中国建设银行
金额		人民币（大写）：肆万伍仟元整			¥45,000.00
摘要		借款	业务种类		
用途		借款			
交易流水号		71221803367592	时间戳		2024-02-02
备注：					
验证码：13651085					
记账网点	086	记账柜员	400	记账日期	2024年02月03日

打印日期：2024年02月03日

凭证 5-5

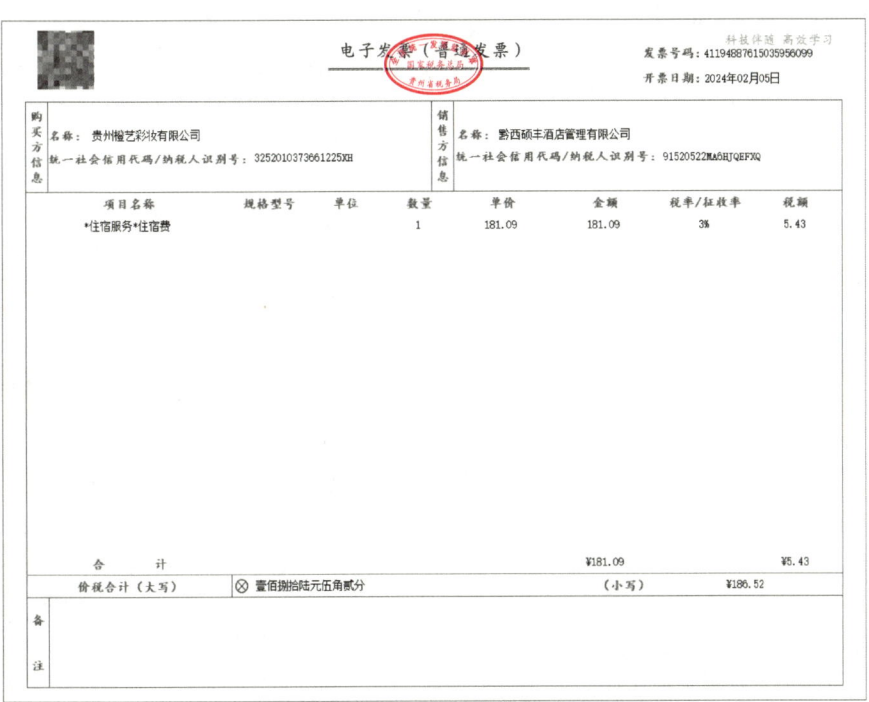

凭证 5-6

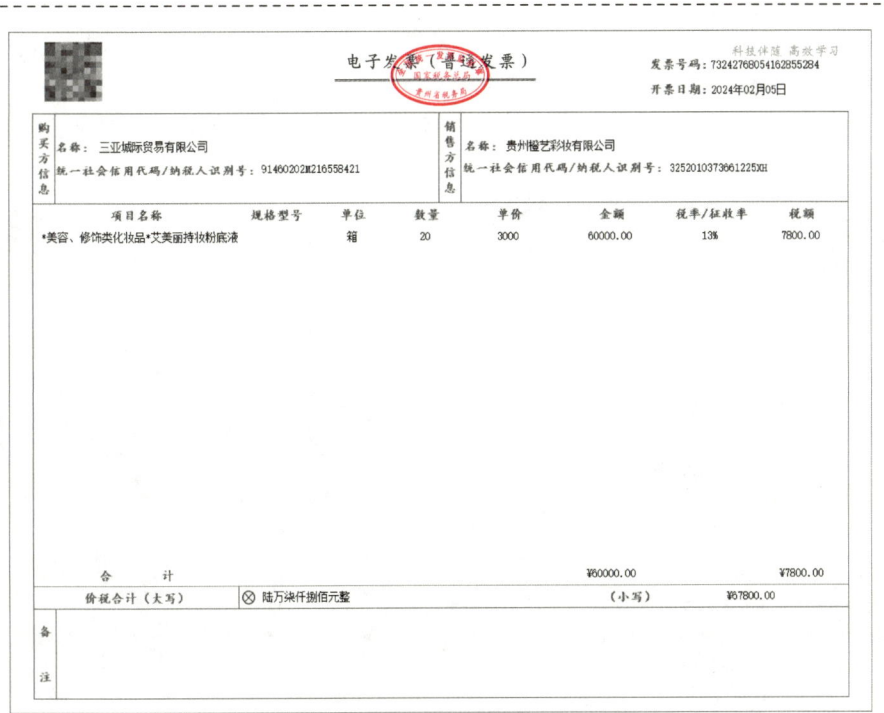

凭证 5-7

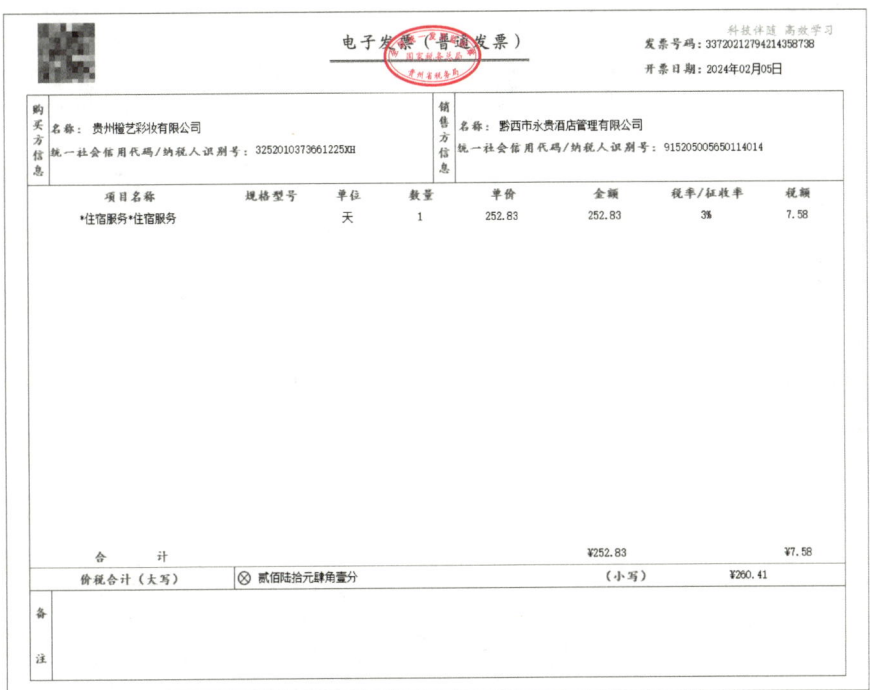

凭证 5-8

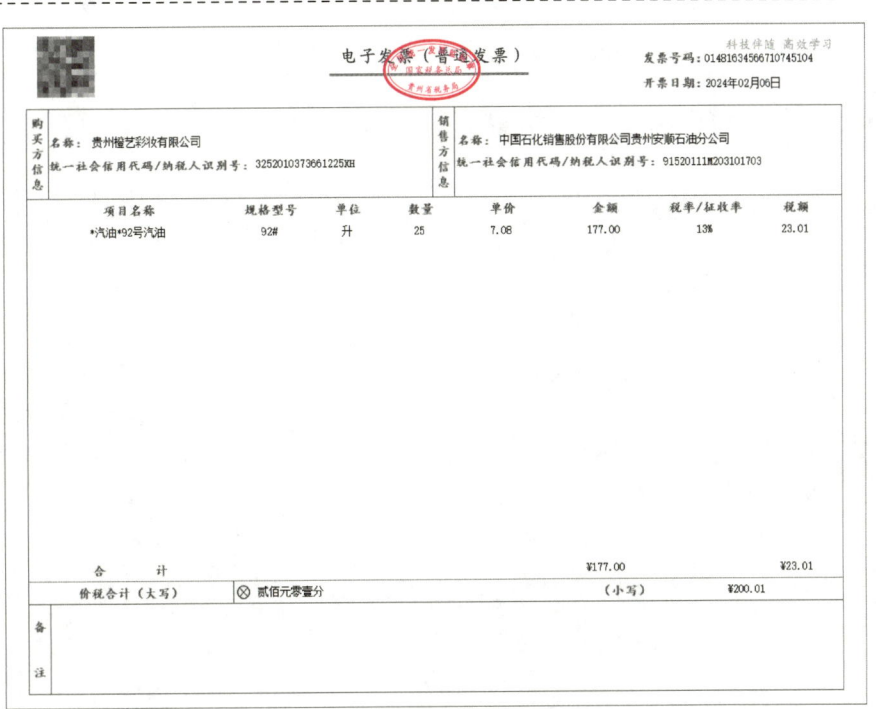

凭证 5-9

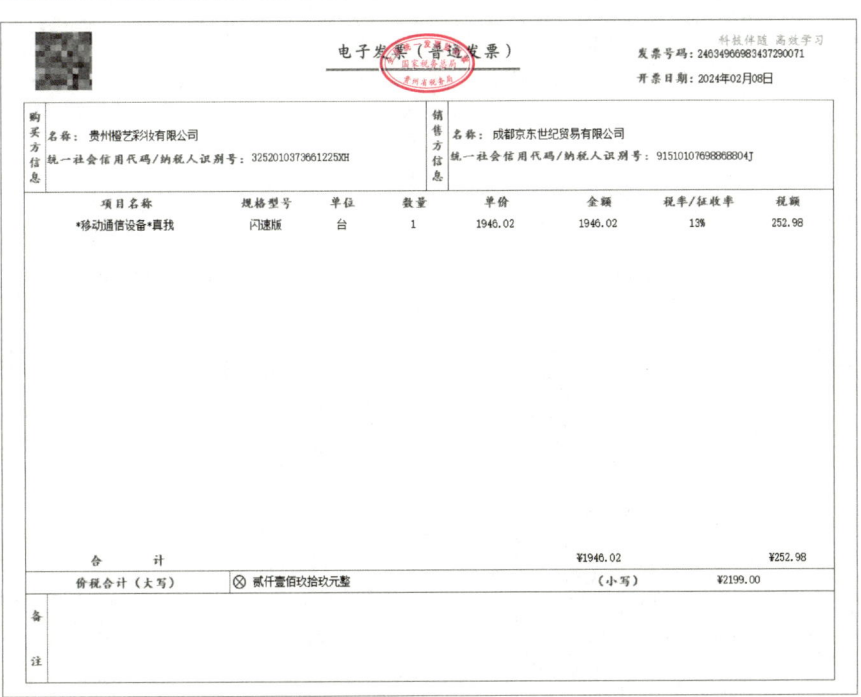

凭证 5-10

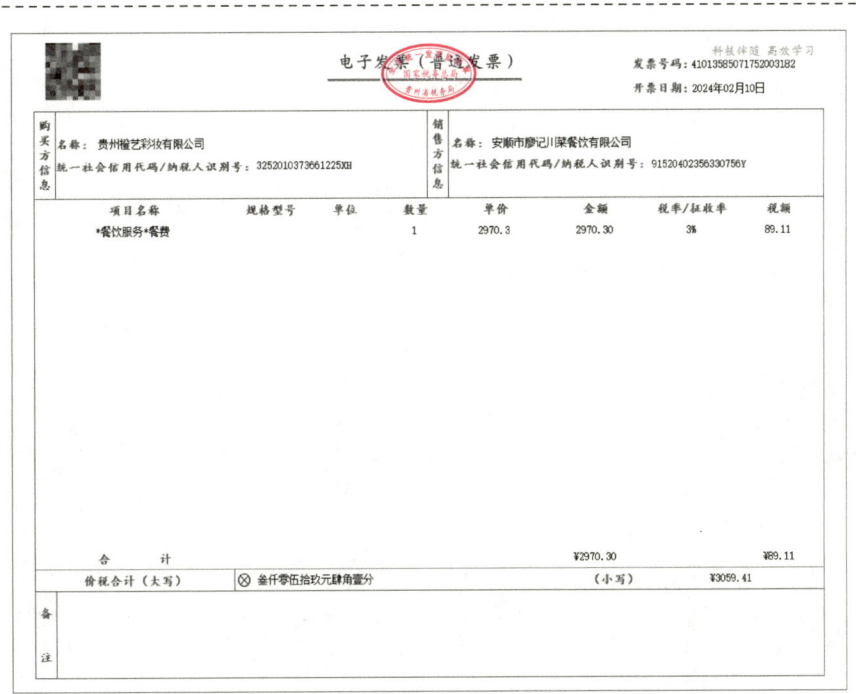

凭证 5-11

中国建设银行 网上银行电子回单

电子回单号码：180005658741

付款人	户名	中国石化销售股份有限公司贵州安顺石油分公司	收款人	户名	贵州橙艺彩妆有限公司
	账号	2404031329022134953		账号	6225001300067883217
	开户银行	中国工商银行安顺塔山支行		开户银行	中国建设银行清溪路支行
金额		人民币（大写）：壹万肆仟柒佰零柒元柒角肆分			¥14,707.74
摘要		贵州安顺石油分公司	业务种类		
用途		贵州安顺石油分公司			
交易流水号		97607460036848	时间戳		2024-02-10

备注：

验证码：82642586

记账网点	239	记账柜员	180	记账日期	2024年02月10日

打印日期：2024年02月10日

凭证 5-12

中国建设银行 网上银行电子回单

电子回单号码：89554156091

付款人	户名	贵州橙艺彩妆有限公司	收款人	户名	贵阳最由前广告公司
	账号	6225001300067883217		账号	9413237936289646533
	开户银行	中国建设银行清溪路支行		开户银行	中国工商银行贵阳花溪区元通路支行
金额		人民币（大写）：壹万壹仟捌佰元整			¥11,800.00
摘要		广告费	业务种类		
用途		广告费			
交易流水号		57116357776865	时间戳		2024-02-10

备注：

验证码：42161373

记账网点	844	记账柜员	795	记账日期	2024年02月12日

打印日期：2024年02月12日

凭证5-13

中国建设银行 网上银行电子回单

电子回单号码：18035379452

付款人	户名	贵州橙艺彩妆有限公司	收款人	户名	李恒
	账号	6225001300067883217		账号	6222032402003945924
	开户银行	中国建设银行清溪路支行		开户银行	中国工商银行花果园大街支行

金额	人民币(大写)：捌仟叁佰零捌元伍角柒分	￥8,308.57
摘要	公司车贷还款第二十四期	业务种类
用途	公司车贷还款第二十四期	
交易流水号	97607460036848	时间戳	2024-02-11

备注：

验证码：82642586

记账网点	239	记账柜员	180	记账日期	2024年02月12日

打印日期：2024年02月12日

凭证5-14

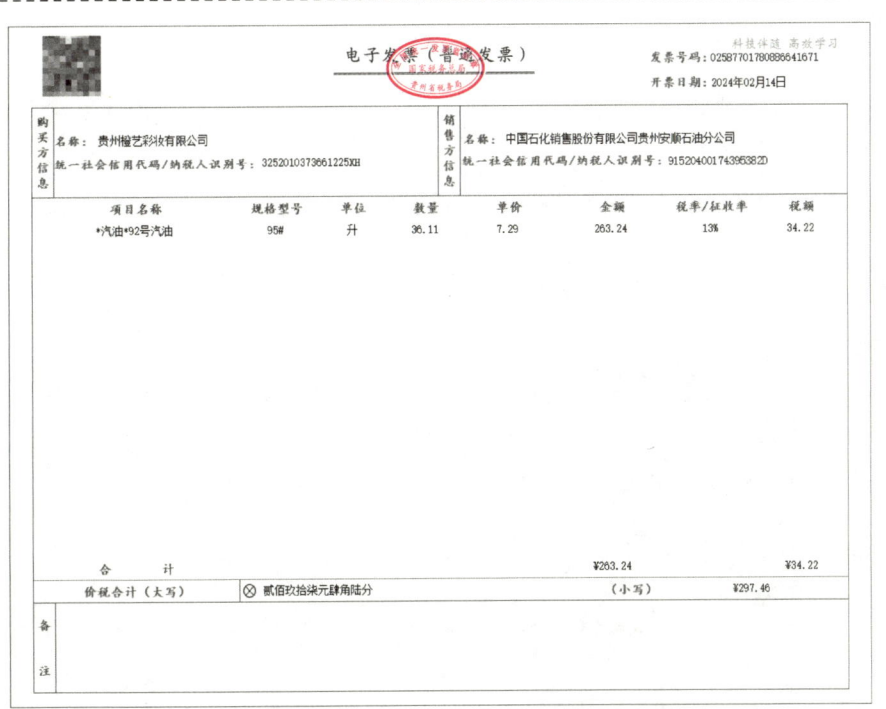

凭证 5-15

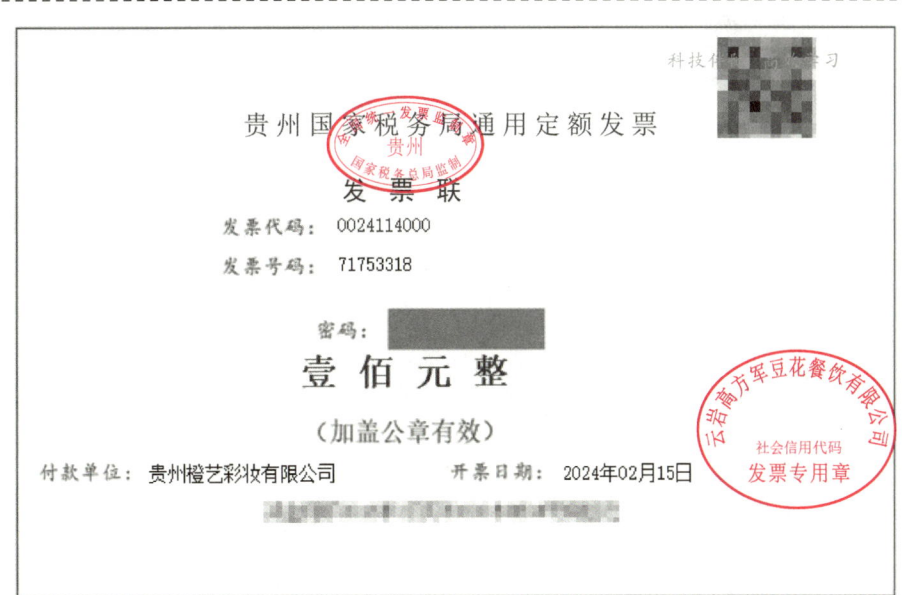

凭证 5-16

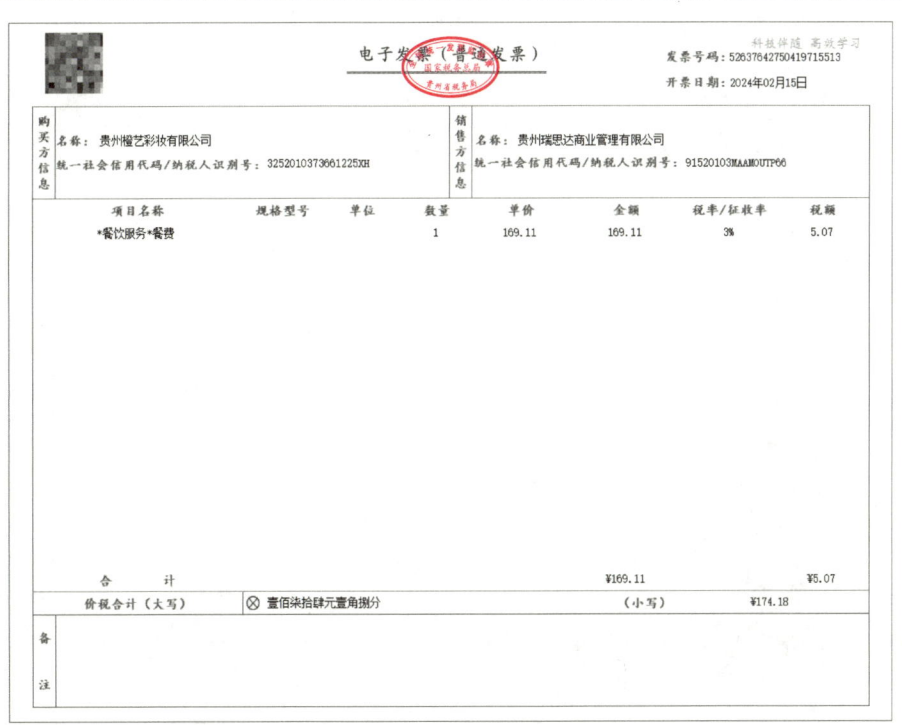

凭证 5-17

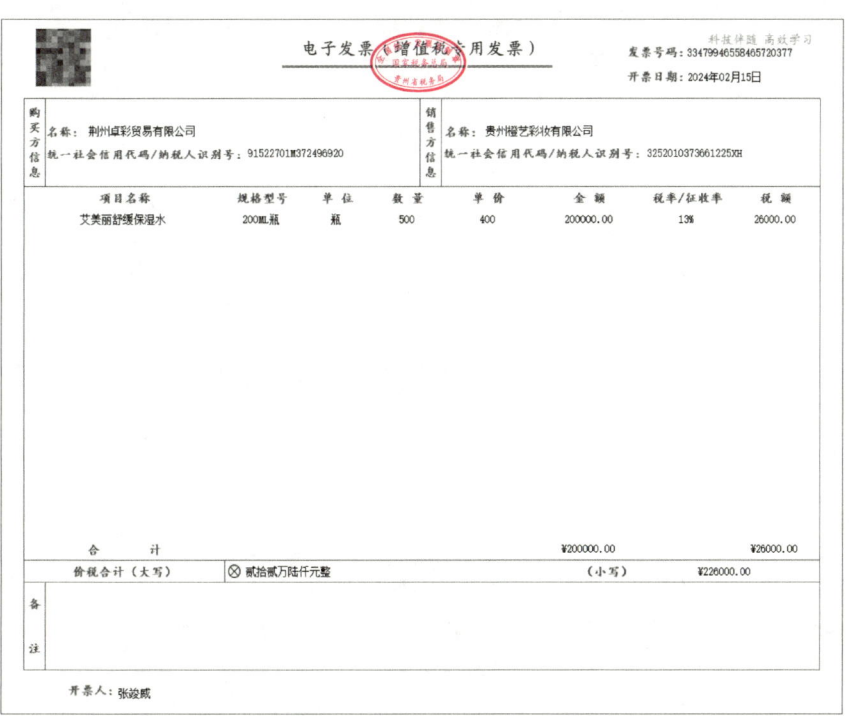

凭证 5-18

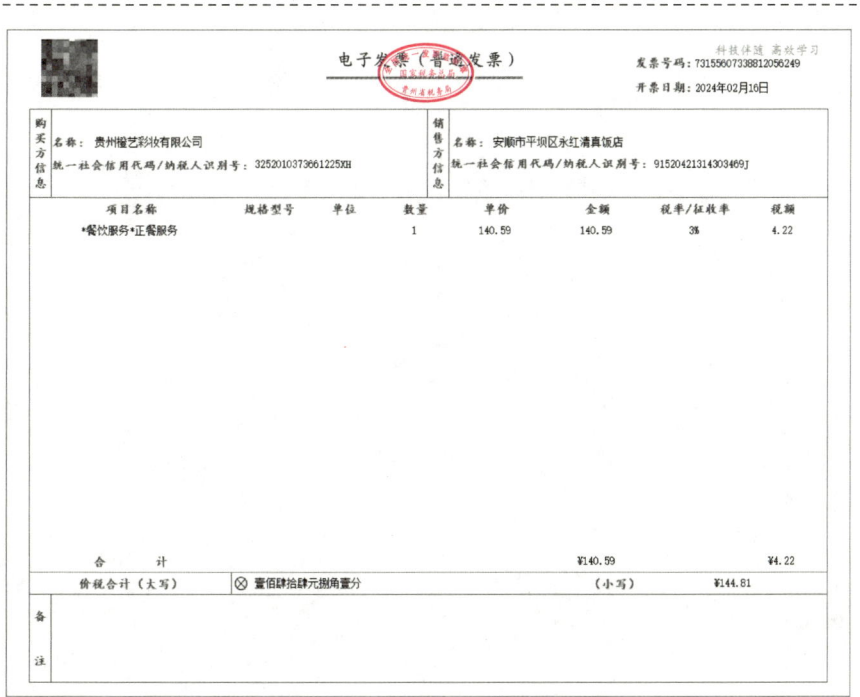

凭证 5-19

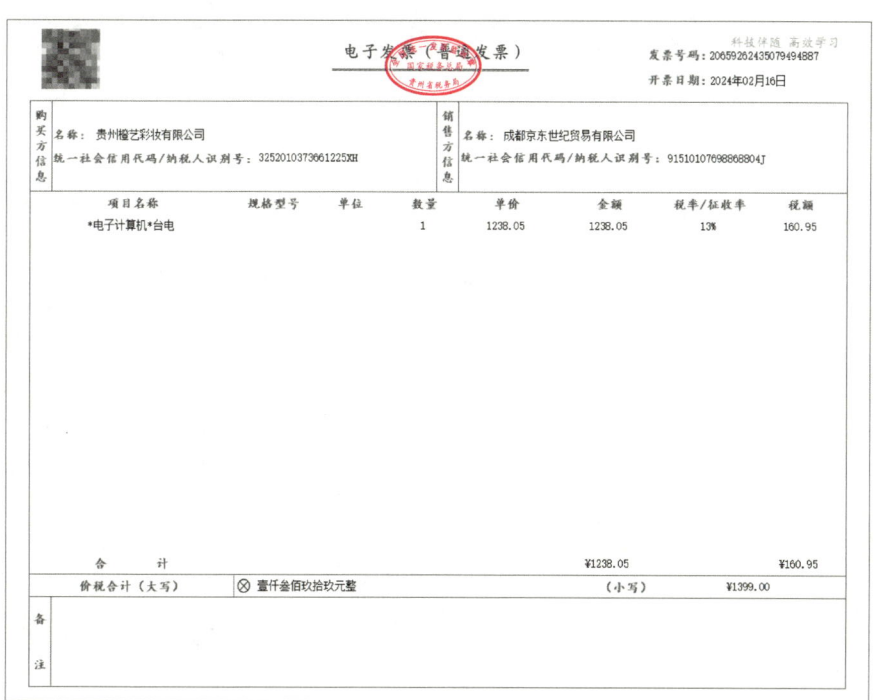

凭证 5-20

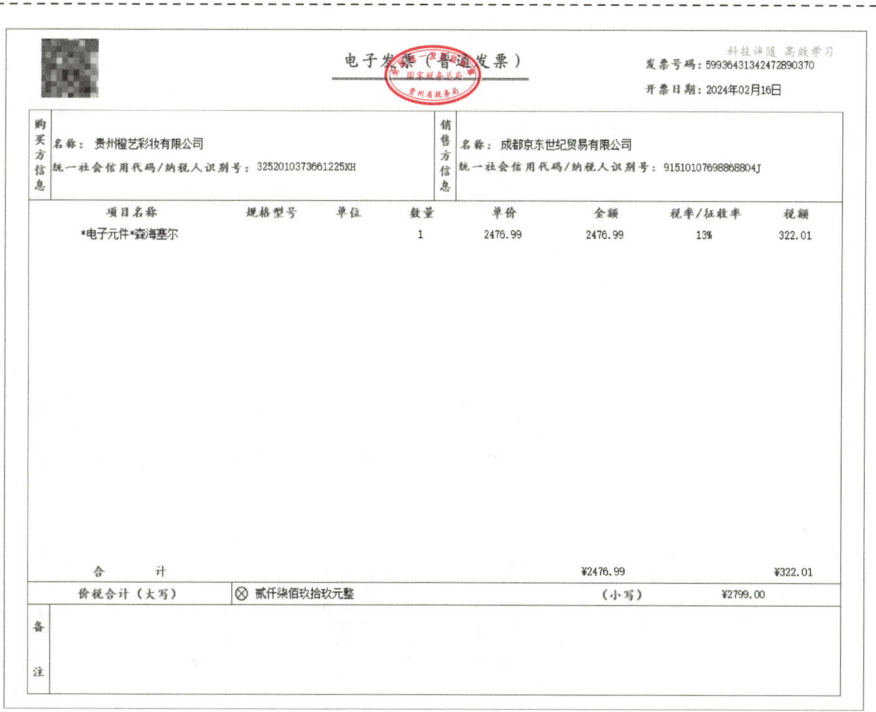

凭证 5-21

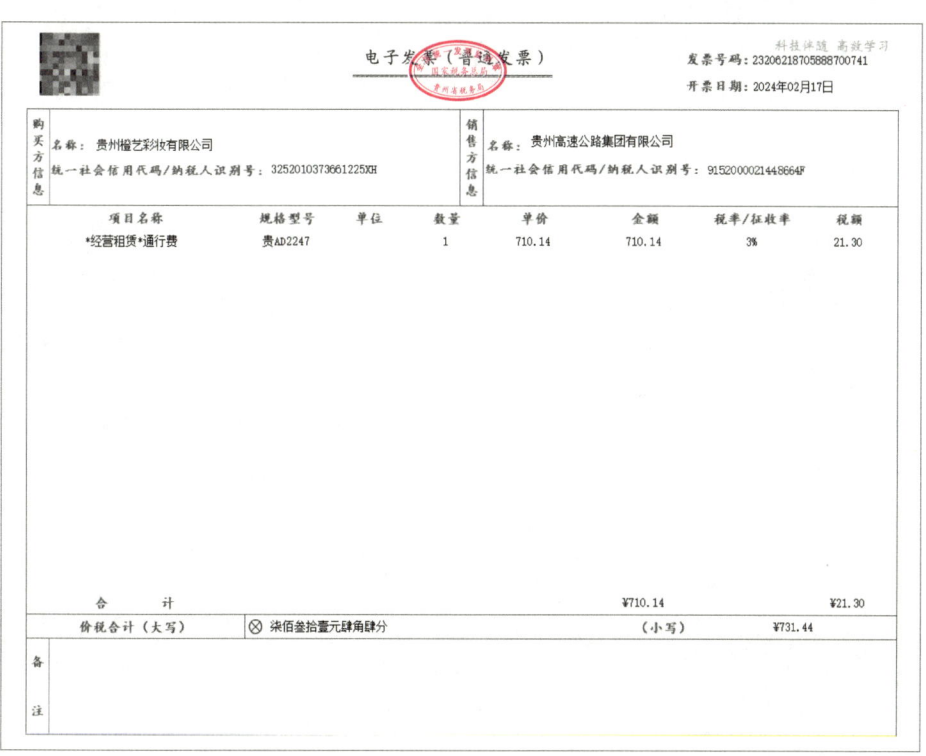

凭证 5-22

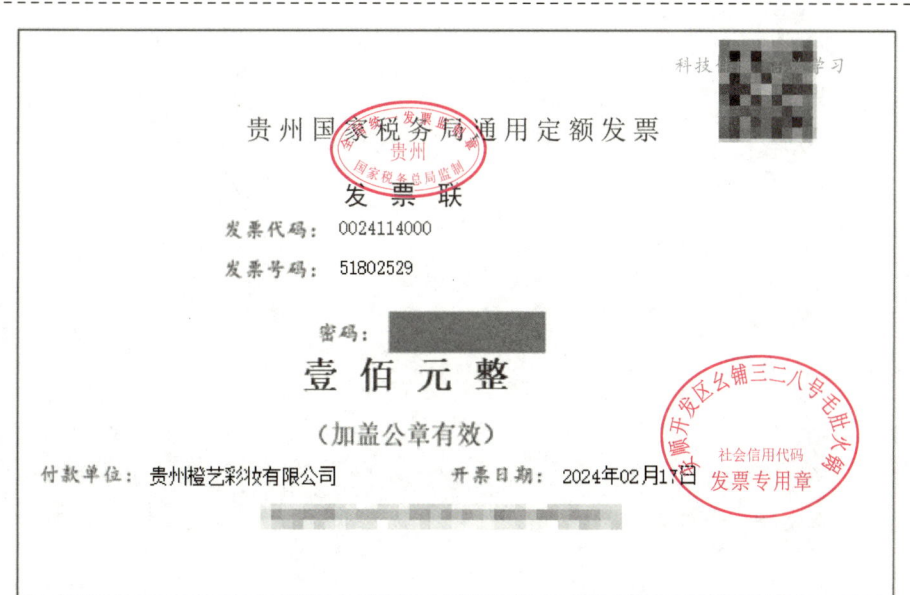

凭证 5-23

中华人民共和国税收完税证明

（897）黔 国政 9558376036283078 30

填发日期：2024 年 02 月 17 日　　　税务机关：贵阳花溪区国家税务局

第一联（收据）缴纳税人作完税凭证明

纳税人识别号		纳税人名称				
原凭证号	税 种	品目名称	税款所属时期	入(退)库日期	实缴(退)金额	
368039410592921545830	企业职工基本养老保险	职工基本养老保险（单位缴纳）	2024-02-01　2024-02-28	2024-02-17	2,943.32	
053751336231587228953	企业职工基本养老保险	职工基本养老保险（个人缴纳）	2024-02-01　2024-02-28	2024-02-17	1,471.66	
903191594573868679697	失业保险费	失业保险（单位缴纳）	2024-02-01　2024-02-28	2024-02-17	128.78	
327393301347592373299	失业保险费	失业保险（个人缴纳）	2024-02-01　2024-02-28	2024-02-17	55.20	
277844569689863724033	工伤保险费	工伤保险	2024-02-01　2024-02-28	2024-02-17	158.98	
金额合计（大写）	肆仟柒佰伍拾柒元玖角肆分				¥4,757.94	
税务机关（盖章）		填票人	备注			

妥善保管，手写无效

凭证 5-24

贵州国家税务局通用定额发票

发票联

发票代码：0024114000
发票号码：86985436

密码：

壹佰元整

（加盖公章有效）

付款单位：贵州橙艺彩妆有限公司　　开票日期：2024年02月17日

凭证 5-25

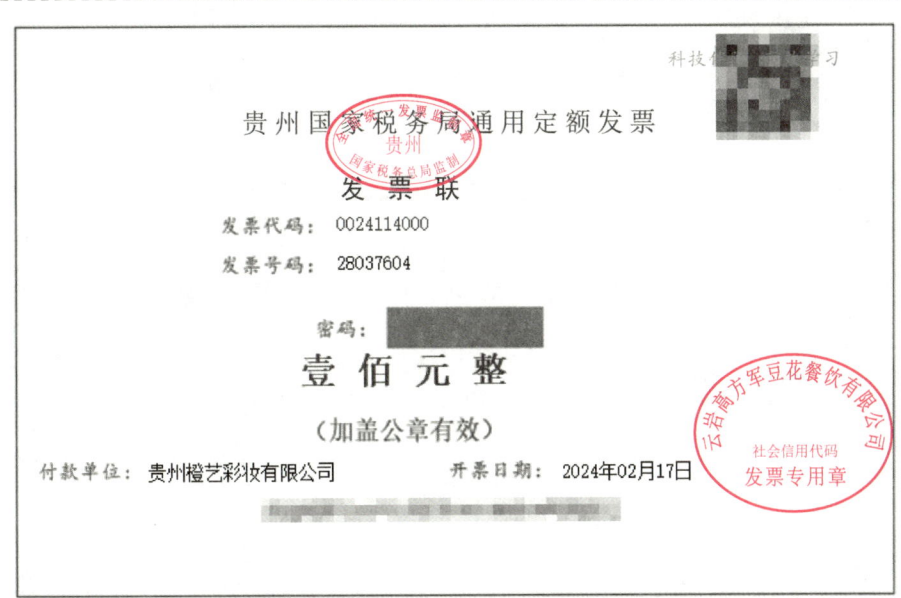

凭证 5-26

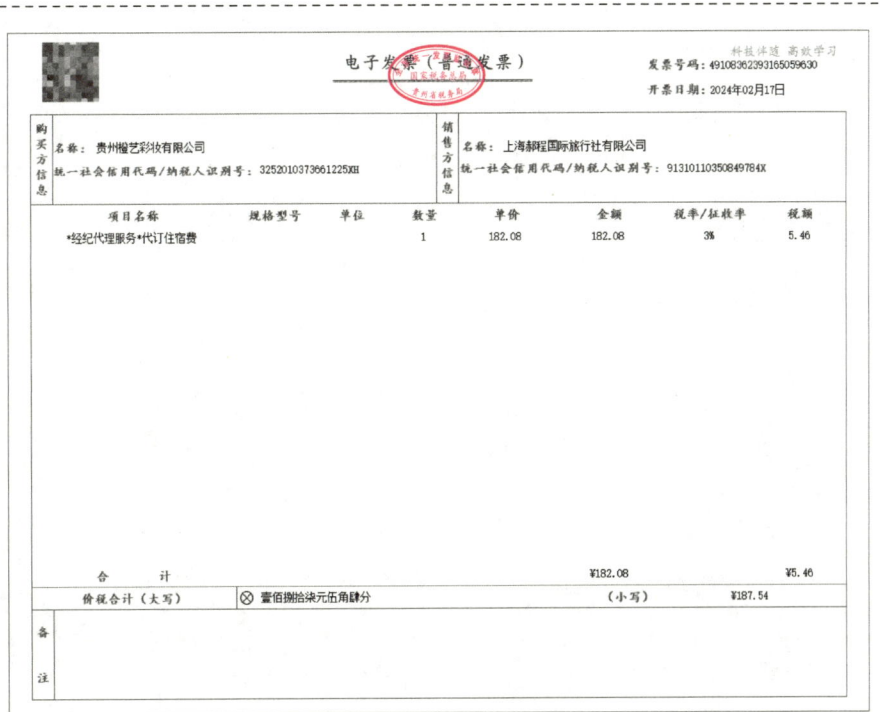

凭证 5-27

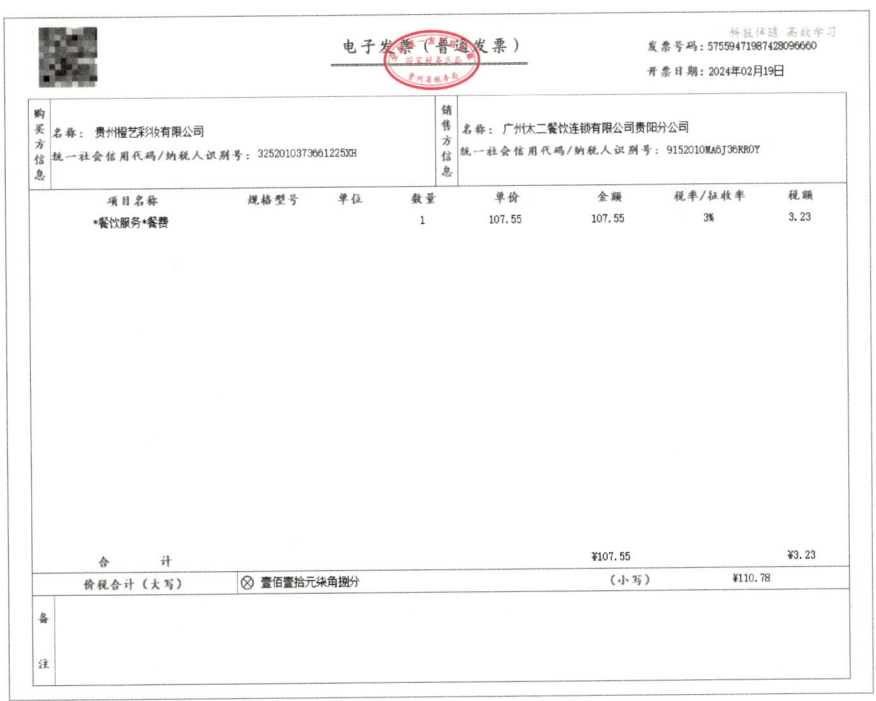

凭证 5-28

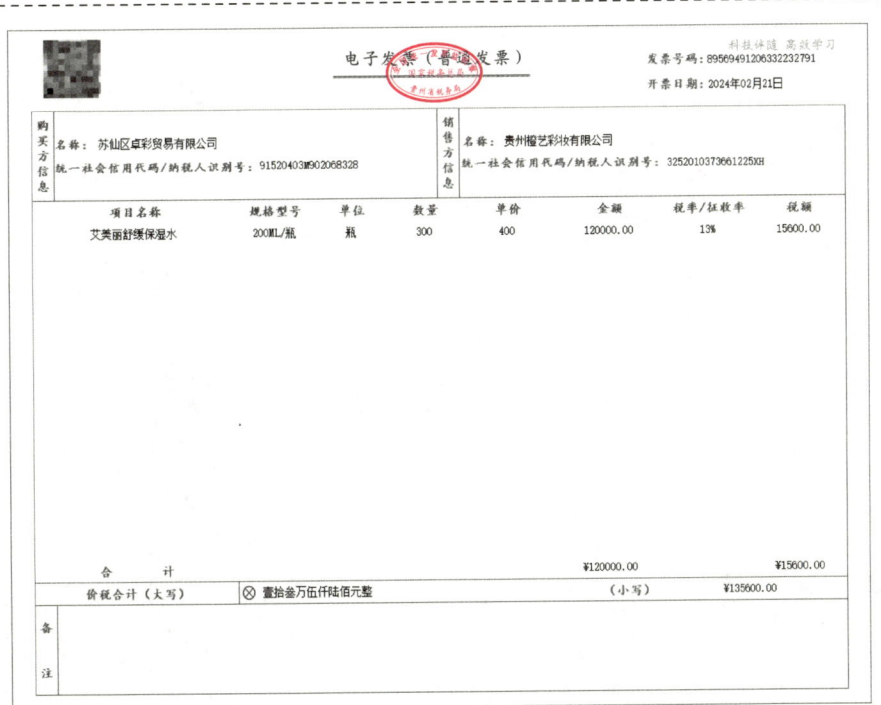

凭证 5-29

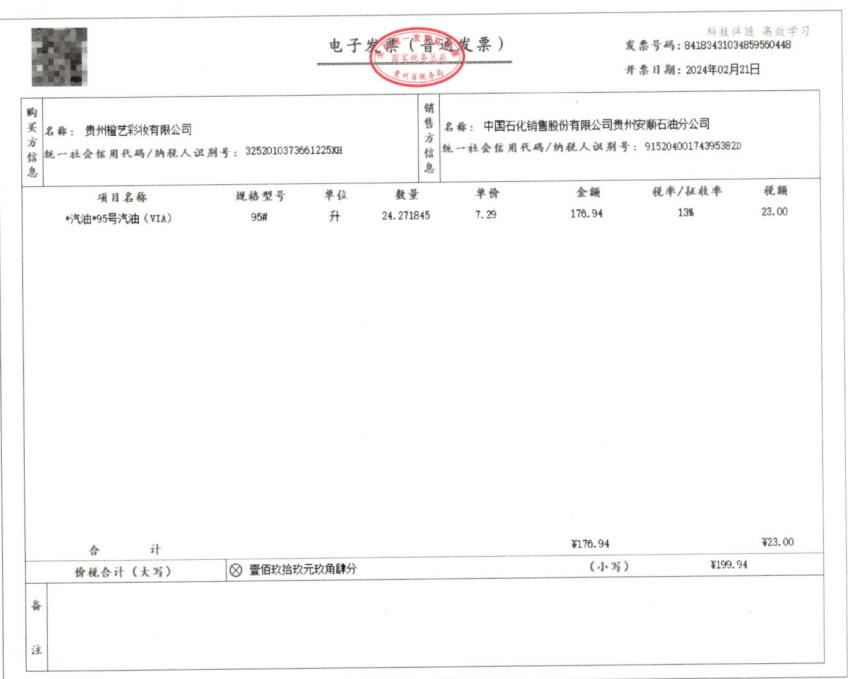

凭证 5-30

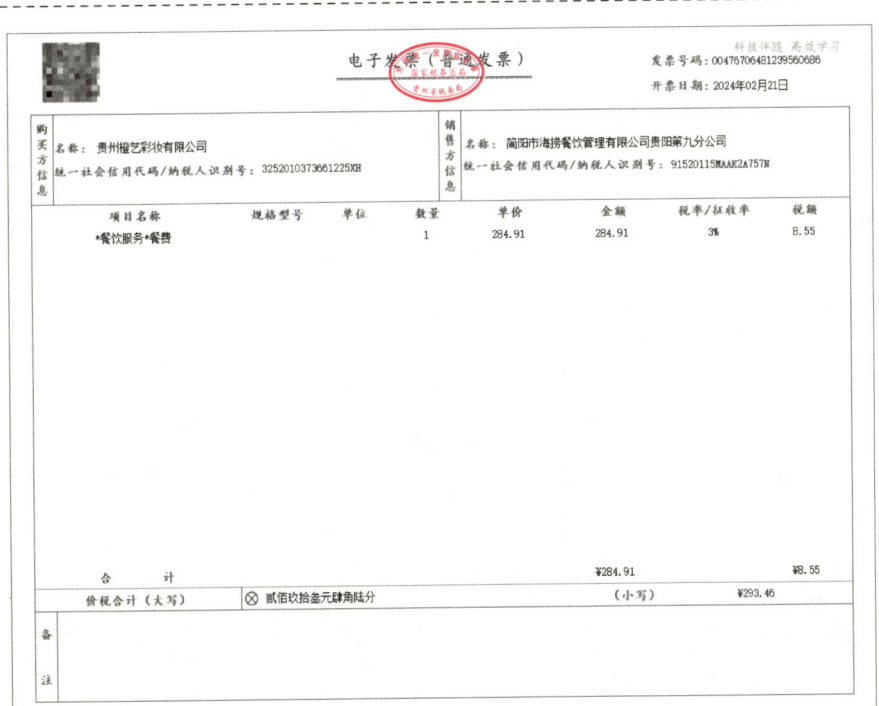

凭证 5-31

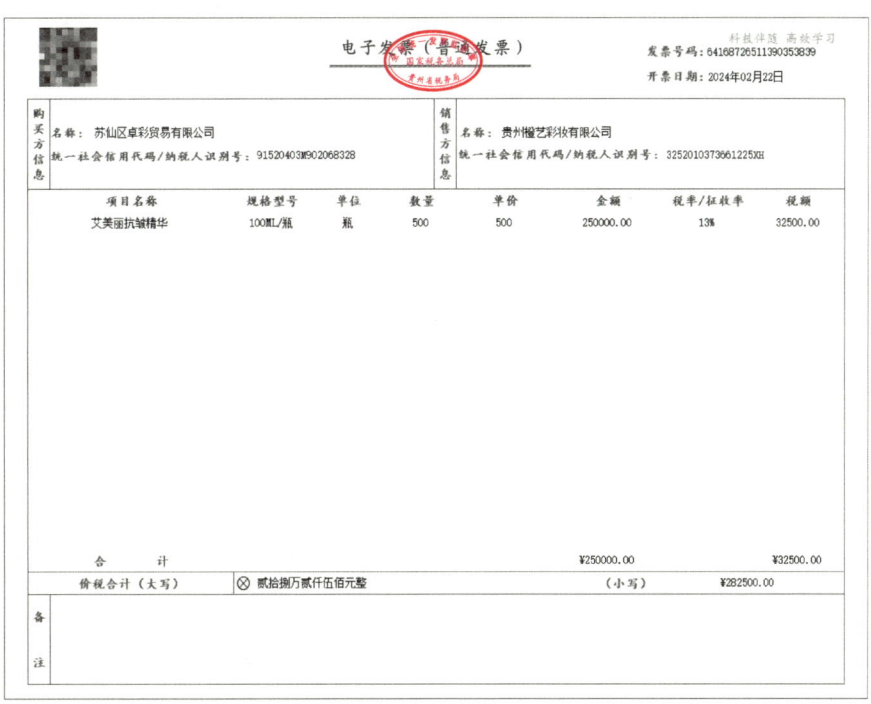

凭证 5-32

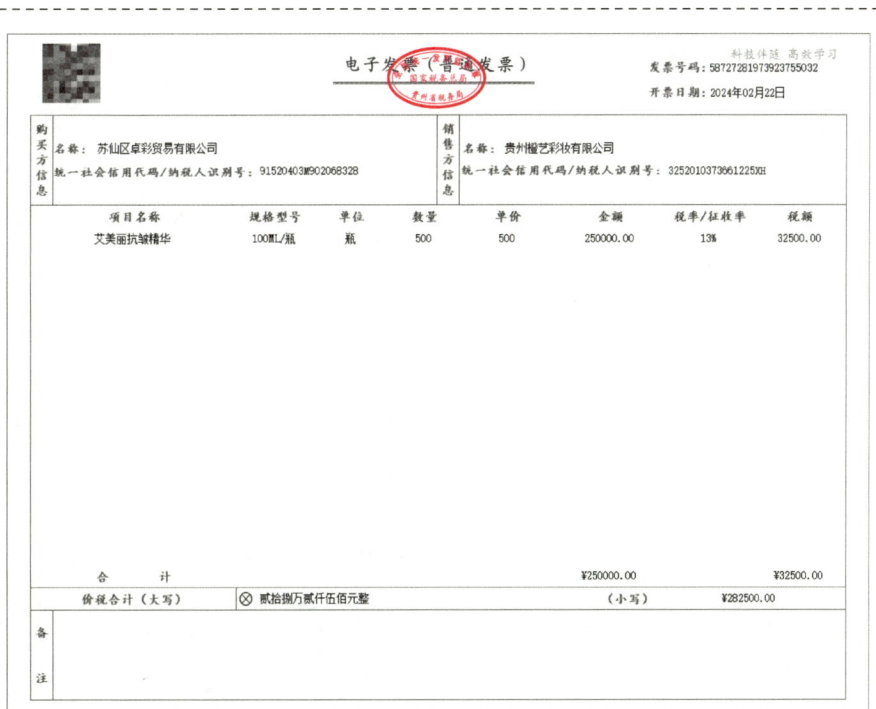

凭证 5-33

中国建设银行 网上银行电子回单

电子回单号码：180002594612

付款人	户名	中国石化销售股份有限公司贵州安顺石油分公司	收款人	户名	贵州橙艺彩妆有限公司
	账号	240403132902213453		账号	6225001300067883217
	开户银行	中国工商银行安顺塔山支行		开户银行	中国建设银行清溪路支行
金额		人民币（大写）：壹万零陆佰捌拾捌元陆角捌分			¥10,688.68
摘要		贵州安顺基建部申报	业务种类		
用途		贵州安顺基建部申报			
交易流水号		97607460036848	时间戳		2024-02-22

备注：

验证码：82642586

| 记账网点 | 239 | 记账柜员 | 180 | 记账日期 | 2024年02月23日 |

打印日期：2024年02月23日

凭证 5-34

中国建设银行 网上银行电子回单

电子回单号码：18035379452

付款人	户名	贵州省省社保基金	收款人	户名	中国平安财产保险股份有限公司贵州分公司
	账号	6252500001002458951		账号	2402002119200018513
	开户银行	中国建设银行清溪路支行		开户银行	中国工商银行
金额		人民币（大写）：壹万零陆佰玖拾玖元陆角肆分			¥10,699.64
摘要		失业稳岗返还	业务种类		
用途		失业稳岗返还			
交易流水号		97607460036848	时间戳		2024-02-22

备注：

验证码：82642586

| 记账网点 | 239 | 记账柜员 | 180 | 记账日期 | 2024年02月23日 |

打印日期：2024年02月23日

凭证 5-35

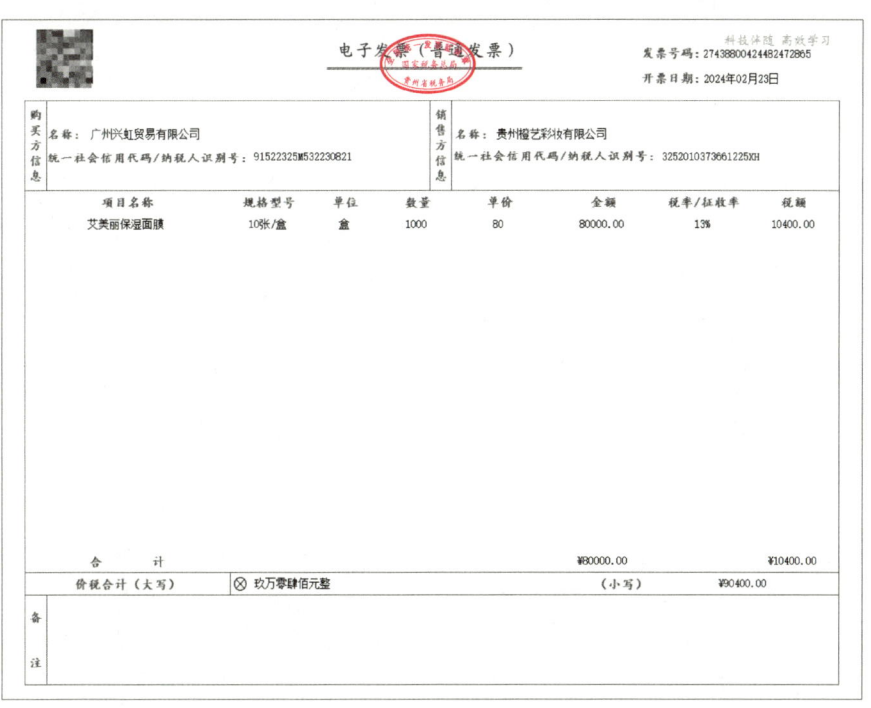

凭证 5-36

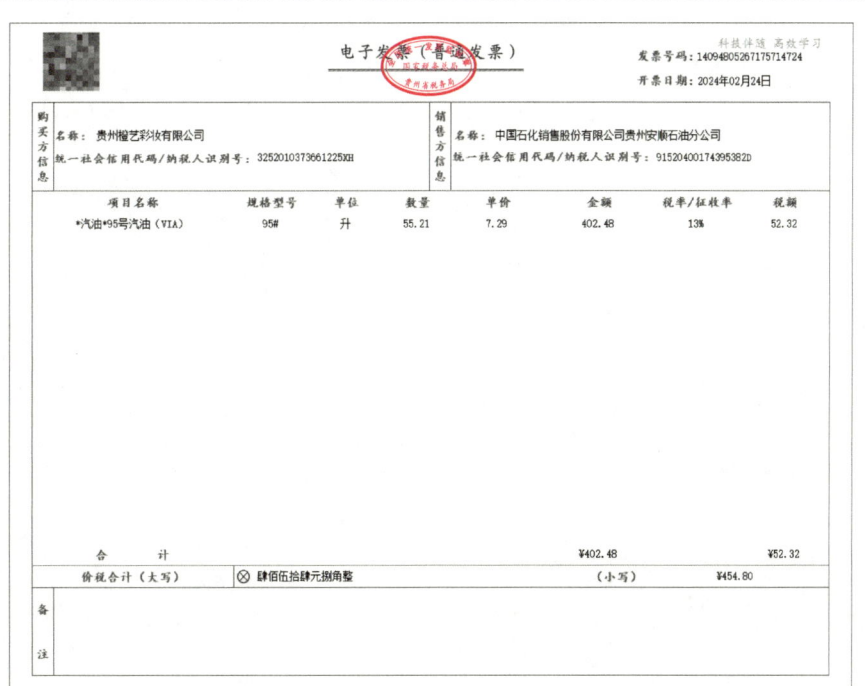

凭证 5-37

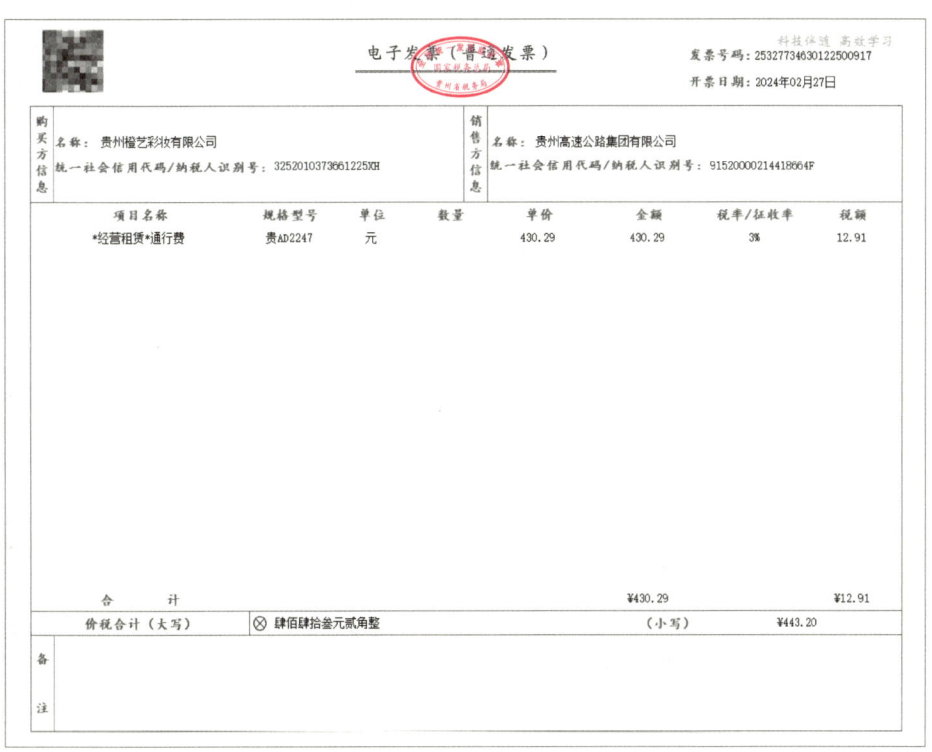

凭证 5-38

凭证 5-39

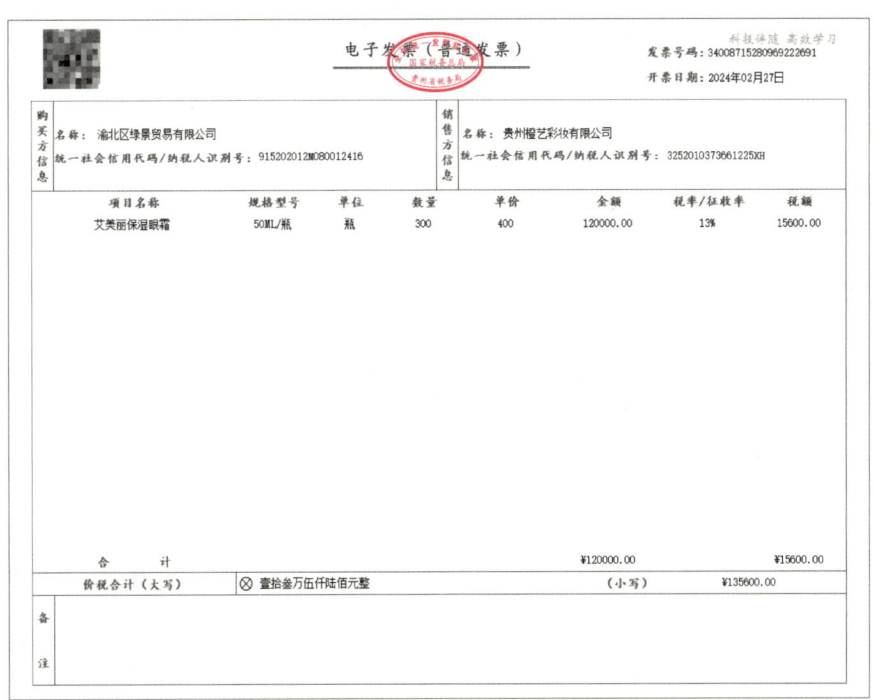

凭证 5-40

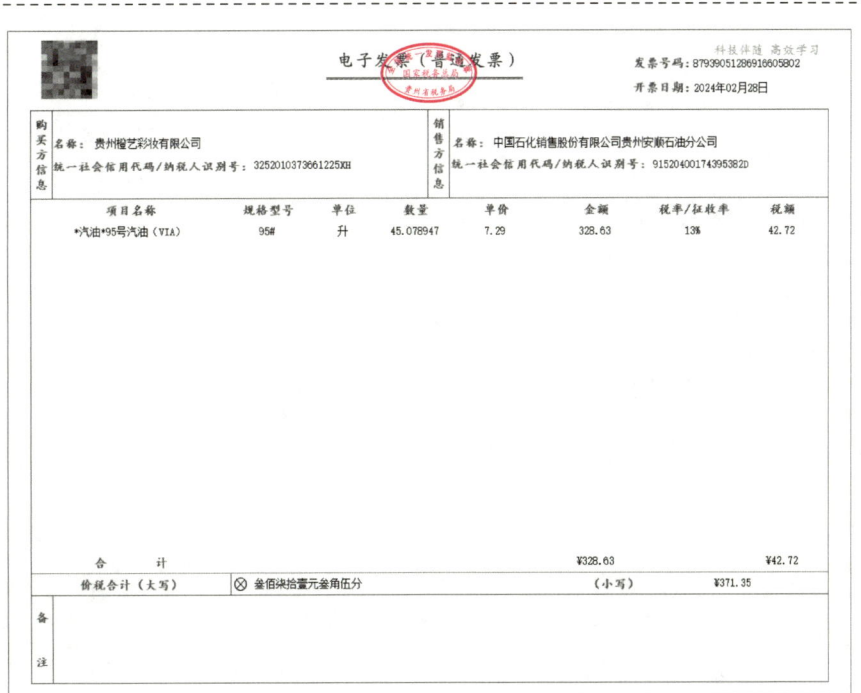

凭证 5-41

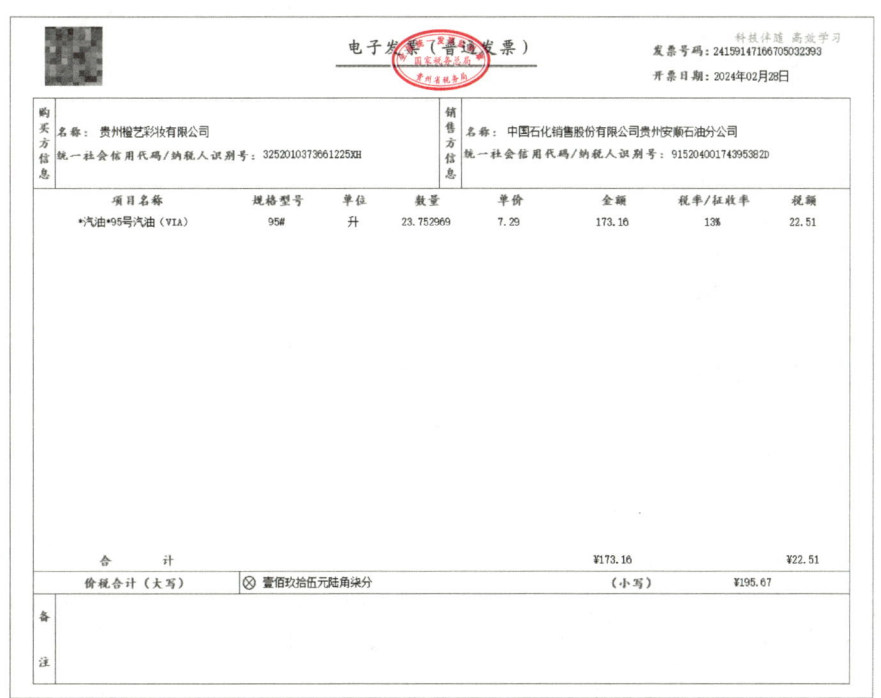

【三月】

凭证 5-42

固定资产折旧汇总表

2024 年 03 月 01 日   单位：元

使用部门	类别	原值	月折旧率及单位折旧	折旧额
	器具、工具、家具等	9,050.56		0.00
	运输工具	111,800.00		0.00
	电子设备	43,282.99		0.00
合计		164,133.55		0.00

审核：徐婷   制单：何玉

凭证 5-43

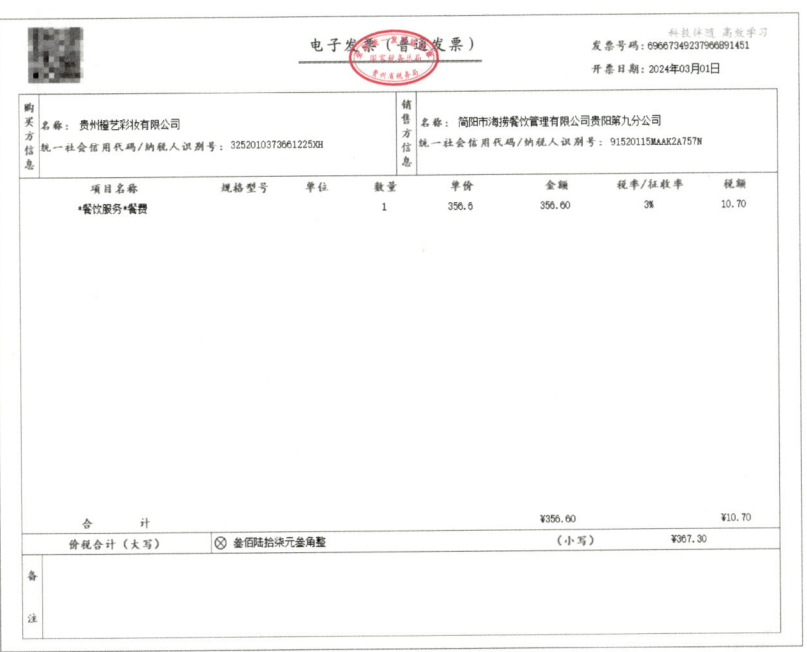

凭证 5-44

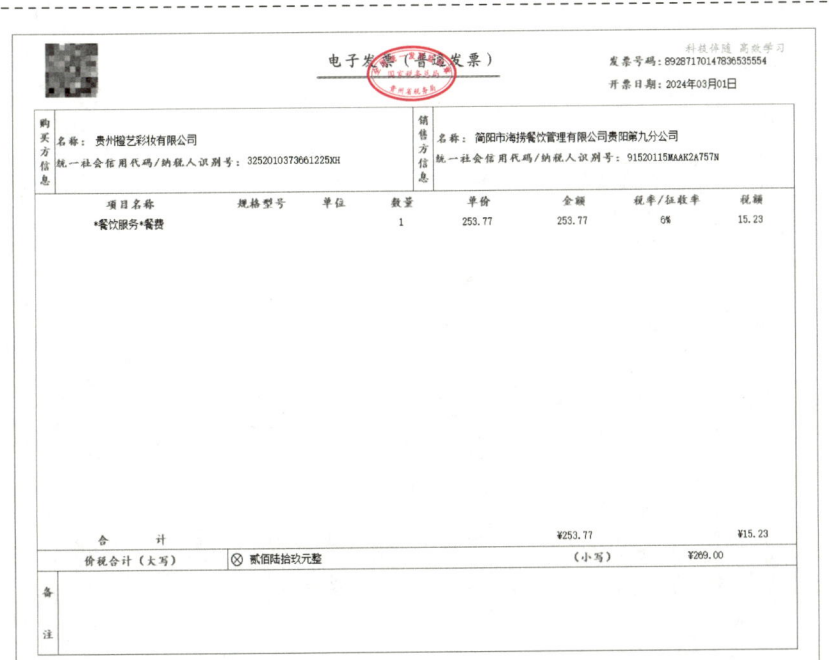

凭证 5-45

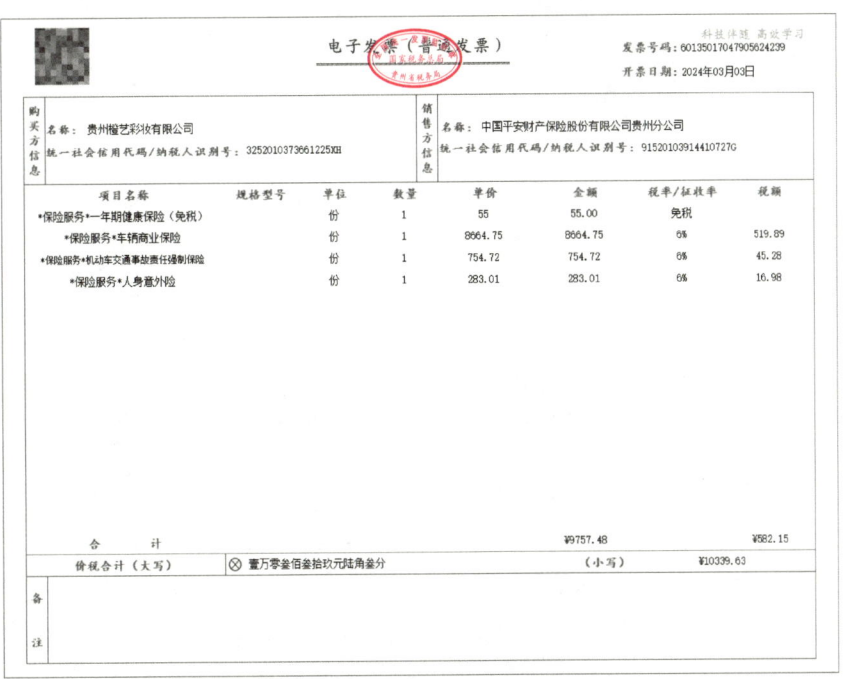

凭证 5-46

凭证 5-47

凭证 5-48

中国建设银行 网上银行电子回单

电子回单号码：99163566898

付款人	户名	荆州卓彩贸易有限公司	收款人	户名	贵州橙艺彩妆有限公司
	账号	6224500001112591254		账号	6225001300067883217
	开户银行	中国工商银行黔南布依族苗族自治州都匀市赛壒路支行		开户银行	中国建设银行清溪路支行
金额		人民币(大写)：伍万伍仟捌佰元整			¥55,800.00
摘要		货款	业务种类		
用途		货款			
交易流水号		21593747585710	时间戳		2024-03-04
备注：					
验证码：26538863					
记账网点	588	记账柜员	529	记账日期	2024年03月05日
				打印日期：	2024年03月05日

贵州客运出租车统一发票
TAXIERCPIPT

发票联

发票代码：152012103123
发票号码：0998889
发票查询电话：
服务监督电话：12345

车号：AUK019
证号：
日期：2024 年 03 月 04 日
上车：13:00
下车：13:33
单价：¥1.80
里程：3.81KM
等候：00:00:00
金额：¥10.00
卡号：
原额：
余额：¥10.00
批号：68559812

凭证 5-49

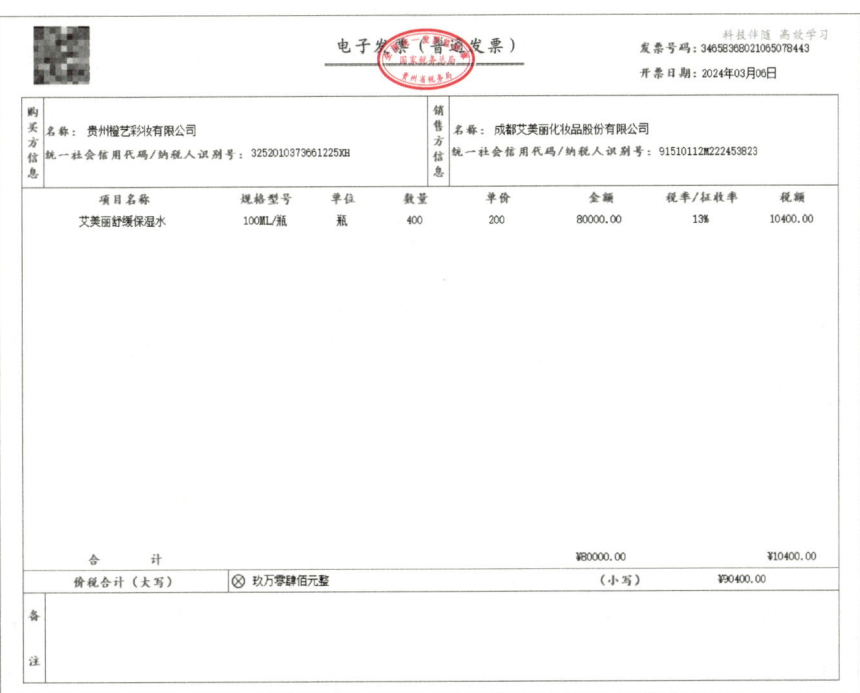

凭证 5-50

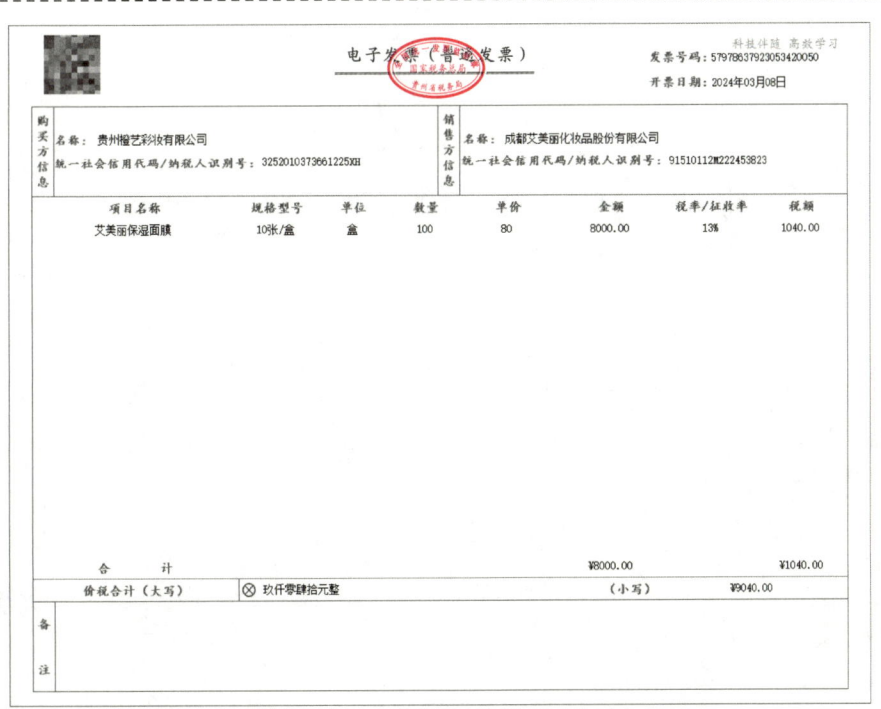

凭证 5-51

中国建设银行 网上银行电子回单

电子回单号码：91441507242

付款人	户名	贵州橙艺彩妆有限公司	收款人	户名	上海跑的快有限公司
	账号	6225001300067883217		账号	1983860681801922448
	开户银行	中国建设银行清溪路支行		开户银行	中国工商银行上海市德际路支行

金额	人民币(大写)：壹拾万玖仟壹佰贰拾元整	¥109,120.00
摘要	无	业务种类
用途	无	
交易流水号	70013798826199	时间戳	2024-03-08

备注：

验证码：65058814

记账网点 073　　　记账柜员 924　　　记账日期 2024年03月09日

打印日期：2024年03月09日

凭证 5-52

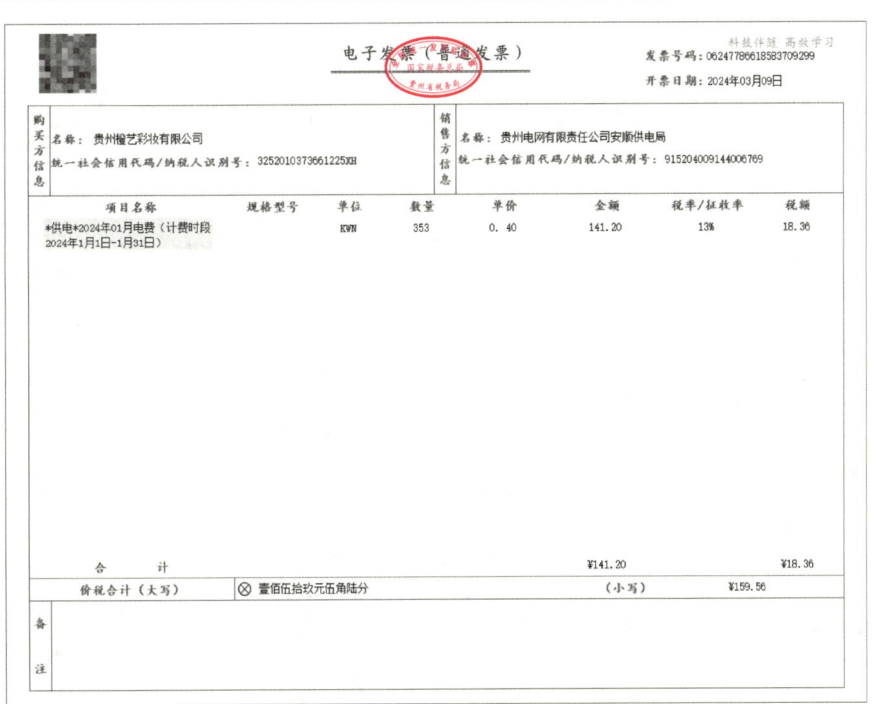

电子发票（普通发票）

发票号码：06247786618583709299
开票日期：2024年03月09日

购买方信息	名称：贵州橙艺彩妆有限公司
	统一社会信用代码/纳税人识别号：3252010373661225XGH
销售方信息	名称：贵州电网有限责任公司安顺供电局
	统一社会信用代码/纳税人识别号：91520400914400676

项目名称	规格型号	单位	数量	单价	金额	税率/征收率	税额
*供电*2024年01月电费（计费时段 2024年1月1日-1月31日）		KWH	353	0.40	141.20	13%	18.36

合计　　　　　　　　　　　　　　　¥141.20　　　　¥18.36

价税合计（大写）　壹佰伍拾玖元伍角陆分　（小写）¥159.56

备注：

凭证 5-53

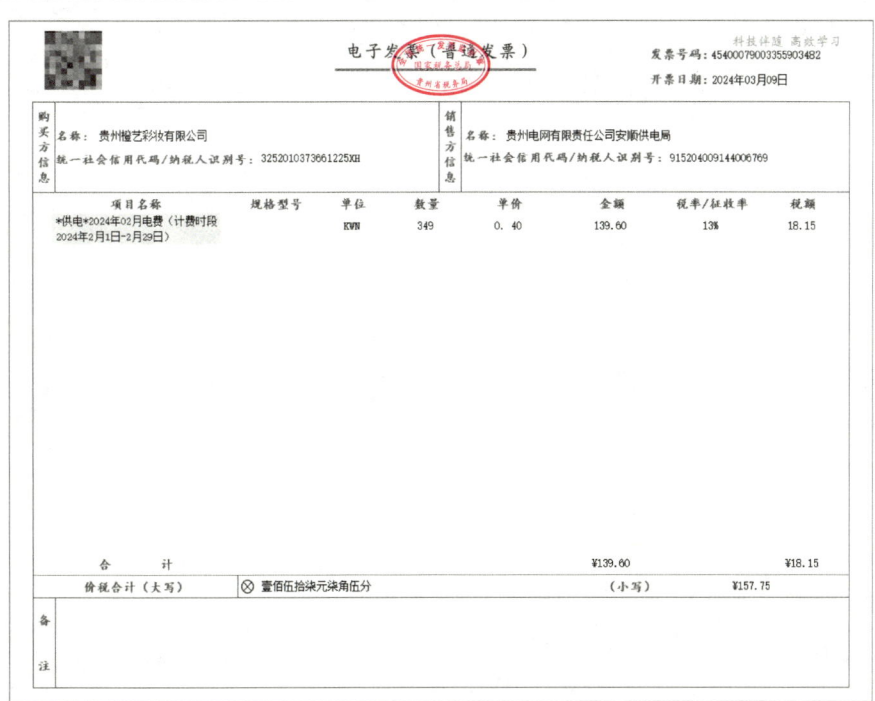

凭证 5-54

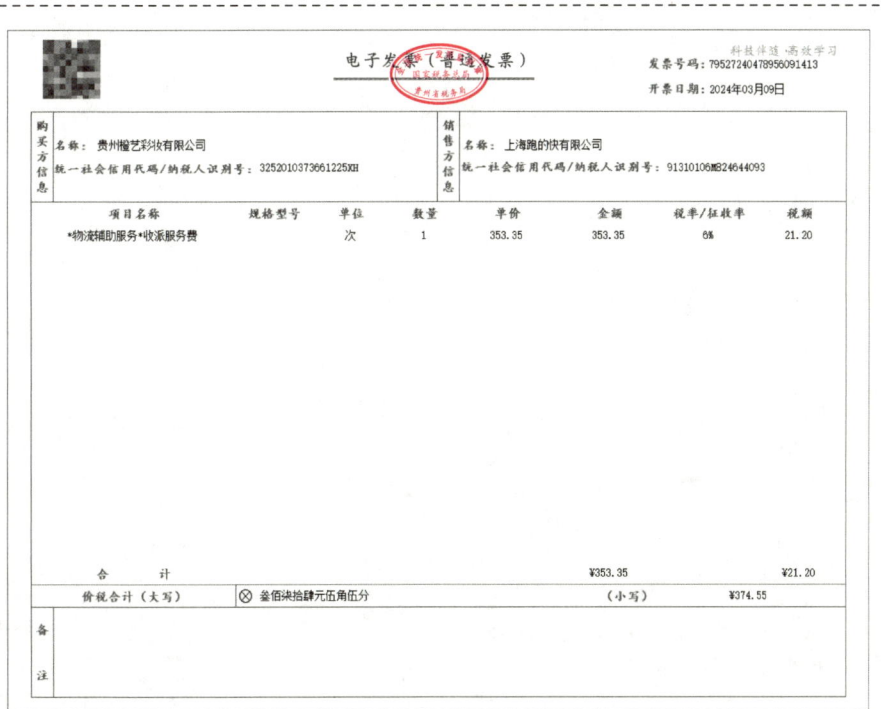

凭证 5-55

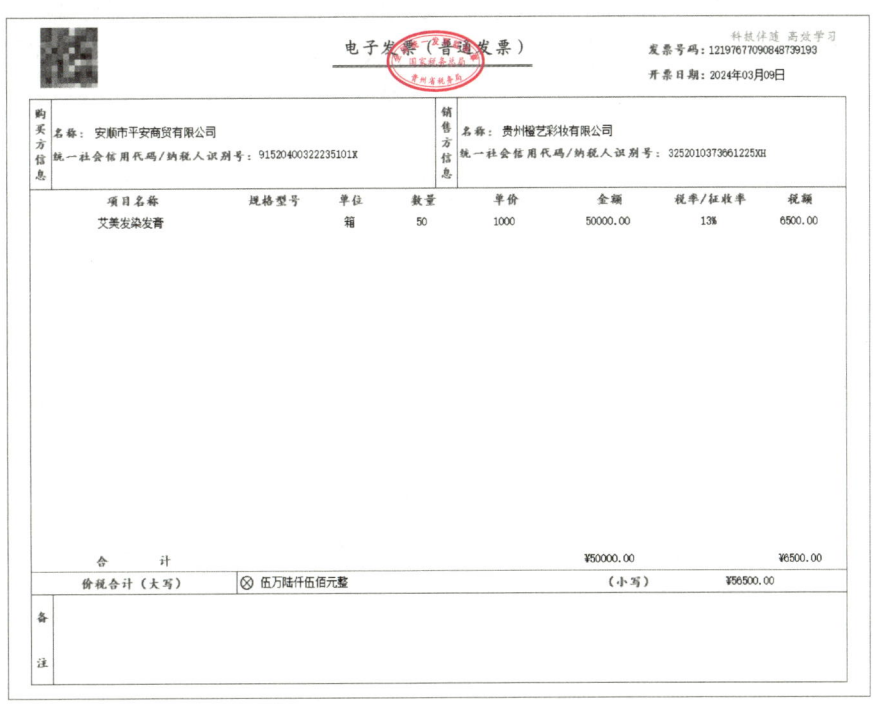

凭证 5-56

	电子缴款凭证							
		打印日期：2024年03月10日					国 208314321553	
纳税人识别号	3252010373661225XH			税务征收机关		贵阳市国家税务局		
纳税人全称	贵州橙艺彩妆有限公司			开户银行		中国建设银行清溪路支行		
				银行账号		6225001300067883217		
系统税票号	征（费）种	税（品）目	所属时期起		所属时期止	实缴金额	缴款日期	备注
45201622010000848	失业保险费	失业保险（单位缴纳）	2024年02月01日		2024年02月28日	128.78	2024年03月10日	
45201622010000849	失业保险费	失业保险（单位缴纳）	2024年02月01日		2024年02月28日	55.20	2024年03月10日	
45201622010000850	工伤保险费	工伤保险	2024年02月01日		2024年02月28日	158.98	2024年03月10日	
金额合计	（大写）叁佰肆拾贰元玖角陆分					¥ 342.96		
	本缴款凭证仅作为纳税人记账核算凭证使用，电子缴税的需与银行对账单电子划缴记录核对一致方有效。需正式开具正式完税证明，请凭税务登记证或身份证明到主管税务机关开具。							

凭证 5-57

电子缴款凭证

打印日期：2024年03月10日　　地 31234180654209

纳税人识别号	3252010373661225XH			税务征收机关	贵阳市地方税务局			
纳税人全称	贵州橙艺彩妆有限公司			开户银行	中国建设银行清溪路支行			
				银行账号	6225001300067883217			
系统税票号	征（费）种	税（品）目	所属时期起	所属时期止	实缴金额	缴款日期	备注
452016220100008487	企业职工基本养老保险	职工基本养老保险（单位缴纳）	2024年02月01日	2024年02月28日	2,943.32	2024年03月10日	
452016220100008487	企业职工基本养老保险	职工基本养老保险（个人缴纳）	2024年02月01日	2024年02月28日	1,471.66	2024年03月10日	
452016220100009073	基本医疗保险	职工基本医疗保险（单位缴纳）	2024年02月01日	2024年02月28日	384.00	2024年03月10日	
452016220100009073	基本医疗保险	职工基本医疗保险（个人缴纳）	2024年02月01日	2024年02月28日	384.00	2024年03月10日	
452016220100009073	基本医疗保险	职工基本医疗保险（单位缴纳）	2024年02月01日	2024年02月28日	1,735.08	2024年03月10日	
金额合计	（大写）陆仟玖佰壹拾捌元零陆分				￥6,918.06		
本缴款凭证仅作为纳税人记账核算凭证使用，电子缴税的需与银行对账单电子划缴记录核对一致方有效，如须另行开具正式完税证明，请凭税务登记证或身份证明到主管税务机关开具。							

凭证 5-58

电子缴款凭证

打印日期：2024年03月10日　　地 08691415202888

纳税人识别号	3252010373661225XH			税务征收机关	贵阳市地方税务局			
纳税人全称	贵州橙艺彩妆有限公司			开户银行	中国建设银行清溪路支行			
				银行账号	6225001300067883217			
系统税票号	征（费）种	税（品）目	所属时期起	所属时期止	实缴金额	缴款日期	备注
452016220100009073	基本医疗保险费	职工基本医疗保险费（个人缴纳）	2024年02月01日	2024年02月28日	408.24	2024年03月10日	
金额合计	（大写）肆佰零捌元贰角肆分				￥408.24		
本缴款凭证仅作为纳税人记账核算凭证使用，电子缴税的需与银行对账单电子划缴记录核对一致方有效，如须另行开具正式完税证明，请凭税务登记证或身份证明到主管税务机关开具。							

凭证 5-59

电子缴款凭证

打印日期：2024年03月10日　　国 314428441767

纳税人识别号	3252010373661225XH	税务征收机关	贵阳市国家税务局
纳税人全称	贵州橙艺彩妆有限公司	开户银行	中国建设银行清溪路支行
		银行账号	6225001300067883217

系统税票号	征（费）种	税（品）目	所属时期起	所属时期止	实缴金额	缴款日期	备注
45201622010000084877	失业保险费	失业保险(单位缴纳)	2024年02月01日	2024年02月28日	128.78	2024年03月01日	
45201622010000084877	失业保险费	失业保险(个人缴纳)	2024年02月01日	2024年02月28日	55.20	2024年03月01日	
45201622010000084877	工伤保险费	工伤保险	2024年02月01日	2024年02月28日	158.98	2024年03月01日	
金额合计	（大写）叁佰肆拾贰元玖角陆分					¥ 342.96	

本缴款凭证仅作为纳税人记账核算凭证使用，电子缴税的需与银行对账单电子划缴记录核对一致方有效，纳税人如需税务机关开具正式完税证明，请凭税务登记证或身份证明到主管税务机关开具。

税务机关（电子章）
征税专用章

凭证 5-60

电子缴款凭证

打印日期：2024年03月10日　　地 83896199275146

纳税人识别号	3252010373661225XH	税务征收机关	贵阳市地方税务局
纳税人全称	贵州橙艺彩妆有限公司	开户银行	中国建设银行清溪路支行
		银行账号	6225001300067883217

系统税票号	征（费）种	税（品）目	所属时期起	所属时期止	实缴金额	缴款日期	备注
45201622010000907 3	基本医疗保险费	职工基本医疗保险（个人缴纳）	2024年02月01日	2024年02月28日	408.24	2024年03月10日	
金额合计	（大写）肆佰零捌元贰角肆分					¥ 408.24	

本缴款凭证仅作为纳税人记账核算凭证使用，电子缴税的需与银行对账单电子划缴记录核对一致方有效，纳税人如需税务机关开具正式完税证明，请凭税务登记证或身份证明到主管税务机关开具。

税务机关（电子章）
征税专用章

凭证 5-61

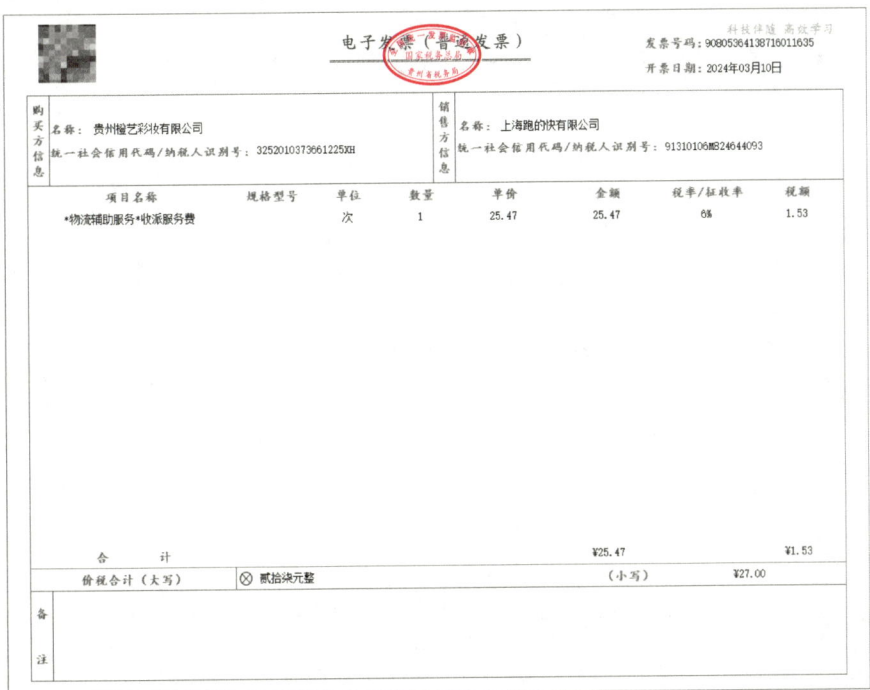

凭证 5-62

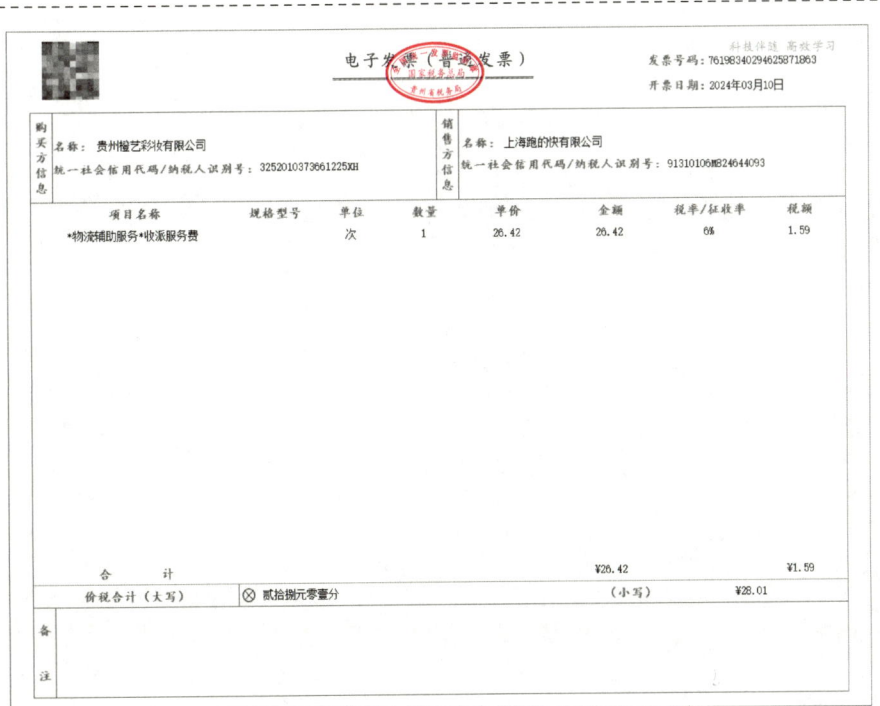

凭证 5-63

费 用 报 销 单

报销部门：人事部　　　　2024 年 03 月 10 日填　　　　单据及附件共＿＿＿页

用　　　　途	金额（元）	备注	部门审核	领导审批
公司1月电费	275.27	电费	同意	陈挺
公司2月电费	128.93			
合　　　　计	¥404.20			

金额大写：零 拾 零 万 零 仟 肆 佰 零 拾 肆 元 贰 角 零 分　　原借款：＿＿＿元　　应退余款：¥-404.20 元

会计主管　徐婷　　　会计　李梦琪　　　出纳　李恒　　　报销人　王源　　　领款人　王源

凭证 5-64

费 用 报 销 单

报销部门：市场部　　　　2024 年 03 月 10 日填　　　　单据及附件共＿＿＿页

用　　　　途	金额（元）	备注	部门审核	领导审批
快递费、寄报告给中石化2次	28.00		同意	陈挺
合　　　　计	¥28.00			

金额大写：零 拾 零 万 零 仟 零 佰 贰 拾 捌 元 零 角 零 分　　原借款：＿＿＿元　　应退余款：¥-28.00 元

会计主管　徐婷　　　会计　李梦琪　　　出纳　李恒　　　报销人　谢静　　　领款人　谢静

凭证 5-65

费 用 报 销 单				
报销部门：市场部	2024 年 03 月 10 日填		单据及附件共___页	
用途	金额（元）	备注	打车费	
1月11日外出办事	17.00			
		部门审核	同意	领导审批 陈挺
合计	¥17.00			
金额大写：零拾零万零仟零佰壹拾柒元零角零分		原借款：___元		应退余款：¥-17.00 元
会计主管 徐婷	会计 李梦琪	出纳 李恒	报销人 谢静	领款人 谢静

凭证 5-66

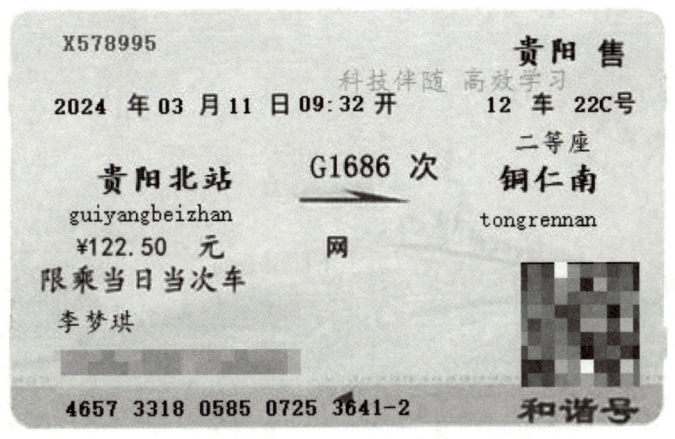

凭证 5-67

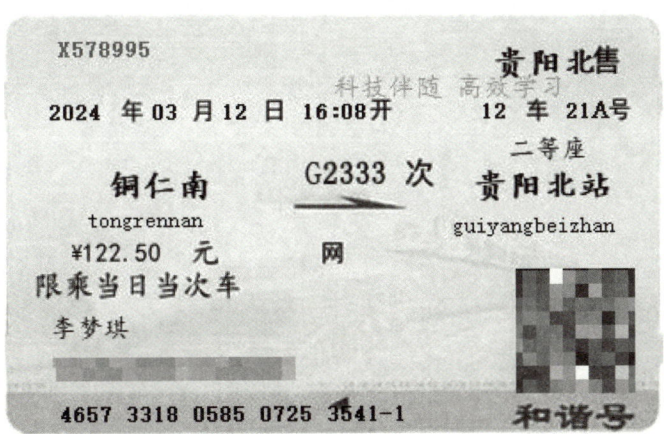

凭证 5-68

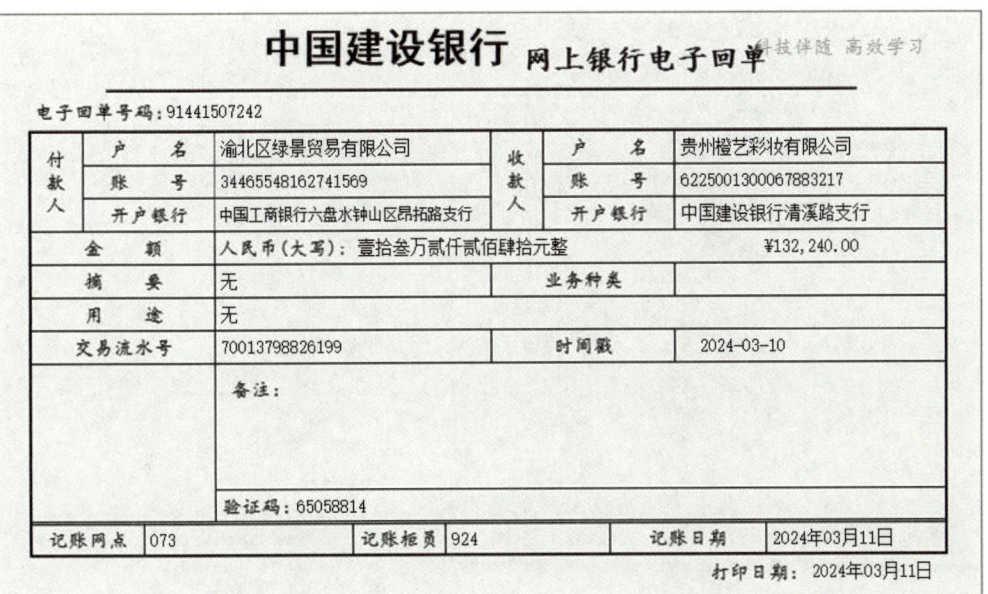

凭证 5-69

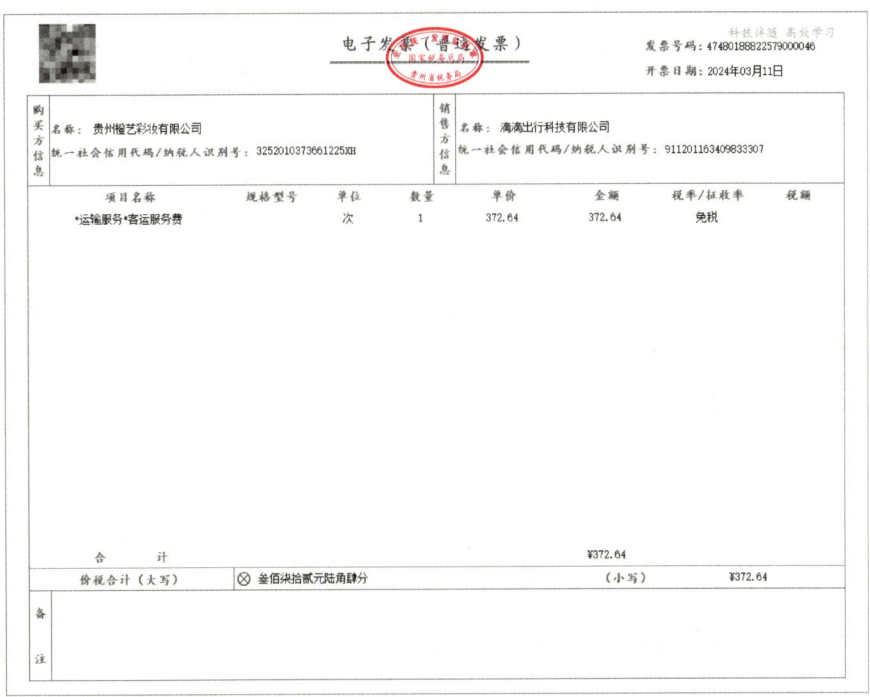

凭证 5-70

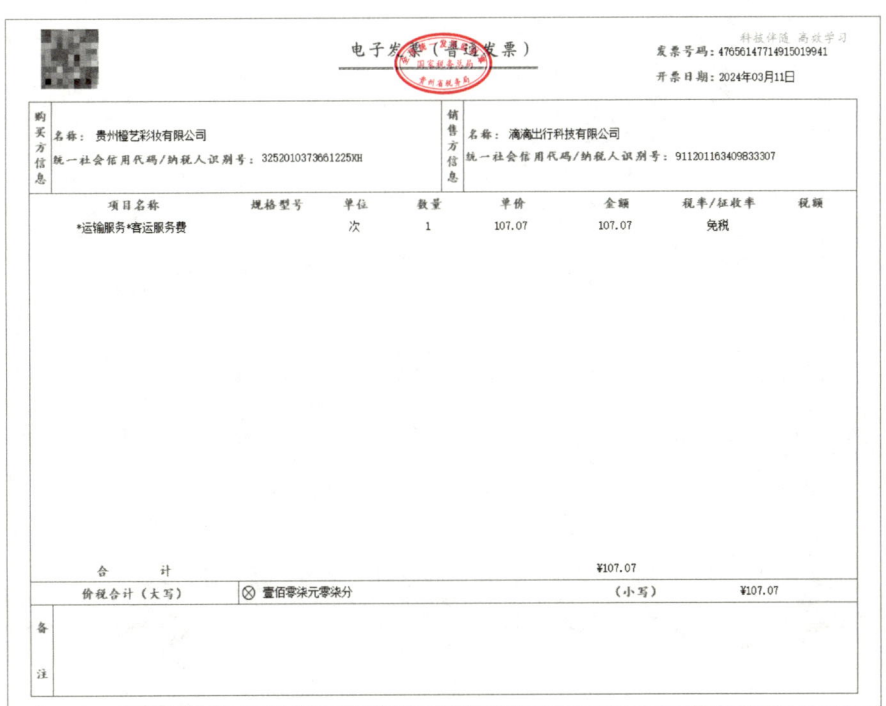

凭证 5-71

中国建设银行 网上银行电子回单

电子回单号码：11907207965

付款人	户　名	贵州橙艺彩妆有限公司	收款人	户　名	王源
	账　号	6225001300067883217		账　号	6228481198976419173
	开户银行	中国建设银行清溪路支行		开户银行	中国农业银行

金　额	人民币（大写）：肆仟玖佰捌拾捌元整	¥4,988.00
摘　要	工资	业务种类
用　途	工资	
交易流水号	06041324789003	时间戳　2024-03-10
备注：		
验证码：48361505		
记账网点 323	记账柜员 747	记账日期 2024年03月11日

打印日期：2024年03月11日

凭证 5-72

中国建设银行 网上银行电子回单

电子回单号码：35155728558

付款人	户　名	贵州橙艺彩妆有限公司	收款人	户　名	赵丹顾
	账　号	6225001300067883217		账　号	6217359901040909541
	开户银行	中国建设银行清溪路支行		开户银行	中国农业银行

金　额	人民币（大写）：肆仟玖佰玖拾陆元整	¥4,996.00
摘　要	工资	业务种类
用　途	工资	
交易流水号	04717920222396	时间戳　2024-03-10
备注：		
验证码：98761946		
记账网点 300	记账柜员 251	记账日期 2024年03月11日

打印日期：2024年03月11日

凭证 5-73

中国建设银行 网上银行电子回单

电子回单号码：54635609887

付款人	户名	贵州橙艺彩妆有限公司	收款人	户名	方允微
	账号	6225001300067883217		账号	6217007100023795664
	开户银行	中国建设银行清溪路支行		开户银行	中国农业银行

金额	人民币（大写）：肆仟玖佰玖拾陆元整	¥4,996.00
摘要	工资	业务种类
用途	工资	
交易流水号	49789725602852	时间戳 2024-03-10

备注：

验证码：17242926

| 记账网点 | 595 | 记账柜员 | 445 | 记账日期 | 2024年03月11日 |

打印日期：2024年03月11日

凭证 5-74

中国建设银行 网上银行电子回单

电子回单号码：10251550741

付款人	户名	贵州橙艺彩妆有限公司	收款人	户名	徐娟
	账号	6225001300067883217		账号	6210907031002476769
	开户银行	中国建设银行清溪路支行		开户银行	中国邮政储蓄银行

金额	人民币（大写）：肆仟玖佰玖拾陆元整	¥4,996.00
摘要	工资	业务种类
用途	工资	
交易流水号	15395686575741	时间戳 2024-03-10

备注：

验证码：47625857

| 记账网点 | 427 | 记账柜员 | 740 | 记账日期 | 2024年03月11日 |

打印日期：2024年03月11日

凭证 5-75

中国建设银行 网上银行电子回单

电子回单号码：62184889080

付款人	户名	贵州橙艺彩妆有限公司	收款人	户名	欧阳倩
	账号	6225001300067883217		账号	6228481198973111876
	开户银行	中国建设银行清溪路支行		开户银行	中国农业银行

金额	人民币(大写)：肆仟玖佰玖拾陆元整		¥4,996.00
摘要	工资	业务种类	
用途	工资		
交易流水号	56139805804024	时间戳	2024-03-10
备注			
验证码：98459086			
记账网点	835	记账柜员	258	记账日期	2024年03月11日

打印日期：2024年03月11日

凭证 5-76

中国建设银行 网上银行电子回单

电子回单号码：84305745688

付款人	户名	中国石化销售股份有限公司贵州安顺石油分公司	收款人	户名	贵州橙艺彩妆有限公司
	账号	2404031329022013453		账号	6225001300067883217
	开户银行	中国工商银行安顺塔山支行		开户银行	中国建设银行清溪路支行

金额	人民币(大写)：捌万捌仟元整		¥88,000.00
摘要	贵州安顺付马家冲办理	业务种类	
用途	贵州安顺付马家冲办理		
交易流水号	06692882300772	时间戳	2024-03-11
备注			
验证码：48911053			
记账网点	339	记账柜员	753	记账日期	2024年03月12日

打印日期：2024年03月12日

凭证 5-77

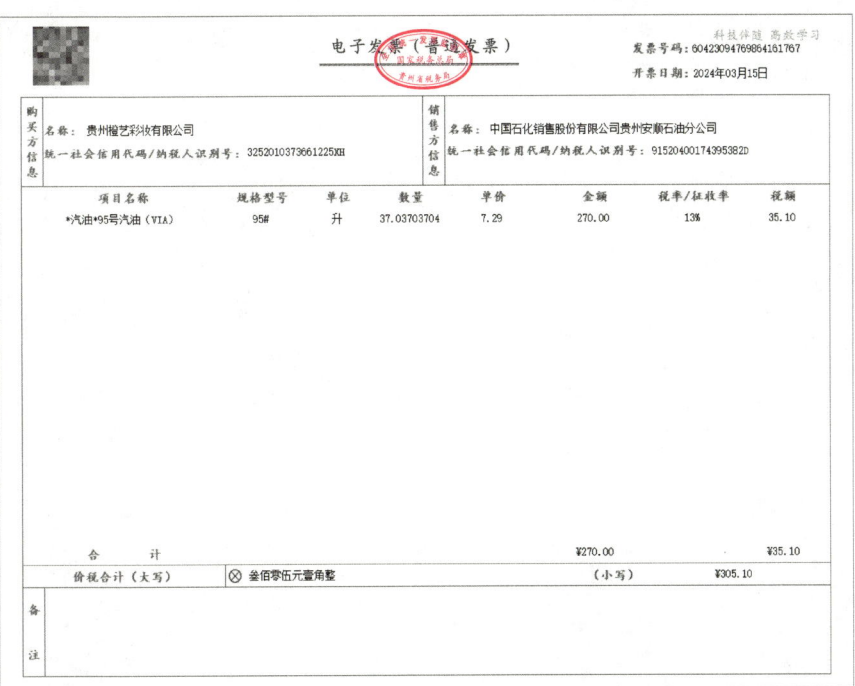

凭证 5-78

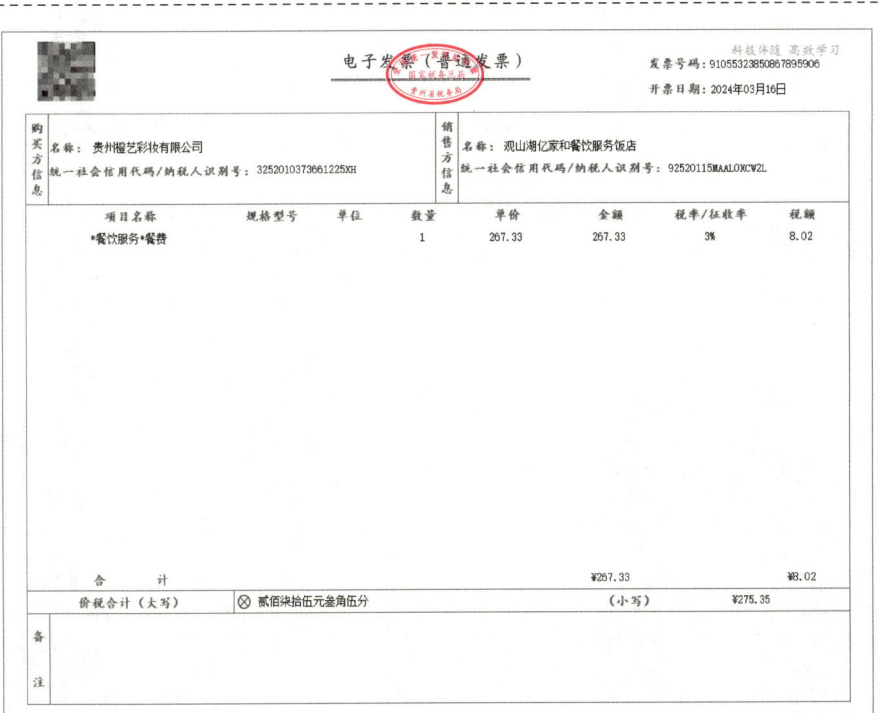

凭证 5-79

中国建设银行 网上银行电子回单

电子回单号码：94358579067

付款人	户名	贵州橙艺彩妆有限公司	收款人	户名	贵阳最由前广告公司
	账号	6225001300067883217		账号	9413237936289646533
	开户银行	中国建设银行清溪路支行		开户银行	中国工商银行贵阳花溪区元通路支行
金额		人民币(大写)：贰佰柒拾元整			¥270.00
摘要		广告费	业务种类		
用途		广告费			
交易流水号		26788750653564	时间戳		2024-03-15

备注：

验证码：21722777

| 记账网点 | 530 | 记账柜员 | 581 | 记账日期 | 2024年03月16日 |

打印日期：2024年03月16日

凭证 5-80

贵州客运出租车统一发票
TAXIEROPIPT

发 票 联

发票代码：152012106222
发票号码：0998161
发票查询电话：
服务监督电话：12345

书 写 无 效

车号：　　　　　　AUB122
证号：
日期：　2024 年 03 月 16 日
上车：　　　　　　10:00
下车：　　　　　　10:18
单价：　　　　　　¥1.80
里程：　　　　　　1.2KM
等候：　　　　　00:00:00
金额：　　　　　　¥10.00
卡号：
原额：
余额：　　　　　　¥10.00
批号：59576295

凭证 5-81

费 用 报 销 单

报销部门：销售部　　　　　2024 年 03 月 17 日填　　　单据及附件共_____页

用　　途	金额（元）	备注	部门审核	领导审批
送报告打车	24.00		同意	赵丹欣
合　　计	¥24.00			

金额大写：零 拾 零 万 零 仟 零 佰 贰 拾 肆 元 零 角 零 分　　原借款：　　元　　应退余款：24.00 元

会计主管　徐婷　　会计　李梦琪　　出纳　李恒　　报销人　　　　领款人

凭证 5-82

中国建设银行 网上银行电子回单

电子回单号码：89609570226

付款人	户　名	苏仙区卓彩贸易有限公司	收款人	户　名	贵州橙艺彩妆有限公司
	账　号	2757103933244738854		账　号	6225001300067883217
	开户银行	中国工商银行安顺平坝区钧林路支行		开户银行	中国建设银行清溪路支行
金　额		人民币(大写)：壹万伍仟元整			¥15,000.00
摘　要		货款	业务种类		
用　途		货款			
交易流水号		21929641813151	时间戳		2024-03-16
备注：					

验证码：16063777

记账网点　583　　记账柜员　433　　记账日期　2024年03月17日

打印日期：2024年03月17日

凭证 5-83

中国建设银行 网上银行电子回单

电子回单号码：55097459450

付款人	户　名	贵州橙艺彩妆有限公司	收款人	户　名	贵阳最由前广告公司
	账　号	6225001300067883217		账　号	9413237936289646533
	开户银行	中国建设银行清溪路支行		开户银行	中国工商银行贵阳花溪区元通路支行

金　额	人民币（大写）：叁万伍仟元整		¥35,000.00
摘　要	广告费	业务种类	
用　途	广告费		
交易流水号	24550550125873	时间戳	2024-03-17
	备注：		
验证码：82462656			
记账网点 519	记账柜员 569	记账日期	2024年03月18日

打印日期：2024年03月18日

凭证 5-84

中国建设银行 网上银行电子回单

电子回单号码：30442446250

付款人	户　名	荆州卓彩贸易有限公司	收款人	户　名	贵州橙艺彩妆有限公司
	账　号	6224500001112591254		账　号	6225001300067883217
	开户银行	中国工商银行黔南布依族苗族自治州都匀市赛盈路支行		开户银行	中国建设银行清溪路支行

金　额	人民币（大写）：壹拾贰万肆仟元整		¥124,000.00
摘　要	货款	业务种类	
用　途	货款		
交易流水号	72862627947412	时间戳	2024-03-17
	备注：		
验证码：66806653			
记账网点 082	记账柜员 932	记账日期	2024年03月18日

打印日期：2024年03月18日

凭证 5-85

中国建设银行 网上银行电子回单

电子回单号码：91441506855

付款人	户名	苏仙区卓彩贸易有限公司	收款人	户名	贵州橙艺彩妆有限公司
	账号	2757103933244738854		账号	6225001300067883217
	开户银行	中国工商银行安顺平坝区钧林路支行		开户银行	中国建设银行清溪路支行
金额		人民币(大写)：壹佰伍拾伍元捌角陆分			¥155.86
摘要		无	业务种类		
用途		无			
交易流水号		70013798826199	时间戳		2024-03-21
备注：					
验证码：65058814					
记账网点	073	记账柜员	924	记账日期	2024年03月21日
				打印日期：	2024年03月21日

凭证 5-86

中国建设银行 网上银行电子回单

电子回单号码：91441507242

付款人	户名	中国石化销售股份有限公司贵州安顺石油分公司	收款人	户名	贵州橙艺彩妆有限公司
	账号	2404031329022213453		账号	6225001300067883217
	开户银行	中国工商银行安顺塔山支行		开户银行	中国建设银行清溪路支行
金额		人民币(大写)：壹万贰仟元整			¥12,000.00
摘要		贵州安顺基建部申报	业务种类		
用途		贵州安顺基建部申报			
交易流水号		70013798826199	时间戳		2024-03-21
备注：					
验证码：65058814					
记账网点	073	记账柜员	924	记账日期	2024年03月22日
				打印日期：	2024年03月22日

凭证 5-87

销售单

购货单位：	贵州橙艺彩妆有限公司	地址和电话：	贵阳花溪区新途路739号0851-12521371	单据编号：	6181
纳税识别号：	3252010373661225XH	开户行及账号：	中国建设银行清溪路支行6225001300067883217	制单日期：	2024年03月23日

编码	产品名称	规格	单位	单价	数量	金额	备注
003	牛皮纸		个	1.50	10	15.00	
合计	人民币（大写）：壹拾伍元整					¥15.00	
总经理：朱伟	销售经理：王凯心	经手人：刘广告		会计：徐乙轩		签收人：	

凭证 5-88

中国工商银行 网上银行电子回单

电子回单号码：26757816578

付款人	户名	渝北区绿景贸易有限公司	收款人	户名	贵州橙艺彩妆有限公司
	账号	34465548162741569		账号	6225001300067883217
	开户银行	中国工商银行六盘水钟山区昂拓路支行		开户银行	中国建设银行清溪路支行
金额	人民币（大写）：肆万壹仟元整				¥41,000.00
摘要	货款		业务种类		
用途	货款				
交易流水号	68077097255328		时间戳		2024-03-27

备注：

验证码：53021113

记账网点	954	记账柜员	804	记账日期	2024年03月28日

打印日期：2024年03月28日

凭证 5-89

中国建设银行 网上银行电子回单

电子回单号码：11746106859

付款人	户名	广州兴虹贸易有限公司	收款人	户名	贵州橙艺彩妆有限公司
	账号	62210000		账号	6225001300067883217
	开户银行	中国工商银行黔西南布依族苗族自治州贞丰县菲阳路支行		开户银行	中国建设银行清溪路支行
金额		人民币（大写）：壹万元整			¥10,000.00
摘要		货款	业务种类		
用途		货款			
交易流水号		16881132683153	时间戳		2024-03-28
备注：					
验证码：48110303					
记账网点	432	记账柜员	855	记账日期	2024年03月29日
				打印日期：	2024年03月29日

凭证 5-90

中国建设银行 网上银行电子回单

电子回单号码：23614448293

付款人	户名	贵州橙艺彩妆有限公司	收款人	户名	成都艾美丽化妆品股份有限公司
	账号	6225001300067883217		账号	9675150973646262206
	开户银行	中国建设银行清溪路支行		开户银行	中国工商银行成龙泉驿区特威路支行
金额		人民币（大写）：叁万伍仟元整			¥35,000.00
摘要		货款	业务种类		
用途		货款			
交易流水号		18658564027944	时间戳		2024-03-28
备注：					
验证码：50978745					
记账网点	450	记账柜员	245	记账日期	2024年03月29日
				打印日期：	2024年03月29日

凭证 5-91

中国建设银行 网上银行电子回单

电子回单号码：06619013970

付款人	户名	贵州橙艺彩妆有限公司	收款人	户名	云南艾美发专业美发用品公司
	账号	6225001300067883217		账号	6967734392523833442
	开户银行	中国建设银行清溪路支行		开户银行	中国工商银行玉溪红塔区凯群路支行

金额	人民币（大写）：叁万柒仟元整		¥37,000.00
摘要	货款	业务种类	
用途	货款		
交易流水号	48939295667498	时间戳	2024-03-28

备注：

验证码：32983311

记账网点	743	记账柜员	693	记账日期	2024年03月29日

打印日期：2024年03月29日

凭证 5-92

中国建设银行 网上银行电子回单

电子回单号码：62973628271

付款人	户名	贵州橙艺彩妆有限公司	收款人	户名	苏仙区卓彩贸易有限公司
	账号	6225001300067883217		账号	2757103933244738854
	开户银行	中国建设银行清溪路支行		开户银行	中国工商银行安顺平坝区钧林路支行

金额	人民币（大写）：壹万叁仟伍佰元整		¥13,500.00
摘要	无	业务种类	
用途	无		
交易流水号	04293809958012	时间戳	2024-03-28

备注：

验证码：99347926

记账网点	316	记账柜员	266	记账日期	2024年03月29日

打印日期：2024年03月29日

凭证 5-93

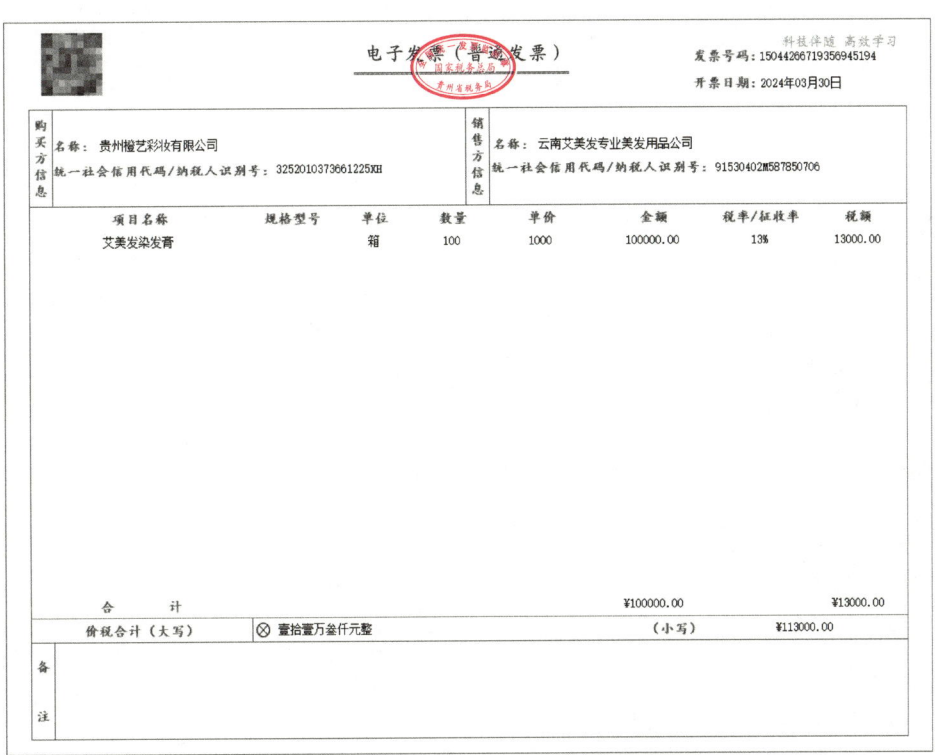

凭证 5-94

中国建设银行 网上银行电子回单

电子回单号码：91441507243

付款人	户名	贵州橙艺彩妆有限公司	收款人	户名	徐娟
	账号	6225001300067883217		账号	6228481198395203079
	开户银行	中国建设银行清溪路支行		开户银行	中国农业银行
金额		人民币(大写)：伍仟柒佰零贰元玖角肆分			¥5,702.94
摘要		工资	业务种类		
用途		工资			
交易流水号		70013798826199	时间戳		2024-03-30

备注：

验证码：65058814

| 记账网点 | 073 | 记账柜员 | 924 | 记账日期 | 2024年03月31日 |

打印日期：2024年03月31日

凭证 5-95

中国建设银行 网上银行电子回单

电子回单号码：97864164581

付款人	户　名	贵州橙艺彩妆有限公司	收款人	户　名	陈丽
	账　号	6225001300067883217		账　号	6212262402016219665
	开户银行	中国建设银行清溪路支行		开户银行	中国工商银行

金　额	人民币(大写)：伍仟元整		¥5,000.00
摘　要	工资	业务种类	
用　途	工资		
交易流水号	66336366266192	时间戳	2024-03-30

备注：

验证码：08756547

| 记账网点 | 937 | 记账柜员 | 722 | 记账日期 | 2024年03月31日 |

打印日期：2024年03月31日

凭证 5-96

中国建设银行 网上银行电子回单

电子回单号码：91441507242

付款人	户　名	贵州橙艺彩妆有限公司	收款人	户　名	欧阳倩
	账　号	6225001300067883217		账　号	6228481938596863977
	开户银行	中国建设银行清溪路支行		开户银行	中国农业银行

金　额	人民币(大写)：伍仟元整		¥5,000.00
摘　要	工资	业务种类	
用　途	工资		
交易流水号	70013798826199	时间戳	2024-03-30

备注：

验证码：65058814

| 记账网点 | 073 | 记账柜员 | 924 | 记账日期 | 2024年03月31日 |

打印日期：2024年03月31日